Três estratégias para turbinar a
inteligência organizacional

CB033959

Luiz-Evanio Dias Couto
T. Diana L. v. A. de Macedo-Soares

Três estratégias para turbinar a inteligência organizacional

ISBN — 85-225-0482-2

Copyright © Luiz-Evanio Dias Couto, T. Diana L. v. A. de Macedo-Soares

Direitos desta edição reservados à
EDITORA FGV
Praia de Botafogo, 190 — 14º andar
22250-900 — Rio de Janeiro, RJ — Brasil
Tels.: 0800-21-7777 — 21-2559-5543
Fax: 21-2559-5532
e-mail: editora@fgv.br
web site: www.editora.fgv.br

Impresso no Brasil / Printed in Brazil

Todos os direitos reservados. A reprodução não autorizada desta publicação, no todo ou em parte, constitui violação do copyright (Lei nº 5.988).

Os conceitos emitidos neste livro são de inteira responsabilidade dos autores.

1ª edição — 2004

REVISÃO DE ORIGINAIS: Maria Lucia Leão Velloso de Magalhães

EDITORAÇÃO ELETRÔNICA: FA Editoração Eletrônica

REVISÃO: Aleidis de Beltran, Andréa Campos Bivar, Marco Antonio Corrêa

CAPA: Ricardo Bouillet, Sergio de Carvalho Filgueiras

Ficha catalográfica elaborada pela Biblioteca
Mario Henrique Simonsen/FGV

Couto, Luiz-Evanio Dias
Três estratégias para turbinar a inteligência organizacional /
Luiz-Evanio Dias Couto, T. Diana L. v. A. de Macedo-Soares. —
Rio de Janeiro : Editora FGV, 2004.
272p. — (Coleção FGV Negócios)

Inclui bibliografia.

1. Desenvolvimento organizacional. 2. Planejamento estratégico. I. Macedo-Soares, T. Diana L. v. A. de. II Fundação Getulio Vargas. III. Título. IV. Série

CDD — 658.406

Dedicatórias

A minha mãe, Cora, a minha tia Mene, a meu irmão, Márcio, e a Rita, minha querida esposa, com carinho e amor.

Luiz-Evanio

Ao meu querido marido Sérgio, pelo apoio e encorajamento constantes.

Diana

Agradecimento

Aos nossos colegas e aos nossos alunos, que tanto nos ensinaram e com quem aprendemos tanto, agradecemos de todo o coração.

Luiz-Evanio e Diana

Sumário

Apresentação	11
Sobre os autores e os personagens	13
Considerações iniciais	17
Introdução	17
Plano do livro	24
1 — Formulação e justificação das estratégias de desenvolvimento da inteligência organizacional e aperfeiçoamento das organizações produtoras	31
Formulação e justificação das estratégias	31
O processo geral de aperfeiçoamento	32
Análise das macroatividades do processo geral de aperfeiçoamento	33
Natureza das atividades de aperfeiçoamento	38
Agentes do processo de aperfeiçoamento	38
Recursos intelectuais básicos	38
Linguagem, conhecimento, informação e comunicação	39
Utilização integrada da linguagem, do conhecimento e da informação	42
Imagem, qualidade, comunicação, reputação	43
Deficiências dos recursos intelectuais	44
Estratégias para desenvolver a inteligência e acelerar o aperfeiçoamento das organizações	49

2 — Enriquecimento da linguagem organizacional — 53

Questões básicas — 54

Estudo das organizações produtoras — 75

Classificação dos sistemas de produção — 115

Modo ideal de operação dos agentes do processo de aperfeiçoamento — 117

Gerenciamento por objetos lógicos de decisão — 119

Informações gerenciais relevantes — 119

3 — Modelagem de arquiteturas especiais de informação gerencial — 123

O calcanhar-de-aquiles da informação gerencial — 124

Algumas dificuldades — 125

Informações cruciais — 126

Operações lógicas essenciais — 127

Raiz do problema da informação gerencial — 127

Magnitude do problema — 129

Reflexos negativos — 131

Efeito torre de Babel — 131

Linguagem universal e arquitetura universal — 132

Especificação da linguagem universal — 133

Criando arquiteturas universais de informação — 134

Forma canônica da arquitetura universal de informação — 140

Aplicações da arquitetura universal no gerenciamento de custos e benefícios — 142

Descrição geral do processo principal X — 142

Previsão e apuração de investimentos e de custos de operação — 144

Âncora administrativa de informações gerenciais — 154

Gerenciamento de custos na organização — 156

Aquisição e utilização de informações sobre custos — 159

Outras aplicações das arquiteturas universais — 159

4 — Formatação de sistemas avançados de informações gerenciais 165

Foco e objetivo deste capítulo 166

Exclusividade e comunidade 169

Objetividade do custo e subjetividade do valor 170

Custos e margens em sistemas reais 171

Custo, preço e valor 183

Um sistema de produção complexo 189

Estrutura e âncora de um negócio 193

Recomendações e princípios para formatar sistemas avançados
de informação gerencial 210

Conclusões 211

5 — Implementação das estratégias de aperfeiçoamento organizacional 213

Objetivo permanente e política de desenvolvimento da inteligência
organizacional 214

Estratégia auxiliar de implementação 214

Avaliação de resultados 218

Atividades dirigidas pela razão 218

Premissas de aceleração 222

Atividades dirigidas para a emoção 223

O caso da InflexJaw 227

6 — Considerações finais 235

Resumo executivo 235

Pontos para futuro desenvolvimento 239

Mensagem a executivos e gerentes 241

Bibliografia 245

Glossário 253

Índice dos diálogos com Karol Reader 269

Apresentação

As rápidas transformações do mundo contemporâneo têm-se constituído em grande e crescente desafio para as organizações. Como acompanhar essas transformações, enfrentar eficazmente esses desafios e manter a vantagem competitiva são as principais preocupações de quem gerencia, administra e planeja, hoje, nesse contexto dinâmico.

Três estratégias para turbinar a inteligência organizacional, de Luiz-Evanio Dias Couto e T. Diana L. v. A. de Macedo-Soares, traz uma importante e original contribuição para se repensar todo o processo organizacional e fazer frente a esses desafios.

O grande interesse do livro está precisamente na originalidade com que apresenta a metodologia e o instrumental para "turbinar" a inteligência organizacional. Trata-se, em primeiro lugar, da valorização dessa inteligência. Ela será, inevitavelmente, o grande fator que permitirá às organizações se prepararem para as transformações que continuam ocorrendo e o importante diferencial entre uma organização capaz de lidar com esses desafios e uma organização que corre o risco do imobilismo.

As estratégias apresentadas aplicam-se às principais necessidades das organizações atuais e se complementam, formando um referencial de grande utilidade para a solução dos problemas mais urgentes a serem enfrentados.

Um dos aspectos fundamentais do livro é a original proposta dos autores de valorizar a linguagem em todos os seus aspectos, desde o lógico até o comunicacional, integrados de forma a mostrar que, quando se trata de gerenciamento e de planejamento, a atenção dispensada à linguagem pode fazer uma enorme diferença. A linguagem é a mediadora essencial das relações humanas, de nossa interação social, de nossa representação da realidade que nos cerca. É, portanto, a ferramenta indispensável para a negociação e o planejamento. Contudo, freqüentemente não nos damos conta disso. Achamos, simplesmente, que a linguagem é algo que usamos de forma natural e espontânea, não necessitando, pois, de qualquer cuidado especial. Os autores mostram que, ao contrário, nas várias etapas e dimensões da vida das organizações, é o cuidado com a linguagem que pode fazer a diferença, e uma diferença capital.

Mas o mais interessante na leitura deste livro é que os autores não defendem apenas uma tese, eles propõem uma metodologia e desenvolvem um instrumento. Eles fazem com que o próprio livro demonstre a importância da linguagem pela forma como esta é utilizada. O estilo didático e a clareza das formulações, os recursos metodológicos empregados e, acima de tudo, os dois curiosos e simpáticos personagens que nos acompanham durante toda a leitura — Beto Gil e Karol Reader — mostram isso na prática e funcionam como elementos fundamentais do processo de "turbinar a inteligência". O diálogo entre os personagens estimula o leitor a dialogar, ele também, com o texto, a ler de forma menos linear, o que o ajuda a repensar as situações que vivencia em sua experiência profissional. Tudo isso nos leva a fazer nossas as questões dos personagens e a nos tornar, como leitores, também personagens, em um modo mais ativo de leitura. Assim, o dinamismo da proposta defendida pelos autores reflete-se em como o próprio texto é concebido e desenvolvido.

O texto combina — de forma rara entre as obras que têm o mesmo objetivo — inovações estilísticas com rigor conceitual, abrangência temática e precisão no foco em problemas relevantes e atuais. Certamente, aqueles que, no dia-a-dia das organizações, vivenciam essa realidade tirarão grande proveito de sua leitura. A conjuntura brasileira, em que o desafio do crescimento é vital e em que as organizações precisam ser cada vez mais competitivas no tocante à agilidade, à eficiência, à inovação e à capacidade de auto-renovação, está de fato a exigir uma inteligência organizacional mais turbinada.

Danilo Marcondes
Filósofo, vice-reitor acadêmico da PUC-Rio

Sobre os autores e os personagens

Sobre os autores

Luiz-Evanio Dias Couto, MSc

É engenheiro e membro da Associação Mineira de Imprensa. Enquanto fazia o curso de engenharia mecânica-eletricista na Universidade Federal de Minas Gerais, exerceu atividade de jornalista em *O Diário*, de Belo Horizonte, do qual foi cronista parlamentar, cobrindo os trabalhos da Assembléia Legislativa de Minas Gerais. Aliando o rigor que lhe foi exigido no aprendizado das ciências exatas ao cuidado com a precisão requerida no exercício da atividade jornalística, elegeu como seu campo preferencial de estudo a análise da linguagem utilizada nos estratos mais elevados do capital intelectual das organizações produtoras.

Admitido por concurso na Petrobras, fez o Curso de Engenharia de Petróleo e, mais tarde, obteve, com grau A, o título de *master of science in petroleum engineering* na Universidade de Tulsa, nos Estados Unidos. Trabalhou durante 29 anos na Petrobras e se aposentou como superintendente do Serviço de Relações Institucionais, o braço de comunicação social da companhia.

Sua carreira técnica na Petrobras iniciou-se na atividade de controle da produção de petróleo, em campos terrestres do estado da Bahia, onde empreendeu várias iniciativas para elevar o moral do pessoal, melhorar as rotinas de operação e desenvolver melhores condições de trabalho para os operadores. Transferido para a sede da empresa, no Rio de Janeiro, participou do planejamento do desenvolvimento de campos marítimos situados na costa do estado do Rio Grande do Norte, orientou projetos de sistemas de elevação artificial da produção de petróleo para campos da plataforma continental brasileira e coordenou o planejamento do desenvolvimento integrado dos primeiros campos marítimos descobertos na bacia do Ceará.

Na área administrativa, atuou como assessor de sete diferentes diretores da Petrobras, após o que passou a trabalhar no Serviço de Planejamento da empresa, antes de ser chamado a responder pelo Serviço de Relações Institucionais.

Tem cerca de 120 trabalhos, nos quais aborda soluções para problemas técnicos da área de petróleo e questões de gerenciamento. É um dos co-autores do volume 2b da série *The technology of artificial lift methods*, do professor Kermit E. Brown, publicado pela Pennwell Publishing Company, OK, EUA.

Foi revisor para assuntos de produção de petróleo do *Boletim Técnico Petrobras*, publicação do Centro de Pesquisas e Desenvolvimento da Petrobras, e membro do Conselho Consultivo e colaborador da revista *PETRO&GÁS*.

Foi professor colaborador da cadeira de elevação artificial do extinto Curso de Mestrado em Engenharia de Petróleo da Universidade Federal de Ouro Preto. Na Petrobras, introduziu uma nova metodologia para ministrar cursos na área de elevação artificial da produção de petróleo, que passou a ser largamente utilizada pela companhia para ampliar o conhecimento de seus engenheiros. Participou, como docente, de um curso de exploração e produção de petróleo promovido pelo Instituto Brasileiro do Petróleo e ministrou aulas, como docente do módulo de "Avaliação Econômica de Projetos de Produção de Hidrocarbonetos", no Curso de Avaliação Econômica de Projetos organizado pela Fundação Getulio Vargas.

T. Diana L. v. A. de Macedo-Soares, PhD

É professora associada do Departamento de Administração do Instituto de Administração e Gerência da Pontifícia Universidade Católica do Rio de Janeiro (IAG/PUC-Rio). Foi coordenadora de pesquisa e representante do corpo docente do Centro de Ciências Sociais (CCS) no Conselho Universitário da PUC-Rio. Antes de abraçar o magistério, exerceu funções gerenciais em duas empresas multinacionais na França e em uma firma de consultoria no Canadá.

Foi professora na Europa (Helsinki School of Economics) e realiza consultorias e auditorias em empresas de grande porte no Canadá, na Finlândia e no Brasil. Foi examinadora da Fundação para o Prêmio Nacional da Qualidade.

As áreas de seu interesse incluem gestão de estratégias empresariais e corporativas, melhoria contínua de desempenho — qualidade total, alianças e redes estratégicas, bem como questões correlatas, como avaliação e medição de desempenho, com foco em empresas e organizações líderes, principalmente privadas, mas também algumas públicas. Sua maior preocupação tem sido com empresas e instituições que tiveram que mudar de paradigma gerencial e adotar novas estratégias, mais orientadas para o cliente e o mercado. Assim, a gestão de mudança estratégica é tema central da maioria dos seus trabalhos. Nos últimos 20 anos, vem pesquisando, prestando consultoria e lecionando para executivos, MBAs e doutorandos em todas essas áreas.

Nos cursos de graduação e pós-graduação (mestrado acadêmico, mestrado profissional e doutorado) do IAG/PUC-Rio, ministra disciplinas e orienta teses e dissertações sobre estratégias de negócios, estratégia empresarial avançada, alianças e redes estratégicas, gestão estratégica em contexto de mudança crescente e gestão de mudanças estratégicas, além de metodologias de pesquisa.

Tem mais de 60 trabalhos publicados em periódicos científicos indexados nos Estados Unidos, na Inglaterra e no Brasil, em anais de congressos internacionais e como capítulos de livros. Foi agraciada com a *Citation of Excellence* pelo *Anbar Electronic Intelligence*, do Reino Unido, por seu artigo "Key quality management practices of leading firms in Brazil", publicado em *The TQM Magazine*. É autora do livro *Práticas gerenciais de qualidade das empresas líderes no Brasil* (Qualitymark). Atualmente é presidente do conselho de administração do Grupo Logical Systems. Recebeu vários prêmios e reconhecimentos, entre os quais o Prêmio Sexagésimo Aniversário da PUC-Rio (2001), por sua atuação no ensino e na pesquisa.

É membro da New York Academy of Sciences, da Strategic Management Society (EUA), da Strategic Planning Society (Reino Unido), e membro sênior (por mérito) da American Society for Quality (ASQ).

Site: www.strategy-research.com

Sobre os personagens

Alberto Gilson

Mais conhecido como Beto Gil, fez bacharelado no Brasil, mestrado nos Estados Unidos e doutorado no Canadá. Trabalhou em três empresas privadas, em duas organizações não-governamentais e no serviço público.

Admitido na InflexJaw como consultor interno, foi um dos principais responsáveis pela aceleração do processo de aperfeiçoamento dessa organização, que optou — após um processo de mudança — por adotar a identidade de FlexNet do Brasil, conglomerado universal com atuação nos setores agropecuário, industrial e de serviços.

Aparece neste livro como tutor de Karol Reader, atendendo a pedidos de esclarecimento sobre passagens mais abstratas do livro, para não dizer mais obscuras. Produz respostas às vezes intrigantes, com o objetivo de explicar os processos e métodos utilizados nas organizações por onde andou. Vez por outra recebe consultas desconcertantes e dá orientações surpreendentes. Ora condescendente ora satírico, não é improvável que dê uma ou outra alfinetada nos autores, dos quais é grande amigo.

Karol Reader

É o representante dos caros leitores, em nome dos quais procura obter de Beto Gil informações adicionais, que os autores não julgaram necessário prestar.

No início cético e cáustico, à medida que o livro avança torna-se amigável e cooperativo, chegando a trabalhar em estreita cooperação com os autores no desenvolvimento do capítulo 4.

Considerações iniciais

> *As coisas têm que ter nomes, pois,*
> *se não tiverem, arruinar-se-á*
> *toda a comunicação entre os homens.*
> Aristóteles

> *Somos o que pensamos.*
> *Tudo o que somos surge com nossos pensamentos.*
> *Com nossos pensamentos fazemos o mundo.*
> Buda

> *Se a linguagem real não é correta,*
> *o que é dito não é o que significa. Se o dito*
> *não é verdadeiro, o que tem que ser feito não se faz (...).*
> Confúcio

> *No princípio era o caos. Então Deus disse...*
> Adaptação do *Gênese*

Introdução

A verdadeira revolução no gerenciamento das empresas e entidades que produzem bens ou serviços teve grande impulso quando os estudiosos e praticantes da administração começaram a perceber a informação como um insumo valioso e o conhecimento como um fator de produção tão importante quanto os próprios ativos fixos das organizações produtoras. Essa percepção motivou os esforços que vêm sendo levados a cabo para desenvolver a administração da informação e o gerenciamento do conhecimento.

Uma evolução natural desse desenvolvimento foi o aparecimento do conceito de *inteligência organizacional*, entendida como o conjunto das habilidades coletivas de que a organização dispõe.

Segundo essa visão, os dois suportes da inteligência organizacional são o conhecimento e a informação. No entanto, o verdadeiro substrato da inteligência organizacional ainda não mereceu a devida atenção, pois até agora não se salientou a importância da linguagem organizacional como suporte básico da inteligência organizacional.

Tudo se tem passado como se a linguagem — a principal manifestação da cultura humana, a ferramenta que todos utilizam cotidianamente — fosse tão transparente que sua transparência impossibilitasse o reconhecimento de sua importância.

Este livro, dedicado à aceleração do processo de aperfeiçoamento das organizações produtoras, apresenta uma visão ampliada da inteligência organizacional, dando grande destaque à importância da linguagem como seu fator essencial.

Organização produtora é um *sistema de pessoas* que utilizam *recursos intelectuais, financeiros e materiais* para receber insumos, executar processos (operações ou atividades) e disponibilizar bens ou serviços, guiadas por suas visões e seus objetivos estratégicos.

Inteligência organizacional é a capacidade coletiva disponível na organização para, de maneira proativa, identificar situações que recomendam iniciativas de aperfeiçoamento, conceber iniciativas de aperfeiçoamento, implementá-las e operá-las, utilizando seus *recursos intelectuais*.

Tais recursos intelectuais são:

- as informações gerenciais relevantes, que servem de apoio à tomada de decisões adequadamente fundamentadas;
- os conhecimentos de interesse sobre as operações e atividades que a organização precisa realizar, indispensáveis para que se definam as informações relevantes para gerenciá-la;
- a linguagem organizacional, que reflete os conhecimentos dominados pela organização, suporta a geração de novos conhecimentos de interesse, permite definir as informações relevantes para a organização e dá suporte à comunicação organizacional.

Se a linguagem reflete os conhecimentos absorvidos pelas pessoas e suporta a geração de novos conhecimentos, é o acervo de conhecimentos dominados por uma organização que constitui a base para a formatação de informações gerenciais relevantes. Por aí se pode antever a estreita dependência entre linguagem, conhecimento e informação.

Uma linguagem isenta de omissões e da sobreposição de conceitos importantes é também um instrumento indispensável para conferir efetividade à comunicação.

Organização alguma realiza grandes aumentos de produção com muito segredo.[1]

Por isso a comunicação é uma competência essencial, de que as organizações modernas necessitam para melhor compartilhar visões, estratégias, planos, programas, projetos com os públicos interno e externo. As estratégias e ações dela decorrentes são desenhadas pelas pessoas, utilizando os recursos intelectuais. O desenvolvimento dos recursos intelectuais permite, portanto, agilizar o aperfeiçoamento da organização.

As pessoas desenvolvem suas idéias e as comunicam às partes interessadas — os *stakeholders* — sob a forma de visões, estratégias, planos, programas, projetos e outras manifestações. No estágio seguinte, as palavras transformam-se em iniciativas e ações coletivas, que caracterizam uma organização. Sem participação coletiva não se pode falar em organização.

Para realizar uma comunicação efetiva, as pessoas utilizam simultaneamente todos os recursos intelectuais, de modo a transmitir adequadamente as mensagens de interesse, motivar o público interno, prestar contas das intenções e das realizações da organização, promover a imagem e alavancar a reputação desta, e receber retorno (*feedback*).

Da mesma forma que a inteligência organizacional, a capacidade de comunicação da organização depende da qualidade de cada um dos recursos intelectuais. Essa capacidade aumenta com a clareza da informação que se deseja transmitir, com a precisão do acervo de conhecimentos que embasa a informação e com a coerência da linguagem que dá sustentação ao conhecimento e à informação.

Na figura 1, o vetor OP é uma representação alegórica da inteligência organizacional e da capacidade de comunicação, representadas, respectivamente, pelas letras gregas ι (*iota*) e κ (*kappa*), respectivamente. O vetor OP sugere a sinergia que existe entre a linguagem (L), o conhecimento (C) e a informação (I), quando esses elementos compõem a inteligência organizacional e suportam a comunicação organizacional. A figura mostra que OP é maior que cada recurso intelectual considerado isoladamente e maior até mesmo que a soma vetorial de cada um dos três possíveis pares de componentes (L, C), (L, I) e (C, I), refletindo metaforicamente a citada sinergia entre os três elementos.

---

[1] Adaptação livre de uma frase do engenheiro Otacílio Viana de Albuquerque, que destaca a importância da comunicação no processo de planejamento estratégico.

Figura 1
Representação metafórica da sinergia existente entre linguagem organizacional, conhecimento e informação

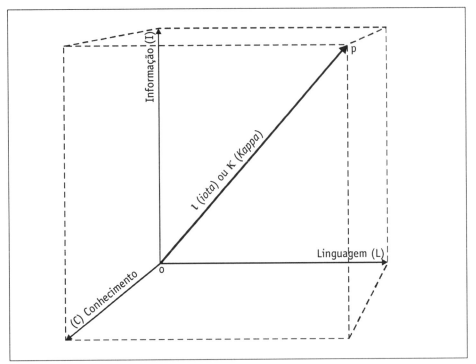

Objeto de interesse deste livro, o desenvolvimento da inteligência organizacional não tem por finalidade servir ao brilhantismo retórico ou ao discurso ideológico. Veremos aqui como a inteligência organizacional pode contribuir para acelerar o processo de aperfeiçoamento da organização — uma providência indicada para que a empresa ou a entidade produtora seja capaz de prosperar relativamente à competição, no ambiente globalizado.

Duas premissas básicas motivaram o esforço empreendido na criação deste livro:

1. É possível identificar algumas características gerais das organizações produtoras que não variam, independentemente dos diferentes tipos de empresas e entidades existentes no mundo da produção.
2. Os administradores, gerentes, planejadores e projetistas que dominarem conhecimentos relacionados com os invariantes das organizações produtoras terão melhores oportunidades de obter sucesso em quaisquer organizações com as quais sejam chamados a colaborar.

Analise atentamente os seguintes vetores dos cenários em que serão desenvolvidas as atividades nos diferentes segmentos do mundo da produção:

- pressão crescente da sociedade sobre as organizações por maiores transparência e produtividade;
- maior responsabilização quanto aos direitos de acionistas, fornecedores de materiais, prestadores de serviços, clientes, consumidores, usuários e cidadãos;
- exigência de maior respeito para com os empregados, o ecossistema e as comunidades locais;
- afluência de novos entrantes nos diferentes campos da atividade econômica, ampliando a arena da competição;
- utilização cada vez mais intensa da tecnologia da informação nas transações cooperativas, em redes de alianças e outros relacionamentos tradicionais e virtuais.

Em cenários influenciados por tais vetores, é forçoso reconhecer a importância estratégica de:

- melhorar a qualidade da comunicação com os públicos interno e externo;
- conferir maior relevância às informações utilizadas para dar suporte à tomada de decisões.

Haverá crescimento da demanda por aumento da eficiência em todos os segmentos da atividade de produção de bens ou serviços, devendo intensificar-se o aproveitamento das novas ferramentas que a tecnologia vem colocando à disposição dos administradores.

A sobrevivência ou o crescimento de uma organização poderá depender de sua capacidade de estabelecer e gerenciar alianças, a fim de somar e complementar competências para aumentar a produtividade, através da agregação de maior valor à produção, da redução dos custos de produzir e da criação de novas soluções.

O aproveitamento de eventuais oportunidades de novas alianças exigirá maior transparência, o que requererá o aprimoramento do processo de comunicação da organização com novos interessados.

Entre esses interessados poderão estar administradores, planejadores, empresários, investidores, advogados, agentes financeiros, membros dos poderes Legislativo, Executivo e Judiciário, jornalistas, ambientalistas e outros formadores da opinião pública, clientes, usuários, consumidores e membros de grupos de pressão.

Alguns segmentos do público externo podem estar pouco familiarizados com a linguagem normalmente utilizada no mundo da produção.

A criação de um ambiente organizacional propício à motivação das pessoas e ao aumento de produtividade recomenda que informações claras e inteligíveis sejam colocadas à disposição dos diferentes níveis da organização. Desse modo as pessoas podem entendê-las, confiar nelas e otimizar as decisões que delas dependam.

Essas visões indicam a necessidade de realizar projetos de ampliação da base de conhecimento da organização e de aprimoramento dos sistemas de informação que dão apoio às decisões. Como requisito indispensável à implementação desses projetos, deve-se promover o desenvolvimento da linguagem organizacional, de modo a facilitar a absorção e a geração de novos conhecimentos, o aperfeiçoamento dos sistemas de informação e a melhoria da comunicação.

Uma interrupção inesperada

Karol Reader,

Permita-me interromper sua leitura para me apresentar. Meu nome é Alberto Gilson, mas sou conhecido pelos amigos como Beto Gil.

Trabalhei em várias organizações como auditor e, atualmente, estou servindo como consultor interno da FlexNet do Brasil, uma corporação que resultou do processo de transformação da antiga InflexJaw.

Foi durante essa transformação que conheci os autores e me tornei amigo deles. Naquela ocasião eles estagiaram comigo. Por causa da amizade que ainda hoje me dedicam, pediram-me que fizesse uma leitura atenta deste livro e o comentasse.

Li o trabalho atentamente. O assunto é interessante porque surpreende, e assusta porque é pouco comum, embora focalize as ferramentas mais importantes para melhorar o desempenho das pessoas que ocupam o estrato superior de uma organização.

Fiz algumas críticas e sugestões. Principalmente para que o texto se tornasse mais palatável e houvesse mais exemplos práticos.

Que nenhum dos autores me ouça... Jogaram quase todas as minhas idéias fora. Ficaram com as próprias convicções, como costuma acontecer. Que fazer?

Você pode usar este livro de três maneiras:

❑ ler apenas o texto dos autores [pouco recomendável];

❑ ler o texto dos autores e os meus boxes [recomendável];

❑ ler apenas os meus boxes [altamente recomendável].

No fundo, no fundo mesmo, os autores se preocupam com três questões:

1. Pode-se otimizar o que não se pode controlar?

2. Pode-se controlar o que não se pode planejar?

3. Pode-se planejar o que não se pode descrever?

Arie de Geus[2] afirma que um dos objetivos mais nobres do planejamento estratégico é desenvolver um jogo de linguagem[3] forte e coerente. Esse jogo inclui um sistema de símbolos lingüísticos capaz de facilitar a descrição da realidade que existe dentro e fora da organização e de permitir a comunicação entre os dirigentes dos diversos segmentos da organização.

Se possuir essas qualidades, a linguagem organizacional irá facilitar aos dirigentes a ampliação de seu cabedal de conhecimentos, de modo que reconheçam com maior clareza as operações e atividades a aperfeiçoar. A partir daí, eles estarão capacitados a especificar adequadamente o elenco de informações que irão facilitar uma tomada de decisões bem fundamentada e mais ágil. Isso os ajudará a acelerar o aperfeiçoamento da organização.

É sabido que imprecisões de linguagem dificultam a comunicação, inibem a criatividade, prejudicam a eficácia do planejamento e a eficiência da execução, provocando perda de produtividade na gestão da organização.

Inversamente, o uso de um sistema de linguagem bem estruturado facilita o desenvolvimento das estratégias organizacionais, a concepção dos projetos e a comunicação das iniciativas a serem implementadas, o planejamento e o controle das atividades físicas, a preparação e o acompanhamento dos orçamentos de custos e das previsões de benefícios, a concepção e a avaliação econômica de projetos, a apuração do resultado da operação.

A utilização de uma linguagem clara favorece a negociação, o entendimento e o acordo entre dirigentes, empregados, acionistas, autoridades, parceiros, fornecedores de materiais e prestadores de serviços, clientes, usuários e consumidores, reduzindo drasticamente as perdas de tempo.

Uma linguagem clara favorece a identificação de oportunidades e ameaças, pontos fortes e pontos fracos. Permite descentralizar decisões porque mantém a direção bem informada. Serve de referência na hora em que os gerentes precisam tomar decisões, isolada ou coletivamente, para aperfeiçoar seus sistemas de produção.

Este livro condensa o esforço desenvolvido, com base nessas visões, em três diferentes eixos:

1. Estuda as formas de utilização das informações, dos conhecimentos e da linguagem, segundo uma metodologia geral que facilita o aperfeiçoamento das organizações produtoras.

---

[2] De Geus, 1988.

[3] A expressão "jogo de linguagem", criada por L. Wittgenstein, designa, conjuntamente, as palavras, as expressões e os significados que elas adquirem quando utilizadas em determinado contexto comunitário, segundo regras de uso e de interpretação estabelecidas pela própria comunidade. Joga quem conhece as regras. Não joga quem não as conhece.

2. Desenha três estratégias para desenvolver a inteligência organizacional e ajudar a agilizar o processo de aperfeiçoamento organizacional.
3. Apresenta idéias e propõe diretrizes para implementar as estratégias de agilização, a partir da identificação das características que não variam em relação à tipologia das organizações produtoras.

O pulo do gato

— Socorro, Beto Gil! Manifeste-se! Você não disse que ia ajudar? Comente. Faça alguma coisa.

— É isso aí. A organização moderna precisa de uma linguagem que não provoque muitos ruídos de comunicação e seja compatível com a velocidade de resposta necessária a uma gestão efetiva no mundo globalizado.

Mas os usuários de alto nível da comunicação organizacional não dispõem de tempo, nem de treinamento, para descobrir a causa do desconforto provocado por informações pouco claras.

A falta de clareza da informação é um problema de linguagem, mas cada usuário tende a atribuí-lo a uma possível deficiência de conhecimento que somente ele próprio possui, e não a uma limitação da organização como um todo.

Assim, o desconforto provoca ansiedade, que potencializa uma redução no desempenho, já prejudicado pela baixa qualidade das informações.

— Compreendo, Beto. Eu mesmo já me vi nessa situação.

A seguir, é apresentado o plano geral de desenvolvimento deste livro.

Plano do livro

Se existe uma forma de fazer melhor, descubra-a.
Edison

Se não existe maneira de fazer melhor, desenvolva uma.

O aspecto mais importante das organizações não é o arranjo de seus recursos físicos. Segundo os pesquisadores B. van Heusden e R. Jorna,[4] é o entendi-

---

[4] Heusden e Jorna, 2000.

mento que resulta das diferentes percepções que as pessoas têm a respeito dos papéis que cada uma delas deve desempenhar para que a organização execute suas operações e atividades. Segundo essa visão, a organização física acaba sendo um reflexo da organização das idéias.

Isso faz sentido porque os recursos não se organizam espontaneamente, de moto próprio. São as pessoas que tomam decisões para otimizar o emprego de todos os recursos, sejam eles intelectuais, financeiros ou materiais.

O entendimento das pessoas sobre o que a organização deve fazer não permanece estático. Ou seja, a organização está em constante processo de mudança, procurando um contínuo aperfeiçoamento, o que pode implicar até uma transformação. Dessa forma, é importante entender como as idéias se organizam na mente das pessoas.

Shon[5] é um dos autores que chamam a atenção para o fato de que as organizações procuram desenvolver valores e acumular conhecimentos e informações que lhes servirão como guia para executar ações futuras. Elas arquivam e atualizam em sua memória princípios e máximas de prática, imagens da missão e da identidade, fatos a respeito do ambiente de trabalho, técnicas de operação, histórias de experiências passadas. Portanto, é também importante compreender como as pessoas adquirem e compartilham conhecimentos e como elas estruturam e compartilham informações.

Para entender como as pessoas organizam suas idéias e tomam decisões sobre ações futuras, deve-se ter em mente que conhecimentos e informações são interpretações, isto é, são representações que as pessoas fazem dos objetos, concretos ou abstratos, nos quais estão interessadas. Assim sendo, a utilização de linguagem adequada é indispensável para desenvolver e compartilhar essas interpretações, isto é, comunicá-las.

Este livro pode ser visto como um instrumento para facilitar o entendimento das operações e atividades que as organizações devem realizar. Seu foco de interesse é a utilização dos recursos da inteligência organizacional para acelerar o aperfeiçoamento das organizações produtoras, ou seja, as empresas e entidades, públicas ou privadas, que executam operações ou atividades, físicas ou mentais, para transformar insumos em produtos, sejam estes bens materiais, serviços ou soluções integradas.

Aperfeiçoar é o ato ou o efeito de introduzir melhorias, refinar, aprimorar. Visto *como ato*, o aperfeiçoamento organizacional é um processo contínuo de melhoria de desempenho que não deve se limitar a ganhos incrementais. Necessita almejar saltos qualitativos e quantitativos, precisa ambicionar a inovação. Visto *como efeito*, o aperfeiçoamento organizacional é uma melhoria de de-

---

[5] Shon, 1990.

sempenho resultante de iniciativa bem-sucedida, tomada para aproveitar uma oportunidade ou rechaçar uma ameaça, potencializar uma força ou reduzir uma fraqueza. É uma alteração no paradigma do processo real, com ganho efetivo para a organização.

Se há mais de uma alternativa para se executar uma operação ou atividade, é responsabilidade dos agentes do aperfeiçoamento identificar aquela que melhor atenda aos interesses da organização, o que exige conhecimento e informação.

Se, todavia, uma operação ou atividade só pode ser executada de uma única maneira, os líderes e agentes do aperfeiçoamento podem orientar suas ações no sentido de desenvolver uma forma melhor de execução, o que, além de conhecimento e informação, exige criatividade, pesquisa e desenvolvimento.

Entre as atividades desenvolvidas no mais alto nível de qualquer organização encontram-se aquelas que contribuem para o seu aperfeiçoamento. O propósito deste livro é justamente apresentar e discutir estratégias que permitam agilizar as iniciativas de aperfeiçoamento, no sentido amplo do termo, o qual inclui os referidos saltos quantitativos e qualitativos de melhoria organizacional, dando a essas ações a necessária integração e foco.

Orientado por essa visão, este livro tem como objetivos:

❑ formular, justificando, três estratégias para o desenvolvimento da inteligência organizacional e a aceleração do aperfeiçoamento da organização;
❑ discutir conceitos básicos que permitam transformar as estratégias em ações efetivas;
❑ apresentar diretrizes para a efetiva implementação das estratégias.

As idéias e propostas apresentadas neste livro para turbinar a inteligência organizacional interessam, direta ou indiretamente, a cinco grupos de pessoas.

Diretamente, podem trazer benefícios para pessoas que se considerem incluídas nos grupos I e II definidos a seguir:

Grupo I. Executivos, gerentes e demais agentes do processo de aperfeiçoamento que reconheçam o desenvolvimento da inteligência organizacional como uma estrada capaz de promover a aceleração do processo de aperfeiçoamento de empresas ou entidades de qualquer setor do mundo da produção, sejam elas públicas ou privadas.

Grupo II. Consultores, pesquisadores, professores e estudantes das áreas de administração, planejamento, projeto e operação de sistemas de produção, gerenciamento do conhecimento, reestruturação organizacional, sistematização da informação e teoria da organização que desejem eventualmente aproveitar e aprofundar algumas das questões introduzidas por este livro.

Indiretamente, as idéias e propostas aqui apresentadas podem se revelar proveitosas para aquelas pessoas que se considerem integrantes dos grupos III, IV e V caracterizados a seguir:

Grupo III. Fornecedores de materiais, prestadores de serviços, clientes, usuários de serviços e consumidores de bens que desejem compreender, em linhas gerais, como as organizações com as quais realizam transações executam suas operações e atividades, para facilitar o estabelecimento de relacionamentos mais estreitos com elas.

Grupo IV. Acionistas, parceiros, sindicalistas, membros da sociedade em geral, de comunidades regionais ou locais e todas as pessoas que se interessam pelo sucesso da organização e mostram simpatia, curiosidade ou preocupação em relação a ela.

Grupo V. Empresários, investidores, agentes financeiros, advogados, membros dos poderes Legislativo, Executivo e Judiciário, jornalistas, ambientalistas, membros de grupos de pressão e outros formadores da opinião pública que desejem se familiarizar com a linguagem do mundo da produção.

Além destas "Considerações iniciais", este livro contém seis capítulos, cujo conteúdo é sintetizado a seguir.

O capítulo 1 dedica-se a formular, e justificar, três estratégias de desenvolvimento da inteligência organizacional e aceleração do aperfeiçoamento organizacional. Para tanto, é discutido um processo geral de aperfeiçoamento organizacional. A partir do estudo desse modelo pode-se identificar:

- a natureza das principais atividades que integram o processo de aperfeiçoamento;
- os principais líderes e agentes do aperfeiçoamento organizacional;
- as três ferramentas básicas que esses agentes utilizam.

A cada ferramenta básica corresponde uma estratégia especificamente concebida para beneficiá-la. A conjunção das três estratégias promove o desenvolvimento da inteligência organizacional e facilita a aceleração do aperfeiçoamento organizacional.

O capítulo 2, um dos mais importantes do livro, divide-se em dois segmentos.

O primeiro trata das questões de base da linguagem organizacional. Faz um estudo comparado dos conceitos de *processo* e *método*. Desenvolve as idéias de *unidade de processo* e *unidade administrativa* e discute princípios que permitem reconhecer e sustentar a identidade dessas unidades. Estuda também os diferentes tipos de processo e promove uma discussão de conceitos ligados à noção de *negócio*.

Uma curiosidade justificada

— Diga-me, Beto Gil, por que eles atribuem tanta importância às palavras "processo" e "método"?

— Tem que aguardar! Agüente firme! Você verá mais adiante o que eles farão a partir dessa comparação.

O segundo segmento dedica-se ao estudo das organizações produtoras. Inicialmente, propõe um arquétipo geral das organizações que produzem bens e serviços e focaliza duas importantes visões das organizações: o *sistema de administração* e o *sistema de produção*.

A análise do sistema de administração apresenta uma metodologia para desenvolver organogramas cuja principal finalidade é separar as unidades administrativas que produzem bens e serviços para clientes de fora da organização daquelas unidades que produzem bens e serviços para clientes localizados dentro da própria organização.

A análise do sistema de produção desenvolve os conceitos de *configuração*, *estrutura* e *conjuntura organizacional*, que fornecem uma visão geral das possibilidades de aperfeiçoamento de uma organização produtora. Esse estudo desemboca na identificação dos itens sobre os quais é preciso ter conhecimento e informação para tirar proveito do processo de aperfeiçoamento.

Nesse segundo segmento, apresenta-se o conceito de *análise de versatilidade* de uma organização e discutem-se as diferentes formas de aperfeiçoar as organizações.

Também é proposta uma linguagem compacta para descrever sistemas de produção. Essa linguagem identifica sete classes de processos que possibilitam fazer representações adequadas de quaisquer sistemas de produção do mundo real, com a extensão e a profundidade desejadas, explicitando tão-somente os processos que realmente interessam ao gerente.

A utilização dessa nova linguagem força a identificação das imprecisões e omissões porventura existentes no acervo de conhecimentos de interesse da organização e, conseqüentemente, revela as imprecisões e omissões existentes nos sistemas convencionais de informações gerenciais.

A linguagem compacta permite categorizar os sistemas de produção do mundo real em *árvores de produção* e *feixes de produção*. As árvores são os sistemas em que dois ou mais produtos compartilham *compulsoriamente* processos comuns. Os feixes são as manufaturas, isto é, conjuntos de *linhas de produção*, cada uma das quais pode ser desativada, a critério do gerente.

As árvores de produção são de grande interesse para este livro porque a apuração de informações relevantes sobre custos e benefícios nesse tipo de sistemas exige conhecimentos mais avançados do que aqueles necessários para desenhar sistemas convencionais de informação de apoio ao gerenciamento de sistemas simples, como as manufaturas.

O segundo segmento prossegue com a discussão do *modo ideal de operação dos agentes do processo de aperfeiçoamento*, a apresentação do *campo das informações gererenciais relevantes* e a introdução do conceito de *gerenciamento por objetos lógicos de decisão*, terminando com a identificação das *informações gerenciais relevantes*.

O capítulo 3 propõe uma maneira de construir arquiteturas de informação capazes de organizar, segundo o modo de raciocinar que os tomadores de decisão devem utilizar, as informações de interesse sobre os sistemas de produção.

As arquiteturas especiais de informações são de três tipos: arquiteturas universais, arquiteturas administrativas e arquiteturas de negócio.

Uma *arquitetura universal de informações* permite que todos os agentes responsáveis pelo aperfeiçoamento da organização utilizem a mesma linguagem ao longo das fases de concepção, implementação e operação de qualquer iniciativa de aperfeiçoamento.

Existem operações lógicas que só podem ser realizadas com o auxílio de uma arquitetura universal de informações. Essas operações são de dois tipos:

- comparação entre previsões e realizações de investimentos e custos de operação durante as etapas de concepção, implementação e operação de um sistema de produção;
- segregação dos investimentos e custos de operação, por processo e por alternativa de processo.

Se não for possível comparar o que se previu com o que se realizou, também não será possível desenvolver, com base nas experiências do passado, a capacidade de preparar orçamentos mais precisos e, portanto, a aptidão para controlar investimentos e custos de operação que sejam efetivamente necessários à implementação e à operação de novas iniciativas da mesma espécie.

Sem a habilidade de apurar o investimento e o custo de operação, por processo e por alternativa de processo, não é possível melhorar a competência para comparar diferentes alternativas de realização de uma mesma tarefa e escolher a mais interessante.

Essas operações lógicas não podem ser realizadas com a ajuda dos sistemas convencionais de informação, que desconhecem o conceito de arquitetura universal de informações.

A arquitetura universal permite ainda criar e disponibilizar *informações normalizadas*. Entende-se por informação normalizada a relação numérica entre o valor da informação para um segmento da organização e o valor da mesma informação para a organização como um todo. Esse tipo de informação relativa possibilita estabelecer *benchmarks*[6] para comparar o desempenho de segmentos de organizações semelhantes, sem que seja necessário revelar os valores absolutos de informações sobre as organizações como um todo.

---

[6] *Benchmarking* é o processo por meio do qual uma empresa adota ou aperfeiçoa os melhores desempenhos de outras empresas em determinada atividade (Ferreira, 1999). *Benchmarks* são marcos ou referenciais de excelência (Camp, 1989).

As *arquiteturas administrativas de informações* servem para contextualizar informações sobre orçamento e realização de despesas e receitas em diferentes segmentos da organização, para indexar informações de interesse dos diferentes gerentes e para disponibilizar tais informações de maneira eficaz.

As *arquiteturas de informações sobre o negócio* servem para contextualizar informações sobre custos e benefícios de conjuntos de sistemas que se constituam em negócios da organização.

O capítulo 4 discute formas de aprimorar sistemas de informações gerenciais por meio da incorporação dos ganhos da linguagem organizacional enriquecida e das arquiteturas especiais de informações. Incorporando esses ganhos, os sistemas avançados de apoio à decisão passam a fornecer novas informações de interesse para o gerente e a disponibilizar as antigas informações de modo mais claro e mais aderente à realidade.

Partindo-se da identificação das características das diferentes classes de sistemas de produção, demonstra-se que é *impossível* determinar o custo de produção de qualquer produto no caso de sistemas de produção complexos, ou seja, de árvores de produção. Afortunadamente — demonstra-se também — *não é necessário* conhecer o custo unitário de produção de qualquer produto de qualquer sistema, manufatura ou árvore de produção, para bem gerenciá-lo.

A partir da classificação dos sistemas de produção chega-se a um princípio geral que permite identificar as informações relevantes para a otimização das árvores e dos feixes de produção: a margem de realização de um produto, a margem de realização de um conjunto compulsório de co-produtos, a margem de contribuição de um insumo e a margem de contribuição de um conjunto compulsório de insumos. Ao mesmo tempo, analisam-se importantes limitações impostas ao campo da decisão gerencial por certos tipos de processos.

O capítulo 5 mostra como é necessário que a organização que desejar obter benefícios do sistema de idéias discutido neste livro exponha previamente a seus administradores e gerentes as novas propostas, para que estes se capacitem a julgar se é vantajoso e conveniente implementá-las.

Em consonância com essa necessidade, o capítulo apresenta sugestões para introduzir, na organização, a mudança de cultura necessária à aceleração do processo de aperfeiçoamento organizacional segundo a metodologia aqui proposta.

São enfocados os projetos técnicos e os cuidados que se deve ter para obter a cooperação do público interno e dos demais *stakeholders*, a fim de que a implementação seja bem-sucedida.

O capítulo 6 apresenta um resumo executivo, destaca pontos para futuro desenvolvimento e traz uma mensagem dirigida aos gerentes.

Capítulo 1

Formulação e justificação das estratégias de desenvolvimento da inteligência organizacional e aperfeiçoamento das organizações produtoras

*Insanidade gerencial é continuar
a fazer as coisas da mesma maneira e
esperar obter resultados cada vez melhores.*

Tom Hopking

Formulação e justificação das estratégias

Neste capítulo são formuladas, e justificadas, três estratégias para tornar mais rápida, mais eficaz e mais eficiente a execução das atividades requeridas para o aperfeiçoamento das organizações que produzem bens ou serviços. São estratégias robustas, que se aplicam a organizações públicas ou privadas, agropecuárias, industriais ou do setor de serviços. Como base de apoio para a proposição das estratégias, são descritas e analisadas nove macroatividades que configuram um processo geral de aperfeiçoamento organizacional. A finalidade dessa análise é:

- ❑ identificar problemas organizacionais e suas soluções;
- ❑ destacar a natureza eminentemente intelectual das atividades que constituem o processo;
- ❑ caracterizar o perfil dos líderes e agentes do processo de aperfeiçoamento organizacional;
- ❑ salientar os recursos intelectuais que constituem a inteligência organizacional, isto é, o conjunto de competências essenciais utilizadas por líderes e agentes do aperfeiçoamento ao executarem suas atividades.

Em seguida, a título de exemplo, são mostradas algumas deficiências que esses recursos intelectuais coletivos costumam apresentar.

A partir dessas discussões será proposto um conjunto de três estratégias concatenadas, capazes de beneficiar os recursos intelectuais da organização, facilitando as atividades que seus usuários desenvolvem, contribuindo para o desenvolvimento da inteligência organizacional e para a aceleração do aperfeiçoamento das organizações.

O processo geral de aperfeiçoamento

Em "*The origin of strategy*", Bruce D. Henderson lembra o princípio da exclusão competitiva e o princípio da seleção natural das espécies para concluir que a competição entre sistemas vivos, tanto nos negócios quanto na ecosfera, seguiria um único padrão de mudança evolutiva não fosse por uma coisa: "os estrategistas de negócios podem usar sua imaginação e habilidade para raciocinar logicamente, com o objetivo de acelerar os efeitos da competição e a taxa de mudança".[7]

Em outras palavras, conclui Henderson, a imaginação e a lógica possibilitam a estratégia. Ora, se é possível formular estratégias, então é viável desenhar estratégias para acelerar mudanças.

As organizações produtoras estão permanentemente procurando se aperfeiçoar. Afinal, sendo sistemas vivos, elas atuam em condições de concorrência, buscando garantir sua sobrevivência. Ao perseguirem esse objetivo, as organizações executam ações que influenciam o ambiente onde exercem suas atividades, as quais podem trazer conseqüências de curto, médio e longo prazos para o futuro delas.

Assim sendo, o processo geral de aperfeiçoamento deve ser aplicável tanto a questões estratégicas quanto a problemas de natureza tática ou operacional, na busca contínua de otimização do desempenho da organização. E também deve ser aplicável não só ao aperfeiçoamento do projeto de um novo sistema, mas à operação de um sistema já implantado, em organizações que trabalham isoladamente ou em alianças, na economia tradicional ou na nova economia.[8]

O processo geral de aperfeiçoamento organizacional é um complexo de interações, iterações e desdobramentos de um conjunto de nove macroatividades:

1. Identificação de motivação para aperfeiçoar a organização.
2. Concepção de alternativas de aperfeiçoamento.
3. Avaliação de alternativas e escolha da alternativa mais conveniente.
4. Comunicação dos impactos esperados da decisão tomada.

---

[7] Henderson, 1995:4 (trad. dos autores).

[8] Nova economia é aquela que se desenvolveu a partir das oportunidades criadas pela Internet.

5. Gerenciamento da implementação da alternativa aprovada.
6. Comunicação do andamento da implementação.
7. Gerenciamento da solução operacional implantada.
8. Comunicação dos resultados da operação.
9. Indução de novos conhecimentos.

Análise das macroatividades do processo geral de aperfeiçoamento

Este livro não pretende examinar em profundidade as macroatividades que integram o processo de aperfeiçoamento organizacional, já bastante conhecidas. Uma breve análise, porém, permitirá que se identifiquem alguns problemas relacionados a cada uma delas, e também será útil para caracterizar a natureza das atividades e identificar os agentes do processo de aperfeiçoamento, assim como as ferramentas que estes utilizam.

Identificação de motivação para aperfeiçoar a organização

Uma motivação para implementar iniciativa de aperfeiçoamento pode assumir formas variadas, como o aproveitamento de uma oportunidade, a exploração de uma força, o enfrentamento de uma ameaça, a redução de uma fraqueza, ou uma combinação dessas possibilidades.

A identificação das motivações que justificam a implementação de iniciativas de aperfeiçoamento deve ser feita monitorando-se e avaliando-se constantemente os ambientes externo e interno da organização, incluindo suas eventuais alianças.

As iniciativas, por sua vez, podem ser um programa, um plano ou um projeto, nos níveis estratégico, tático ou operacional.

Deve-se olhar tanto para o futuro quanto para o passado. No primeiro caso, para avaliar tendências e cenários; no segundo, para reavaliar as ações implementadas, os objetivos anteriormente fixados e aqueles alcançados.

A monitoração do ambiente interno é feita, principalmente, por meio da análise das informações disponibilizadas pelo sistema de apoio à decisão e mediante o contato direto dos gerentes com a realidade da organização. A definição das arquiteturas especialmente desenhadas para capturar as informações geradas internamente pode ser feita a partir do conhecimento das características da organização, notadamente sua configuração, sua estrutura e sua hierarquia administrativa, como será visto no capítulo 3.

Na análise da realidade da organização, os dirigentes devem estar atentos para não perder as oportunidades que venham a ser geradas pela criatividade endógena, espontânea ou estimulada.

A monitoração do ambiente externo é mais complexa, porque exige o acompanhamento de iniciativas da concorrência; de movimentos de fornecedores de materiais e prestadores de serviços; do comportamento de clientes, consumidores e usuários; da ação de grupos de pressão; de tendências da ação governamental; das iniciativas dos núcleos exógenos de desenvolvimento de novas tecnologias e novos conhecimentos; de alianças e outros relacionamentos estratégicos em quaisquer de suas configurações.

Dispersas por natureza, as informações sobre o ambiente externo também podem ser estruturadas segundo arquiteturas baseadas na configuração e na estrutura da organização, como se verá mais adiante. Essa forma de filtrar e estruturar informações estratégicas sobre o ambiente externo facilita sua indexação e, conseqüentemente, sua localização e utilização.

Concepção de alternativas de ação

Identificada a conveniência de tomar uma iniciativa de aperfeiçoamento, pode ocorrer que a organização não disponha de conhecimento para conceber sequer uma alternativa de ação adequada para aproveitar uma oportunidade ou ponto forte, ou enfrentar uma ameaça ou fraqueza.

Uma motivação pode, pois, gerar a necessidade de se desenvolver um conhecimento novo ou de importar uma tecnologia. Neste caso, a absorção de conhecimento no ambiente externo ou a geração de conhecimento dentro da organização, por intermédio do desenvolvimento de tecnologia própria, configura-se como uma iniciativa de aperfeiçoamento previamente requerida para atender à motivação que originariamente se detectou.

Sempre que possível, é aconselhável delinear mais de uma alternativa de ação para aproveitar a oportunidade ou força ou enfrentar a ameaça ou fraqueza. A elaboração de um conjunto de alternativas permite que cada uma seja comparada pelo menos com uma outra. Delinear uma alternativa deve ser entendido como identificar uma alternativa existente ou promover o desenvolvimento de uma alternativa inédita, dentro ou fora da organização.

Deve-se dar a devida atenção ao estudo das atividades de alto nível da organização, cujo aperfeiçoamento geralmente requer a solução de problemas de contorno mal definido, mal estruturados. Principalmente quando envolvem ganhos e perdas pessoais, questões desse tipo freqüentemente não apresentam uma solução única, que possa ser aceita por unanimidade. Por isso, é aconselhável formular uma variedade de alternativas para o encaminhamento da questão.

Durante a fase de concepção das diferentes alternativas de ação, além do conhecimento e da criatividade necessários para propor diferentes soluções tecnicamente viáveis, é indispensável realizar o estudo da viabilidade econômica de cada alternativa proposta. Isso exige o cálculo de estimativas de benefícios e custos, de investimento e de operação, que serão realizados caso a alternativa seja escolhida.

Para o processo de aprendizagem organizacional, é importante que a estimativa de investimento e de custos de operação, feita na fase de concepção das alternativas, seja expressa numa linguagem que permita comparações com as realizações de custos das demais fases do ciclo de vida da iniciativa, isto é, das fases de implementação e de operação. Essas comparações aceleram o processo de aprendizagem organizacional.

Avaliação de alternativas e escolha da alternativa mais conveniente

O processo de identificação e aprovação da alternativa mais conveniente, também chamado de processo de decisão, pode ser direto ou iterativo. Quando a questão em jogo envolve riscos expressivos, o processo de decisão pode tomar a forma de interações entre a equipe técnica que gerou as alternativas e o tomador ou o corpo de tomadores de decisão, no caso de decisões colegiadas. Às vezes o processo conta com a participação de grupos de pressão, internos ou externos.

Os dirigentes das organizações costumam tomar decisões com base na racionalidade administrativa. Esta é entendida como um complexo de juízos lógicos que incluem as seguintes dimensões: racionalidade técnica, racionalidade político-social e racionalidade econômico-financeira. As decisões que resultam desse complexo de juízos são ainda temperadas por visões particulares e princípios éticos dos indivíduos envolvidos na decisão.

Este livro procura apresentar sugestões que contribuam para a disponibilização de informações capazes de fundamentar quaisquer dimensões da decisão que afetem as partes interessadas (*stakeholders*). Na avaliação das propostas tecnicamente viáveis, devem ser levantados os custos e os benefícios, empresariais e sociais, assim como os efeitos de eventuais externalidades, para que se possa considerar o interesse político-social, assim como questões de economicidade e viabilidade financeira.

Mais adiante, será vista a delicada questão da apuração do custo efetivamente realizado, por processo. O conhecimento do custo por processo é indispensável para que se comparem as diferentes alternativas disponíveis para realizar cada processo.

Comunicação dos impactos esperados da decisão tomada

Geralmente, para implementar iniciativas de aperfeiçoamento, é necessário ou conveniente comunicar os impactos esperados das opções escolhidas. Sobretudo quando se trata de iniciativas com conseqüências sensíveis para o acionista, o ecossistema, a comunidade vizinha ou o público interno. Muitas vezes deve-se comunicar também as razões para se pôr de lado outras alternativas de ação.

A comunicação ao público interno é indispensável para estabelecer um clima favorável à motivação das pessoas diretamente envolvidas e para fazer chegar a elas notícias sobre possíveis esquemas para compensar eventuais perdas.

A comunicação ao público externo é freqüentemente requerida para atender a exigências legais. É útil, para sustentar ou melhorar a imagem, manter a reputação da organização. Ela pode criar um clima favorável à iniciativa. Pode veicular esquemas de compensação de eventuais perdas da comunidade ou do ecossistema, minimizando problemas de rejeição em relação à iniciativa.

Nunca é demais frisar que a comunicação deve ser feita sempre em linguagem acessível, capaz de transmitir informações claras, sem o que é impossível desenvolver a credibilidade. A linguagem acessível permite também que a comunicação se faça em duas vias, de modo que o emissor possa receber a retroalimentação dos receptores. Isso facilita a aceitação das mudanças envolvidas na implementação das iniciativas.

A comunicação dos impactos esperados deve levar em conta os aspectos emocionais envolvidos, uma vez que projetos são abstrações, simulações da realidade futura. Muitas vezes seus aspectos técnicos são pouco acessíveis ao público externo.

Gerenciamento da implementação

A implementação da opção aprovada pode ser feita com recursos próprios ou, no caso de iniciativas de maior porte, contratando recursos externamente. Quando não é permitido ou aconselhável realizar negociações diretas para contratar recursos externos, a contratação inicia-se com uma licitação, cujo objetivo é identificar a proposta mais vantajosa para a execução da obra ou do serviço requerido.

Para levar a cabo uma licitação é necessário fornecer aos potenciais licitantes um modelo idealizado da opção escolhida, isto é, um projeto técnico. Com o objetivo de balizar os custos a serem propostos pelos licitantes, é aconselhável fazer uma estimativa atualizada dos investimentos, tendo em vista a conjuntura do momento, isto é, os preços vigentes nos mercados de fornecimento dos materiais e de prestação dos serviços requeridos.

O gerenciamento da implementação da opção aprovada, no caso de iniciativas de maior porte, requer a utilização de um sistema de informações capaz de capturar os fatos como eles realmente acontecem, de modo que a experiência sirva de orientação a iniciativas futuras, assemelhadas ou da mesma espécie.

É necessário acompanhar os investimentos efetivamente realizados durante a implementação, para comparar com o que tiver sido orçado tanto na fase de concepção quanto na própria fase de implementação. Essas comparações propiciam um aprendizado precioso sobre o processo de preparação de orçamentos de investimento, por meio de retroalimentação.

Para possibilitar tais comparações, é necessário que se use uma mesma linguagem, uma mesma categorização dos investimentos, tanto nas estimativas quanto no acompanhamento da realização. Tal necessidade indica que se deve desenvolver uma arquitetura de informações especialmente adaptada ao enfrentamento desse problema.

Comunicação durante o andamento da implementação

No caso de uma iniciativa de maior impacto, é importante dar continuidade ao processo de comunicação com os públicos de interesse, sempre em duas vias, durante toda a etapa de implementação. A comunicação dos sucessos estimula a boa vontade das partes interessadas, e a transparência na comunicação de insucessos cria credibilidade e uma espécie de responsabilidade compartilhada. Isso pode ser útil quando se tiver que enfrentar conseqüências de contratempos eventualmente ocasionados por motivo de força maior ou por ocorrências imprevisíveis ou imprevistas.

Gerenciamento da operação

Implementada a opção aprovada, o gerenciamento de sua operação também requer a utilização de um sistema de informações capaz de capturar os fatos como eles realmente acontecem. Em outras palavras, capturar *informações aderentes à realidade*. Desse modo, a experiência adquirida pode servir, por intermédio do processo de retroalimentação, para orientar outras iniciativas da mesma espécie.

Durante a fase de operação da solução implantada, é recomendável fazer estimativas dos custos de operação a cada período de controle, tendo em vista a conjuntura em que está sendo feita a operação. Da mesma forma, é necessário acompanhar os custos de operação efetivamente realizados, para compará-los com o que havia sido orçado na própria fase de operação e, anteriormente, na fase de concepção. Como no caso dos investimentos, a possibilidade de realizar tal comparação também requer que se utilize, no acompanhamento da realização dos custos de operação, a mesma linguagem, a mesma categorização dos custos de operação usada para realizar estimativas na fase de concepção, e na própria fase de operação.

Comunicação ao longo da operação

No caso da operação de sistemas de maior impacto, é também conveniente manter um canal de comunicação permanentemente aberto com os públicos de interesse, para levar a eles os principais resultados da operação.

Na verdade, as pessoas mais direta ou potencialmente afetadas pelo sistema estão sempre interessadas no resultado da operação de uma organização, posto que o sistema passa a fazer parte da cadeia ecológica em que elas vivem.

Cabe destacar que a comunicação — aqui descrita, por motivos didáticos, em três diferentes macroatividades do processo de aperfeiçoamento — é de fato uma atividade única, muitas vezes exercida de maneira contínua.

Indução de novos conhecimentos

Com o objetivo de beneficiar o aprendizado e acelerar o aperfeiçoamento da organização, sua base de conhecimentos deve ser ampliada por meio da incorporação de novos conhecimentos eventualmente proporcionados por iniciativas anteriores.

A indução pode gerar importantes conhecimentos, mediante estudos comparados que envolvam séries históricas de informações sobre os benefícios e os custos, sociais e empresariais, previstos e realizados, das iniciativas de aperfeiçoamento já implementadas.

Para realizar esses estudos é necessário dispor de uma arquitetura especial de informações, compatível com a maneira de raciocinar e agir que as pessoas devem empregar quando tomam decisões para aperfeiçoar quer a operação de um sistema já implantado, quer a concepção de um novo sistema.

Neste livro, essa maneira peculiar de raciocinar e agir recebe o nome de *gerenciamento por objetos lógicos de decisão*. A arquitetura especial que dá suporte a esse tipo de gerenciamento é denominada *arquitetura universal de informações*.

Natureza das atividades de aperfeiçoamento

Uma vez descritas as macroatividades que podem ser desenvolvidas no processo geral de aperfeiçoamento organizacional, é agora possível especular sobre sua natureza.

Como se constata de imediato, nenhuma das atividades contempladas no processo geral de aperfeiçoamento organizacional envolve esforço físico. Pelo contrário, todas são de natureza eminentemente intelectual.

Agentes do processo de aperfeiçoamento

A maneira segundo a qual as idéias estão organizadas na mente das pessoas determina as visões e as estratégias que a organização desenvolve e a forma que ela assume.

As iniciativas de aperfeiçoamento são uma responsabilidade compartilhada pelas pessoas que integram o estrato mais elevado das organizações produtoras. Os agentes responsáveis pelo aperfeiçoamento — os líderes do processo — pertencem à equipe de administradores, gerentes, planejadores e projetistas da organização. Pode-se dizer que esses agentes são membros destacados da comunidade da inteligência organizacional.

No entanto, é desejável a maior participação possível de todos os segmentos interessados na organização, de modo que sejam incorporadas todas as críticas e sugestões que possam enriquecer as iniciativas de aperfeiçoamento.

Recursos intelectuais básicos

Depreende-se da natureza eminentemente intelectual das atividades de aperfeiçoamento que o conhecimento e a informação são dois recursos básicos para o desempenho das atividades previstas no processo de aperfeiçoamento, sendo os dois recursos intelectuais mais discutidos pelos estudiosos da inteligência organizacional.

Esses recursos expressam-se necessariamente por meio de uma linguagem capaz de representar, descrever e caracterizar:

- ❑ o elenco de insumos consumidos;
- ❑ os recursos utilizados na produção;
- ❑ os processos de produção;
- ❑ as alternativas de realização dos diversos processos; e
- ❑ o elenco de produtos que o sistema disponibiliza a terceiros.

A representação desses cinco itens é crucial para o aperfeiçoamento da organização, porque é exatamente entre eles que se encontram os elementos a serem aperfeiçoados. Logo, é sobre esses itens que se torna imprescindível ter conhecimento e informação.

Em conseqüência, é indispensável dispor de uma linguagem capaz de transferir a representação desses itens para os sistemas de informação e de dar suporte à comunicação entre a organização e os segmentos interessados em seu desempenho.

A comunicação organizacional utiliza a linguagem organizacional para transmitir conhecimentos de interesse e informações fidedignas a pessoas de dentro e de fora da organização.

Entre as formas mais importantes de comunicação escrita encontram-se as normas e os projetos. As normas são aperfeiçoáveis paulatinamente, em edições sucessivas. Porém, os projetos devem ser expressos de forma competente em uma única edição, sob pena de sua execução causar prejuízos imediatos à organização.

Argumenta-se neste livro que, devido às funções que desempenha, a linguagem organizacional é o recurso intelectual mais importante entre todos os que compõem a inteligência organizacional, sendo essencial à execução das atividades de aperfeiçoamento.

Linguagem, conhecimento, informação e comunicação

Conhecimento e *informação* têm o mesmo tipo de suporte físico. Têm, também, o mesmo suporte físico da *desinformação* e da *contra-informação*. Essas quatro entidades se expressam por intermédio de declarações não-interrogativas, feitas em qualquer linguagem que permita a representação e a interpretação necessárias a uma comunicação efetiva entre transmissor e receptor.

Se os conceitos "conhecimento", "informação", "desinformação" e "contra-informação" são apresentados no mesmo contexto, fica mais fácil identificar suas semelhanças e diferenças.

É difícil encontrar definições de "conhecimento", ao passo que existe uma profusão de definições para "informação". Neste livro, indicam-se as a seguir.

Conhecimento, um produto da cultura humana, é a apercepção[9] de um objeto — entendimento ou compreensão a que o sujeito chega mediante experimentação, abstração ou estudo — que pode ser repetidamente utilizada, enquanto seu valor for considerado permanente, e que pode ser transmitida a terceiros, se submetida a uma clara representação,[10] por meio de qualquer linguagem que permita uma comunicação efetiva entre emissor e receptor.

Informação é o significado de uma afirmação logicamente válida, codificada em qualquer linguagem adequada a uma comunicação efetiva, necessariamente verdadeira, de valor transitório, referente a objeto sobre o qual o receptor tem conhecimento prévio e que, por isso, faz sentido para ele.

Desinformação é o significado de uma afirmação logicamente válida, codificada em qualquer linguagem adequada a uma comunicação efetiva, necessariamente falsa, referente a objeto sobre o qual o receptor tem conhecimento prévio e que, por isso, faz sentido para ele.

Contra-informação é o significado de uma afirmação logicamente válida, codificada em qualquer linguagem adequada a uma comunicação efetiva, que o emissor sabe que é falsa, referente a objeto sobre o qual o receptor tem conhecimento prévio e que, por isso, faz sentido para ele.

É oportuno registrar as seguintes observações:

1. O conhecimento está para o verbo "ser" assim como a informação está para o verbo "estar". Exemplo: O relógio é de Pedro (conhecimento) e está com Paulo (informação).

2. É impossível transmitir a qualquer sujeito uma informação a respeito de um objeto sobre o qual ele não tenha prévio conhecimento. Exemplo: Não se pode informar a um indivíduo que o termômetro está indicando 30°C, se ele não conhece os conceitos de termômetro e grau centígrado.

3. Uma informação assume *status* de conhecimento quando adquire valor permanente. Exemplos: a) Em 1900 a temperatura caiu a 2°C; b) Jânio Quadros foi presidente do Brasil.

4. Na linguagem comum, as palavras "conhecimento" e "informação" são freqüentemente usadas com significados inversos aos aqui definidos. Considerem-se os seguintes exemplos: a) Tenho conhecimento de que ela chega amanhã; b) "A água ferve a 100°C, quando submetida à pressão atmosférica" é a informação mais importante que este livro contém.

---

[9] Apercepção é a "apropriação de uma percepção pela consciência, quer ao conferir-lhe maior clareza e distinção, quer ao privilegiar alguns dos seus aspectos, quer ao associá-la a outros conteúdos" (Ferreira, 1999).

[10] Representação é a "reprodução [geralmente escrita ou oral] daquilo que se pensa" (Ferreira, 1999).

5. Se um sistema de informação não apresenta um mínimo de segurança, suas afirmações podem, no máximo, ser consideradas opiniões.
6. Na rede mundial Internet, o conteúdo é constituído de conhecimentos, informações, desinformações, contra-informações, previsões, planos, indagações, opiniões...

A comunicação organizacional, os conhecimentos sobre os processos da organização e as informações relevantes para a tomada de decisões são manifestações vivas da linguagem aplicada ao campo de atuação da organização. Por isso, a linguagem organizacional é, indiscutivelmente, o recurso intelectual mais importante. Administradores, gerentes, planejadores e projetistas utilizam-na para desenvolver suas atividades mais criativas e cruciais.

A comunicação, o conhecimento e a informação são úteis para monitorar os ambientes interno e externo, além de indispensáveis à tarefa de conceber coletivamente alternativas de ação. São necessários para a identificação da alternativa de ação mais conveniente em cada caso e para a fundamentação da decisão de aprová-la. Têm larga utilização no acompanhamento e no gerenciamento das atividades de implantação e operação da solução adotada.

Um jogo de quatro sistemas

Quando nos referimos a um sistema de informações gerenciais (SIG) para servir de apoio a deliberações do gerente de um sistema de produção (SIP), nem sempre nos damos conta de que o sistema de informações se baseia necessariamente em um sistema de linguagem (SLG) capaz de descrever um sistema de conhecimentos (SCO) sobre o sistema de produção.

Entretanto, baseia-se! Porque o conhecimento e a informação são expressos através da linguagem. Por isso, se a linguagem for pobre, refletindo conhecimento impreciso, a descrição não retratará adequadamente o sistema de produção. Nesse caso, o sistema de informações não estará otimizado.

Dependendo diretamente da qualidade da linguagem, a comunicação eficiente é condição indispensável para que a organização promova sua imagem e preserve sua reputação. Uma boa comunicação evita desgastes e serve para obter o apoio do público externo, assim como para proporcionar condições de motivação e comprometimento do público interno com as iniciativas de aperfeiçoamento.

Ainda mais, o domínio de uma linguagem capaz de descrever as conseqüências das ações anteriormente implementadas é imprescindível para sistematizar, preservar e tornar disponíveis novos conhecimentos que possam ser gerados por indução, a partir da observação de iniciativas prévias de aperfeiçoamento. Essa sistematização constitui importante contribuição para o processo de aprendizagem organizacional.

Utilização integrada da linguagem, do conhecimento e da informação

Segundo Choo,[11] três são as áreas reconhecidas pelos estudiosos como campos de aplicação de conhecimentos e informações na organização:

1. *Sense making* — a interpretação de sinais vindos do ambiente externo e a avaliação da atuação da própria organização.
2. *Knowledge creating* — a geração de novos conhecimentos necessários à inovação.
3. *Decision making* — a tomada de decisão para escolha da linha de ação a ser seguida.

Choo denomina "organização inteligente" aquela que age com criatividade e astúcia, utilizando, de forma integrada, esses três campos de aplicação do conhecimento e da informação.

Convém, porém, ampliar essa visão em duas direções:

1. As organizações devem usar a metodologia do processo geral de aperfeiçoamento organizacional como forma de integrar a utilização dos três recursos intelectuais: a linguagem organizacional, o conhecimento de interesse e a informação relevante.
2. Os três recursos que compõem a inteligência organizacional devem ser aplicados não em três, mas em quatro áreas de interesse: a) a interpretação do ambiente; b) a criação de novos conhecimentos; c) a tomada de decisões, e d) o exercício da comunicação organizacional.

Um exame atento do processo geral de aperfeiçoamento indica que:

a) o processo de interpretação corresponde à monitoração dos ambientes interno e externo, prevista na atividade de identificação de motivação para aperfeiçoar a organização;
b) a incorporação de conhecimento pode ocorrer no processo geral de aperfeiçoamento organizacional em diferentes situações:

---

[11] Choo, 1997.

- por interiorização de tecnologia, em decorrência de constatação, na atividade de geração de alternativas de aperfeiçoamento, da inexistência de conhecimento na organização para conceber pelo menos uma alternativa para a ação julgada necessária;
- por desenvolvimento de tecnologia *ad hoc* dentro da própria organização ou em colaboração com entidades externas a ela;
- na atividade de indução de novos conhecimentos, por intermédio da análise das informações proporcionadas por iniciativas anteriores de aperfeiçoamento;
- na aplicação continuada do próprio processo geral de aperfeiçoamento;
- em programas proativos e permanentes, formalmente instituídos para criar novos processos, novos produtos e novas soluções tecnológicas, ou para desenvolver recursos humanos em conseqüência da prévia detecção da respectiva motivação.

c) o processo de tomada de decisão corresponde à atividade de avaliação de alternativas e escolha da alternativa mais conveniente;

d) a comunicação organizacional é uma atividade que deve ocorrer após a eleição de uma iniciativa de ação, durante a fase de implementação da decisão, e como um processo contínuo, para manter contato com as partes interessadas, pertençam elas ao público externo ou ao interno. A comunicação organizacional é feita para atender a exigência da lei, propiciar motivação, obter credibilidade, preservar e promover a imagem e a reputação da organização, seja esta da economia tradicional ou da nova economia. É também o processo de retroalimentação propiciado pela comunicação que permite recolher contribuições para a inovação, por meio de sínteses desses elementos com o conhecimento já existente.

Imagem, qualidade, comunicação, reputação

A imagem de uma organização reflete a soma das percepções do grande público sobre:

- as pessoas que a constituem;
- seus processos, métodos e instalações;
- a eficiência com que utiliza insumos não-renováveis;
- sua preocupação com os processos sustentáveis;
- os bens materiais e serviços que ela disponibiliza;
- sua atitude em relação aos empregados e acionistas, à lei, ao interesse público, aos clientes, consumidores ou usuários de seus produtos;
- seu relacionamento com as comunidades circunvizinhas;
- o respeito que devota ao ecossistema onde vive e desenvolve suas ações.

A imagem da organização espelha a qualidade que pratica. Somente as pessoas podem modificar espontaneamente a qualidade dos processos e a adequação das atitudes da organização. Portanto, só elas podem, de livre e espontânea vontade, mediante ações concretas, modificar a imagem da instituição perante o grande público, e dos bens ou serviços que produz, junto ao mercado.

Somente a busca permanente da qualidade pode assegurar que a imagem se equipare aos padrões considerados adequados pela sociedade.

A organização necessita divulgar fatos a respeito da qualidade que pratica para que clientes, consumidores e usuários avaliem corretamente seus produtos e para estabelecer uma reputação sólida junto ao grande público.

Para promover sua reputação, a organização precisa praticar uma comunicação dialógica, efetiva, utilizando linguagem clara, divulgando informações fidedignas, aderentes à realidade, baseadas em conhecimentos sólidos.

Deficiências dos recursos intelectuais

As ferramentas básicas para a atuação dos agentes do processo de aperfeiçoamento organizacional costumam apresentar deficiências que podem trazer desconforto e ansiedade e reduzir o desempenho de seus usuários. Na verdade, podem provocar muito desconforto, muita ansiedade e grande queda de desempenho.

O que se constata no dia-a-dia, ao se examinar exposições escritas e orais, é que a linguagem organizacional freqüentemente apresenta deficiências, sob a forma de omissões e sobreposições de conceitos importantes, para representar de modo adequado até mesmo alguns itens essenciais da organização. As omissões são responsáveis pela perda de informações relevantes. As sobreposições produzem ruídos na comunicação.

Quando involuntárias, as deficiências de linguagem podem estar associadas a conhecimentos ainda pouco elaborados ou derivar da falta de conhecimentos. Mas, involuntárias ou não, quando tais deficiências estão presentes, suas conseqüências negativas recaem sobre os sistemas de informação gerencial, que não se otimizam, por falta de clareza ou de maior aderência à realidade. Tais deficiências também prejudicam, logicamente, a qualidade da comunicação. Apenas para ilustrar, vejamos quatro casos de deficiência de linguagem organizacional.

1º Caso – descuido de linguagem

Como exemplo de sobreposição, temos o caso da linguagem de algumas organizações da indústria extrativa, que costumam usar a expressão "vazão de produção" para designar a "vazão de extração", segundo a qual retiram matérias-primas de suas jazidas.

Ora, "vazão de produção" é aquela pela qual a organização produtora disponibiliza seus produtos a terceiros. Parte do que é extraído pode ser consumido internamente, perdido ou estocado. Portanto, as grandezas "vazão de extração" e "vazão de produção" em geral apresentam medidas diferentes entre si.

Tem-se, então, duas variáveis de grande importância sobrepostas na mesma expressão "vazão de produção". Este é um caso de descuido de linguagem, resultante de um conhecimento impreciso, que provoca conseqüências prejudiciais às informações gerenciais e à comunicação organizacional.

Uma gerência embananada

— Em uma unidade agrícola da InflexJaw, que se dedica à plantação de bananas, houve certa vez uma grande confusão, causada pelo mau uso da palavra "produção".

— Como foi isso, Beto?

— A unidade, localizada num país tropical, havia sido adquirida de terceiros com base na "informação" de que a "produção" de bananas era de 10 milhões de dúzias por ano.

Houve uma ordem superior para estudar a instalação de uma fábrica de bananada para beneficiar 10 milhões de dúzias de bananas por ano.

Depois que o projeto ficou pronto, a gerência central da InflexJaw descobriu que, de acordo com o direito consuetudinário local, 10% da colheita cabiam aos empregados, e que 3% da mesma colheita se perdiam por questões diversas. Portanto, a unidade agrícola tinha uma colheita de 10 milhões, mas só produzia 8 milhões e 700 mil dúzias de bananas por ano.

O resultado é que o empreendimento teve que ser cancelado, porque um decréscimo de 13% na vazão de projeto comprometeu sua lucratividade.

— Confesse, Beto! Isso não é uma metáfora?

2º Caso – falta na base de conhecimentos

O segundo exemplo de deficiência de linguagem refere-se a um caso de omissão. Existem importantes organizações nas quais cada produto compartilha *compulsoriamente* pelo menos um processo com pelo menos um outro produto. Nessas organizações, designadas aqui de "árvores de produção", todos os produtos são disponibilizados em conjunto.

Como será demonstrado adiante, numa árvore de produção é impossível conhecer o custo unitário de produção de qualquer produto. (Afortunadamente, é desnecessário conhecer o custo unitário de produção de qualquer produto.)

Os sistemas de informações gerenciais cuja base lingüística desconhece as características das árvores de produção consomem tempo e dinheiro tentando disponibilizar informações sobre o custo unitário dos produtos. Tudo o que conseguem é gerar desinformações. A conseqüência imediata desses fatos é um prejuízo para a qualidade das decisões.

Uma verbalização do próprio Deus

— Essa é difícil de aceitar, Beto.

— Nada disso, Karol. Por exemplo, você acha possível calcular quanto custou produzir cada uma das quatro leitoas e cada um dos cinco leitões de uma mesma ninhada?

— Não, isso é impossível!

— No entanto, o gerente de uma das unidades agropecuárias da InflexJaw cismou certa vez de calcular o custo unitário de cada cria! Achava que essa "informação" o ajudaria na comercialização dos porquinhos! Você sabe que uma porquinha vale mais que um porquinho, não sabe?

— Sei, é claro! E aí? O que aconteceu?

— Aí... foi um custo.

— Então seu negócio é esse, Beto. Jogo de palavras...

— Tudo são jogos de palavras. O planejamento é um jogo dialético. Veja você que o próprio Deus verbalizou suas intenções antes de criar o mundo, segundo a metáfora utilizada pelo narrador no *Gênese*. No entanto, para criar tudo o que existe, ele poderia ter apenas estalado os dedos sete vezes. Ou melhor seis vezes...

— Coloque uma vírgula depois de "melhor", Beto.

— Obrigado. Ou melhor, seis vezes...

3º Caso – quanto custa fazer e operar?

O terceiro exemplo de deficiência de linguagem organizacional diz respeito a outro importante caso de omissão, já abordado na descrição da atividade de indução de novos conhecimentos, do processo geral de aperfeiçoamento.

A linguagem normalmente utilizada pelas organizações não costuma propiciar uma base comum para a transferência de informações entre os agentes das três grandes etapas do ciclo de vida de qualquer iniciativa de aperfeiçoamento: a concepção, a implementação e a operação.

Os planejadores e projetistas, responsáveis pela etapa da concepção, costumam classificar e orçar os investimentos e os custos de operação segundo seu próprio sistema de categorias. Com base nessas projeções e em outras informações, eles realizam o estudo de viabilidade econômica do projeto, importante peça informativa para a tomada de decisão.

Os responsáveis pela etapa de implementação da solução aprovada, por sua vez, costumam utilizar outro sistema de categorização dos custos. Com base em sua própria linguagem, eles atualizam o orçamento de investimento, para eventualmente licitar e contratar os serviços de implementação, realizar a procura de materiais e contratar serviços, assim como para controlar a efetiva realização dos custos dos serviços e materiais.

Já os gerentes da operação tendem a orçar e acompanhar os custos de operação de uma terceira maneira, utilizando uma terceira categorização.

A falta de uma linguagem comum prejudica o processo de aprendizagem organizacional, pois reduz a capacidade de cada um dos três agentes aprender com os outros dois. Também limita a indução de novos conhecimentos sobre os custos dos processos, dificultando o crescimento da base de conhecimentos da organização. E dificulta, obviamente, o processo de avaliação da efetividade das iniciativas implementadas.

A solução para esses problemas é a escolha de uma linguagem comum, que possa ser utilizada por todos os agentes das fases do ciclo de vida da iniciativa de aperfeiçoamento, isto é, por planejadores e projetistas e pelos gerentes da implementação e da operação.

Uma argumentação irrefutável

— Isso é óbvio, Beto. Não dá para trabalhar com eficiência numa torre de Babel. Isso é irrefutável. Difícil é imaginar qual deve ser essa tal "linguagem universal". Será o esperanto? Será o inglês?

— Para saber isso você vai ter que aguardar um pouco, Karol.

Posso reafirmar uma coisa. Tudo é jogo de linguagem. Um amigo meu criou os "princípios básicos da anticomunicação", que ele utilizava em uma subsidiária da InflexJaw dedicada à pesquisa mineral. Você quer conhecê-los, Karol?

— Estou curioso... Mas, utilizava a favor ou contra?

— Veja como uma ou duas palavrinhas, aqui e ali, podem criar um probleminha, um problema ou um problemão.

— Uai, Beto! Virou político? Você não respondeu minha pergunta. É a favor ou contra?

— Depende do lado que você esteja... Se desejar provocar mal-entendido, se pretender semear confusão, se quiser estabelecer o caos, você deve aplicá-los. Se não quer ser enrolado, então não permita que utilizem os princípios contra você. Veja como eles são e como podem ser aplicados ou evitados.

Princípios básicos da anticomunicação

A denúncia

Uma causa muito freqüente e pouco evidente de redução na eficácia e na eficiência da gestão é o emprego de "princípios de anticomunicação".

Os princípios

Primeiro princípio: misture, indiscriminadamente, tempos e modos verbais.
Segundo princípio: use, descuidadamente, os verbos poder e dever.
Terceiro princípio: aplique, simultaneamente, o primeiro e o segundo princípios.

Exemplos de aplicações práticas

Primeiro princípio — provocando mal-entendido:

❏ O ministro diz que o presidente realizaria a obra no próximo ano.

Segundo princípio — semeando confusão:

❏ O ministro diz que o presidente pode realizar a obra no próximo ano.
❏ O ministro diz que o presidente deve realizar a obra no próximo ano.

Terceiro princípio — estabelecendo o caos:

❏ O ministro declara que o presidente poderia realizar a obra no próximo ano.
❏ O ministro declara que o presidente deveria realizar a obra no próximo ano.

Uma advertência

Linguagem inadequada, incoerente e confusa é uma das melhores maneiras de alimentar a burocracia.

4º Caso – falta de adesão à lógica do gerente

O quarto exemplo de deficiência de linguagem organizacional focaliza um caso crucial de omissão. Um sistema convencional de informação gerencial é aquele que não leva em conta a lógica que deve ser utilizada pelos dirigentes quando tomam decisões para aperfeiçoar as organizações.

Assim sendo, quando um dirigente deseja comparar as diferentes alternativas disponíveis para implementar uma iniciativa de aperfeiçoamento, as informações fornecidas pelos sistemas convencionais têm que ser extensivamente retrabalhadas. Isso provoca perda de tempo e, geralmente, prejudica a qualidade da informação.

Esse problema é crucial para a velocidade e a qualidade das decisões. Sua solução pode ser alcançada definindo arquiteturas universais de informações, baseadas na lógica que deve dar suporte ao modo de agir dos tomadores de decisão.

Uma ansiedade incontida

— Como é isso, Beto?

— Aguarde, Karol! Dê um tempo!

Estratégias para desenvolver a inteligência e acelerar o aperfeiçoamento das organizações

As idéias discutidas nas seções precedentes permitem embasar, formular, justificar e analisar a robustez de três estratégias para desenvolver a inteligência organizacional e agilizar o aperfeiçoamento das organizações que produzem bens ou serviços.

Embasamento das estratégias

De tudo o que foi dito nas seções precedentes, é possível tirar as seguintes conclusões:

1. A providência mais importante para acelerar o aperfeiçoamento das organizações produtoras é promover o enriquecimento da linguagem organizacional, porque ela é a dimensão mais importante, o grande suporte da inteligência organizacional.

2. O processo de aprendizagem organizacional pode ser grandemente acelerado se for desenvolvido um sistema de linguagem para uso comum e arquiteturas especiais de informação que favoreçam a apreensão do conhecimento por intermédio da avaliação da efetividade, dos benefícios e dos custos de alternativas anteriormente implementadas.

3. Para melhorar a qualidade das informações gerenciais, convém incorporar aos sistemas de informação os ganhos que vierem a ser proporcionados pelo enriquecimento da linguagem organizacional e pelo desenvolvimento de um sistema de linguagem comum e de arquiteturas especiais de informações.

Formulação das estratégias

Para assegurar a necessária direção, o foco e a integração de decisões e ações, com vistas a alcançar os objetivos da organização, é recomendável estabelecer uma estratégica.

Mintzberg[12] explica o conceito de estratégia como uma conjunção que envolve de um a cinco dos seguintes "ps": **p**lano, **p**rograma, **p**loy (estratagema), **p**adrão e **p**erspectiva. Assim como Heijden,[13] Mintzberg salienta a importância de considerar o processo da estratégia. Fahey e Randall[14] lembram que a estratégia se caracteriza não só pelo conteúdo, mas também pelo processo de formulação e implementação.

Os objetivos que emergem de um planejamento estratégico são categorizados, por uma corrente de estudiosos, como temporários e permanentes. São *objetivos temporários* aqueles que podem ser alcançados ao fim de um prazo previsível. Por exemplo, implementar duas novas unidades de negócio. São *objetivos permanentes* aqueles que operam como uma estrela-guia que jamais é alcançada, embora dela seja possível se aproximar cada vez mais. Um exemplo clássico de objetivo permanente é elevar o nível de renda da população.

Para um objetivo temporário deve-se definir um programa, um plano ou um projeto estratégico, enquanto para um objetivo permanente é mais apropriado definir uma política, sem prazo de vigência predeterminado. Um programa, plano ou projeto tem fim preestabelecido, compatível com um objetivo temporário. Um objetivo permanente define não um "projeto estratégico", mas a uma "questão estratégica".

A política deve ter continuidade assegurada, enquanto for válido seu objetivo, tido como permanente. A política orientará a concepção dos planos, programas e projetos necessários para levar a organização em direção ao respectivo objetivo permanente. Por exemplo, "promover a imagem e zelar pela reputação da organização" é uma questão estratégica, associada a um objetivo que deve ser permanente para qualquer organização. Já o objetivo de "alcançar 20% do *market share*" justifica um projeto estratégico. Outro desiderato, "sustentar o *market share* de 20%", pode ser nomeado como um objetivo permanente e, portanto, definir uma questão estratégica, que dará origem a uma política de sustentação do *market share*.

Neste livro o termo "estratégia" tem a dupla acepção de "diretriz" e "curso de ação", de acordo com as seguintes definições:

❑ *estratégia ex ante* é uma diretriz superior que orienta a coordenação de esforços e a alocação de recursos com vistas à consecução de um propósito, de um objetivo específico.

---

[12] Ver Mintzberg, Quinn e Ghoshal, 1998.

[13] Heijden, 1996.

[14] Fahey e Randall, 1998.

Formulação e justificação das estratégias 51

❏ *estratégia ex post* é um curso de ação, envolvendo programas, planos ou projetos, que almeja a consecução de um objetivo.

Desenvolver a inteligência organizacional e instrumentá-la para que facilite a aceleração do processo de aperfeiçoamento da organização é o objetivo deste livro. Para alcançá-lo sugerem-se três estratégias *ex ante*:

1. Enriquecer a linguagem organizacional para: a) aumentar sua capacidade de descrever as maneiras segundo as quais estão dispostos ou podem vir a ser alocados os recursos necessários à produção; b) dar suporte de melhor qualidade ao conhecimento, à informação gerencial e à comunicação organizacional, e c) desenvolver a inteligência organizacional e facilitar a aceleração do processo de aperfeiçoamento organizacional.

2. Modelar *arquiteturas especiais de informação*, mediante a explicitação do conhecimento sobre a realidade da organização, que: a) sirvam à formatação de sistemas avançados de informações gerenciais; b) permitam a indução, a preservação e a difusão de novos conhecimentos a partir da análise de iniciativas anteriores de aperfeiçoamento; c) favoreçam a aprendizagem organizacional; d) desenvolvam a inteligência organizacional e facilitem a agilização do processo de aperfeiçoamento da organização.

3. Formatar *sistemas avançados de informação gerencial*, a partir da incorporação dos ganhos da linguagem organizacional enriquecida e do conceito de arquiteturas especiais de informações, para que possam: a) fornecer antigas informações de forma mais aderente à realidade; b) disponibilizar informações de apoio à decisão que sistemas convencionais de informação gerencial ainda não reconheçam; c) desenvolver a inteligência organizacional e facilitar a aceleração do processo de aperfeiçoamento organizacional.

A partir das estratégias *ex ante*, a administração da organização poderá determinar a explicitação dos programas, planos ou projetos que desenharão o curso efetivo de ação, ou seja, projetarão as respectivas estratégias *ex post*.

Justificação das estratégias

As estratégias propostas visam promover novas competências na aplicação dos três recursos mais importantes para a execução de cada uma das macroatividades de natureza intelectual que compõem o processo geral de aperfeiçoamento da organização. Esses recursos são a linguagem organizacional, os conhecimentos sobre a organização e as informações para apoio à decisão.

A melhoria desses recursos intelectuais promoverá o desenvolvimento da inteligência da organização e, conseqüentemente, agilizará seu aperfeiçoamento. Oportunidades e ameaças, assim como fraquezas e forças, serão identificadas mais prontamente; alternativas de ação serão concebidas com conhecimentos e informações mais confiáveis e haverá maior segurança no processo de decisão. Além disso, o gerenciamento da implementação e da operação de novos sistemas será mais eficiente. A comunicação da organização será mais efetiva, pois evitará as perdas que poderiam ser causadas por desentendimentos ou por falta de motivação. A aprendizagem será impulsionada, sendo favorecido o crescimento do cabedal de conhecimentos de interesse para a organização.

Robustez das estratégias

Deve-se destacar que foram formuladas e justificadas estratégias para acelerar o aperfeiçoamento organizacional sem fazer menção a qualquer tipo específico de organização produtora. Isso significa que as três estratégias propostas são robustas, no sentido de não variarem em relação aos diversos tipos de organizações produtoras, aplicando-se a todas elas, independentemente da espécie.

De fato, toda e qualquer organização, aliança ou rede de organizações utiliza informações e conhecimentos, gerais ou específicos, assim como uma linguagem que inclui expressões de aplicação geral (além, evidentemente, dos termos que se referem exclusivamente a suas próprias operações e atividades).

Finalidade deste livro

É oportuno enfatizar que não é objetivo deste livro discutir o emprego da linguagem organizacional como suporte de discursos ideológicos.

Sua finalidade, essencialmente técnica e pragmática, é contribuir para o enriquecimento da linguagem e do conhecimento, para que melhor sirvam como suporte da informação e da comunicação, em benefício da aceleração do aperfeiçoamento da organização e das pessoas interessadas no desempenho que ela pode alcançar, em ambientes dinâmicos, complexos e competitivos.

Capítulo 2

Enriquecimento da linguagem organizacional

Vigie seus pensamentos, porque eles se tornarão palavras.
Vigie suas palavras, porque elas se tornarão atos.
Autor desconhecido

A clareza, a aderência à realidade e a relevância das informações gerenciais refletem a precisão dos conceitos que integram o acervo de conhecimentos de interesse para a organização. A precisão desses conhecimentos guarda estreita relação com a qualidade da linguagem organizacional.

A primeira estratégia[15] propõe o enriquecimento da linguagem organizacional para aumentar sua capacidade de descrever a organização e as maneiras segundo as quais estão dispostos ou podem vir a ser dispostos os recursos utilizados na produção. O objetivo do enriquecimento é dar suporte lingüístico de melhor qualidade ao cabedal de conhecimentos de interesse da organização, à informação gerencial e à comunicação organizacional.

Uma sugestão insólita

— Este capítulo é muito importante, Karol. É o mais importante e o mais difícil de ler, porque se refere à linguagem, talvez a mais abstrata criação do homem.

Sugeri aos autores que o dividissem em dois segmentos para diminuir o seu peso.

— O meu?!

— Não! O dele. Do capítulo.

— Uai! É uma sugestão insólita! Geralmente o que se divide em partes é o livro! Eles toparam? Como ficou?

---

[15] Ver p. 51 do capítulo 1.

54 Três estratégias para turbinar a inteligência organizacional

— Toparam!

O primeiro segmento trata de "Questões básicas", isto é, de definições sem as quais dificilmente seria possível acompanhar o restante do livro. É leitura pesada!

— Estou pensando em pular esse primeiro segmento...

— Não pule, Reader. Não pule! Faça uma força! Se você pular esta parte, que desenvolve um vocabulário comum, lá na frente os autores vão ficar falando sozinhos. Você não vai entendê-los. Faça uma força! Na pior das hipóteses, o que você pode fazer é uma leitura ligeira. Quando precisar, retorne ao texto ou recorra ao glossário que se encontra no fim do livro.

— Tá bom! E a segunda parte?

— O segundo segmento utiliza as definições apresentadas no primeiro para fazer o "Estudo das organizações produtoras". Aquela questão de identificar invariantes das organizações, aquelas coisas...

— Estou lembrando. Mas vamos logo ao que interessa!

Questões básicas

*Quem sabe usar as palavras "processo" e "método"
para se comunicar com clareza já sabe bastante coisa.*

Este segmento discute várias questões relacionadas com o suporte adequado que a linguagem deve dar ao conhecimento e ao sistema de informações gerenciais. A discussão dessas questões básicas servirá de introdução ao segundo segmento, onde são estudadas as principais características das organizações produtoras.

Princípio da *matriochka*

— Neste ponto, faz-se necessária uma sinalização, Karol.

Uma das dificuldades a enfrentar, quando se lida com linguagem organizacional, é que vários conceitos gozam da propriedade da *matriochka*, a boneca russa.[16]

Assim como cada boneca pode conter uma boneca da mesma espécie, em série, dentro de sua barriga, à exceção da menor de todas, um processo também pode conter vários processos, um sistema pode conter vários sistemas, uma organização pode conter várias organizações. Com um complicador! Cada entidade dessas pode conter mais de uma filha, em paralelo, dentro de sua barriga, como se fossem gêmeas, trigêmeas, quadrigêmeas etc.

---

[16] Voinova, Starets, Verkucha e Zditovetski, 1989:275.

— Então, se uma organização pode conter em seu interior várias organizações menores, em série ou em paralelo, como posso eu, que sou gerente, saber sobre que organização estão falando?

— É fácil! Estarão sempre falando sobre a organização que você gerencia!

— Você quer dizer que tentam falar sobre uma organização genérica...

— Exatamente!

Tipologia da linguagem organizacional

Os termos e expressões utilizados por uma determinada organização podem ser classificados em duas categorias:

- ❏ linguagem específica – que contém os termos e expressões utilizados exclusivamente pela organização;
- ❏ linguagem geral – que contém os termos e expressões que não são usados exclusivamente pela organização.

Neste capítulo são indicadas duas maneiras de promover o enriquecimento da linguagem organizacional, sem prejuízo de outras formas já existentes ou que venham a existir:

1. O enriquecimento da linguagem específica (de máxima importância para qualquer organização) pode ser obtido mediante a análise de exposições orais e documentos produzidos dentro da organização, que incluem: modelos de organização e gestão, descrições de operações e atividades executadas em cada unidade de processo ou unidade administrativa, regras de relacionamento com o mundo exterior e outros. Essa análise permitirá detectar omissões e extirpar sobreposições de termos importantes porventura presentes na linguagem corrente.

2. O enriquecimento da linguagem geral pode ser conseguido por meio da incorporação de novos conceitos e visões ao acervo de conhecimentos dos agentes do aperfeiçoamento organizacional. Esse modo de enriquecimento procura incorporar ao cabedal de conhecimentos novos termos e expressões que veiculem visões sobre aspectos das organizações cuja importância ainda não tenha sido devidamente reconhecida e explorada. Essa forma de enriquecimento não se restringe a uma dada empresa ou entidade do mundo da produção, aplicando-se a qualquer uma delas.

Os novos conceitos e visões em questão ampliam a base de conhecimentos dos usuários da linguagem organizacional e servem para aprimorar o sistema de informações de apoio à decisão.

O que se deseja da linguagem enriquecida é que ela permita descrever as operações e atividades desenvolvidas pela organização produtora com mais precisão, mais clareza e mais simplicidade. Uma descrição competente evidencia os meandros e as nuanças do negócio. Isso permite acelerar a absorção e a geração de novos conhecimentos sobre os processos e os métodos de interesse.

Este livro tem como foco de interesse o estudo da linguagem geral. É na aplicação dos conceitos gerais a cada organização em particular que estes assumirão as formas utilizadas na linguagem específica, se essas formas existirem. Se não existirem formas adequadas na linguagem específica da organização em estudo, os conceitos gerais colocarão em evidência a necessidade de criá-las.

Terminologia básica

As definições apresentadas nesta seção objetivam criar uma base mínima para a compreensão do que se discute neste livro. O conjunto de definições deve ser visto como uma plataforma de entendimento comum entre os autores e o leitor. Desde que mantenha a coerência, o leitor está inteiramente livre para substituir, por outros de sua preferência, quaisquer expressões ou termos aqui utilizados para designar os diversos conceitos de interesse. Porém, quanto maior for o número de pessoas a utilizar o mesmo conjunto de termos, maior será a probabilidade que estas pessoas venham a ter uma visão compartilhada de como aperfeiçoar a organização.

Os conceitos de "processo" e "método" são de capital importância para o entendimento das principais idéias que serão introduzidas por este livro. Em outros contextos semânticos, "processo" e "método" podem ser usados de diferentes maneiras, até mesmo para denotar significados contrários àqueles aqui propostos. Neste livro, contudo, esses termos serão sempre usados com os significados apresentados adiante.

Discussão sobre processo e método

Para entender e utilizar adequadamente as palavras "processo" e "método" convém definir também cinco outros termos que são utilizados no mesmo contexto.

Uma irritação pequena

— Isso me parece cansativo e desnecessário, Beto.

— Parece, mas não é. Você é capaz de propor uma convenção interessante sobre como utilizar sistematicamente os termos "processo" e "método"?

— Confesso que não. Nunca tive tempo para pensar nisso. Para mim, os dois termos significam mais ou menos a mesma coisa.

— Porém, para que você os compreenda com mais clareza, os autores se propõem utilizar os dois termos para designar coisas diferentes. Agüente firme, Karol!

Processo

Processo é o termo genérico que será empregado neste livro para designar qualquer arranjo de *operações* ou *atividades* — lógicas, biológicas, físicas ou químicas — que leve seu *objeto* a passar da condição ou posição, do instante ou estado inicial de um ou mais *insumos* até a condição ou posição, o instante ou estado final de um ou mais *produtos*.

Keeping in mind

— É muito importante que você, Karol Reader, nunca se esqueça de que um processo pode envolver operações ou atividades. Ao longo do texto, os autores nem sempre chamarão sua atenção para essa dualidade. Cabe a você manter-se alerta!
— *I will keep that in mind...*

Deve-se salientar que, para caracterizar um processo, basta especificar a condição ou posição, o instante ou estado de seu objeto na(s) entrada(s) e na(s) saída(s) do processo, não importando qualquer condição, posição, instante ou estado intermediário.

Além disso, cabe observar que:

❑ a evolução que o processo implica pode ser incremental ou envolver uma mudança radical;
❑ para as operações realizadas num processo é mais comum falar em entrada e saída;
❑ para as atividades desenvolvidas num processo é mais comum falar em início e fim;
❑ geralmente o termo "operação" é associado a ferramentas, máquinas, equipamentos e instalações, embora não exista operação sem a participação humana;
❑ o termo "atividade" costuma ser associado a pessoas, a equipes e à organização como um todo.

Essa definição de processo é absolutamente genérica em relação à magnitude do próprio processo. Portanto, o termo se aplica tanto ao processo da organização como um todo, quanto ao processo de qualquer segmento dela. Em outras palavras, um processo pode ser constituído de processos menores, trabalhando em sinergia.

Método

Método é o termo que será usado neste livro para designar cada uma das diferentes alternativas para realizar um determinado processo.

Note-se que, para distinguir um método dos demais, além de especificar suas condições de entrada e de saída, é necessário indicar uma condição ou posição, um instante ou estado intermediário que lhe seja peculiar.

Objeto em processo

Objeto em processo é a expressão aqui utilizada para designar qualquer material, energia física ou mental, conhecimento, informação, idéia, combinação, conjunto ou complexo de coisas que esteja sofrendo evolução por meio de um processo, contínuo ou intermitente.

O conceito de *objeto em processo* é mais abrangente que a idéia de "produto intermediário", porque designa não só um objeto que esteja estacionado entre dois processos, mas também qualquer objeto que esteja sofrendo mudança.

Insumo

Insumo é o termo que designa um objeto quando este se encontra numa condição inicial do processo, ou seja, na entrada ou em uma das entradas do processo.

Produto

Produto é o termo que designa um objeto quando este se encontra numa condição final do processo, ou seja, na saída ou em uma das saídas do processo.

Produção e disponibilização

Neste livro, distinguem-se os conceitos de *produção* e *disponibilização*,[17] sendo o segundo mais amplo que o primeiro.

Produção é o ato ou efeito de criar bens ou executar serviços a que pelo menos um parceiro, cliente, consumidor ou usuário atribua valor.

Disponibilização é o ato ou efeito de tornar disponíveis bens ou serviços a que pelo menos um parceiro, cliente, consumidor ou usuário atribua valor.

No caso da disponibilização, não existe a exigência de criar os bens ou executar os serviços, que podem ser criados ou executados fora dos limites do sistema que os disponibiliza.

Comparação entre processos e métodos

Adotando-se a distinção entre os conceitos de processo e método deste livro é possível identificar algumas características das operações e atividades desenvolvidas pelas organizações produtoras que ainda não foram devidamente exploradas.

Para facilitar o domínio dos conceitos de processo e método, serão explicitadas as principais relações existentes entre eles com a ajuda das figuras 2 e 3.

---

[17] O termo "disponibilização" não está dicionarizado. Aqui ele é utilizado com a acepção de ato ou efeito de tornar disponível (algum bem ou serviço).

Na figura 2, o processo geral AC, representado em linhas sólidas, é constituído pelos processos AB e BC. Os caracteres A e C representam as condições no início e no fim de AC. O ponto B divide AC em dois processos. Em linhas sólidas são indicados os métodos que estão em uso e, em linhas tracejadas, os demais métodos disponíveis para uso. A figura indica que o processo AB pode ser realizado segundo dois métodos, A1B e A2B, enquanto BC pode ser realizado segundo três métodos, B1C, B2C e B3C. A operação ou atividade ABC pode, portanto, ser realizada segundo seis diferentes alternativas.

A estrutura em forma de cruz mostrada na figura 3 indica que processo está para "o que fazer", assim como método está para "como fazer". Processo está para "obrigação", assim como método está para "opção". Os processos colaboram entre si para disponibilizar pelo menos um produto, enquanto os métodos competem entre si para realizar um processo.

É evidente que no caso de só existir uma única maneira de realizar uma operação ou atividade, torna-se indiferente chamar essa maneira de processo ou método.

Figura 2
Processos e métodos

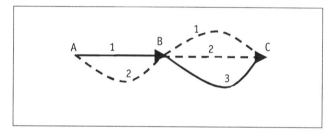

Figura 3
Processo *versus* método

Processo	Método
O que fazer	Como fazer
Obrigação	Opção
Colaboração	Competição

Uma observação inteligente

— Um caso particular (existência de uma única maneira de realizar uma operação ou atividade) pode explicar a falta de distinção com que, em outros contextos, são tratados os conceitos de método e processo.

Observação sobre bens e serviços

Em alguns contextos, o termo "produto" é empregado como sinônimo de coisa tangível, enquanto "serviço" é usado para indicar coisa intangível.[18] Tradicionalmente, porém, os "produtos" costumam ser classificados como "bens" e "serviços".[19]

Convém que os membros de uma comunidade optem por uma única maneira de utilizar esses importantes termos, para evitar ambigüidades nas informações e comunicações da organização.

Uma observação complementar

— Dá uma confusão danada classificar os produtos como "produtos" e "serviços", Beto. Vale a pena fazer um esforço para evitá-la.

— Claro! Não é logicamente possível que uma classe tenha o mesmo nome que seu gênero! Não pode! Essa é uma regra geral. No entanto, é comum a gente ver uma subunidade administrativa com o mesmo nome de sua unidade maior. É difícil extirpar esse tipo de postura cultural, Karol. Você sabe. O uso do cachimbo faz a boca torta. Porém, concordo com você. O esforço vale a pena.

Neste livro, propõe-se a expansão da categorização tradicional dos produtos. Os termos que denominam as categorias serão definidos logo a seguir, e mostram a razão de ser da proposta.

Produtos:
1. Bens
   - bens materiais, como mercadorias, peças, partes, conjuntos, máquinas, equipamentos etc.;
   - bens culturais, como conhecimento, informação, criações intelectuais, criações artísticas etc.;
   - outros bens.

2. Serviços
   - serviços especificados antes da contratação;
   - serviços especificados após a contratação.

3. outros produtos.

---

[18] Em alguns autores que escrevem em inglês pode-se ver os *outputs* de um processo produtivo classificados como *products* e *services*.

[19] No *The American heritage dictionary*, consta a seguinte acepção para o termo *production*: "*n. (...) 2. The creation of value or wealth by producing goods and services*".

Uma "outra" categoria

— Essa não! Incluir a categoria "Outros" numa classificação! Essa categoria parece "Miscelânea"...

— A categoria "Outros(as)" será utilizada ao longo deste livro sempre que não se tiver certeza de que todas as espécies de um determinado gênero foram explicitadas.

Você pode entender a categoria "Outros(as)" como uma espécie de gaveta onde estão guardadas, para uso oportuno, todas as espécies de um gênero que propositadamente não foram explicitadas, que foram esquecidas, que ainda não foram inventadas.

A categoria "Outros(as)" não deve ser confundida com "Miscelânea", porque em geral esta última inclui coisas que não pertencem a uma única espécie.

— Como assim?

— Por exemplo. Se eu digo que um determinado gênero de uma classificação de materiais contém "bolas de tênis", posso resolver categorizá-las, segundo o atributo "cor", nas seguintes espécies: azuis, amarelas, vermelhas e outras. Então a categoria "Outras" contém bolas de cores diferentes de azul, amarelo ou vermelho. Mas só contém bolas de tênis. Entendeu? Não contém raquetes e camisas.

A utilização sistemática da categoria "Outros" confere grande flexibilidade às sistematizações de conceitos e, portanto, aos sistemas de informação.

As definições a seguir aplicam-se aos termos que aparecem na categorização proposta:

Produtos são bens ou serviços disponibilizados por uma organização produtora capazes de ser reconhecidos por terceiros como tendo valor.

Bens são produtos que têm duração e que, portanto, podem ser guardados, armazenados ou estocados.

Bem material é aquele cuja configuração é impressa em uma matéria-prima.

Bem cultural é aquele para cuja disponibilização é insumo indispensável à energia intelectual ou artística.

Outros bens é uma categoria que abriga todos os demais bens que ainda não foram objeto de explicitação na categorização atualmente em uso.

Os dicionários registram serviço como "ato ou efeito de servir". Enquanto "ato", serviço se confunde com o próprio processo de satisfazer necessidades de terceiros: "Estou fazendo um serviço de escavação para ele". Enquanto "efeito", serviço pode confundir-se com o bem, com a coisa produzida: "Olha só esta parede. Que serviço de qualidade!". Neste livro, são indicadas as seguintes definições:

Serviços são produtos intangíveis, que têm duração, mas não têm existência física. São produtos que, sem assumir a forma de um bem, satisfazem necessidades de terceiros.

Serviços especificados antes da contratação são aqueles cujas características gerais são determinadas antes do contato com o *usuário*, que não participa da especificação. Como exemplos típicos, têm-se: serviços de entretenimento, alguns serviços que envolvem especialidades médicas, a maioria dos serviços bancários etc.

Serviços especificados após a contratação são aqueles cujas características gerais são determinadas depois do contato com o *cliente*, que participa da especificação. São exemplos: serviços de fabricação, de construção etc.

Outros produtos é uma categoria que abriga todos os demais produtos que não puderem ser enquadrados nas categorias de bens e serviços. (Por exemplo, um cartão de telefone pré-pago talvez seja mais bem classificado na categoria de *Outros produtos* do que em *Bens* ou *Serviço*, porque, sendo uma coisa material, é adquirido para dar acesso a um serviço.)

Uma interrogação apressada

— Beto, não é exagero dos autores a preocupação de definir serviços especificados antes e depois da contratação?

— Não. Eles precisam dessas definições para explicar o que é "processo de negócio", um conceito complicado, porque varia de negócio para negócio. Dê uma passada de olhos nas observações que se seguem e, depois, aguarde!

É oportuno registrar algumas observações a respeito dos produtos:

- existem alguns serviços dos quais não resulta qualquer bem, como, por exemplo, as apresentações artísticas e esportivas. Esses serviços se confundem com o próprio processo em que são produzidos;
- alguns serviços são realizados com a finalidade de disponibilizar bens materiais, como os serviços de fabricação, montagem, construção etc.;
- outros serviços disponibilizam bens imateriais, como algumas criações artísticas, criações intelectuais, estudos, planos, projetos etc.;
- alguns serviços estão disponíveis de maneira continuada e ficam aguardando por usuários;
- outros serviços são prestados contra requisição ou solicitação expressa do usuário;
- a maioria dos bens é produzida antes da contratação pelo cliente;
- outros bens são produzidos após especificação do cliente;
- a idéia de *bem* está associada à de *compra*. A idéia de *serviço* associa-se à de *contratação*. Assim, diz-se que "vão ser comprados 200 pares de sapato" e "vai ser contratada a confecção de 1.500 pares de botas", "vou comprar um programa antivírus" e "vou contratar o serviço de desenvolvimento de um programa

de computador", "vou comprar três naturezas mortas" e "vou contratar um pintor para fazer meu retrato";

- a atividade de contratação antecede a prestação de serviço e a atividade de venda sucede a produção de bens;
- a aquisição de insumos geralmente sucede a contratação de serviços pós-definidos e, obviamente, antecede a produção do bem em que eles serão consumidos;
- a aquisição de insumos precede a prestação de serviços pré-definidos e, evidentemente, também precede a produção dos serviços em que serão consumidos.

Tipologia dos processos

Como se sabe, qualquer organização, unidade administrativa, unidade de processo que não disponibilize pelo menos um bem ou serviço deve ser eliminada, porque não agrega valor à produção.

Para disponibilizar bens ou serviços essas entidades executam diferentes tipos gerais de processos.

As definições e comentários apresentados a seguir visam lançar um pouco de luz sobre a ambigüidade que cerca diversos conceitos importantes relacionados com os processos. Serão enfocados aqui os conceitos de processo de produção, processo principal, processo de apoio, processo de disponibilização. E na próxima seção, os conceitos de unidade de negócio, processo de negócio e processo crítico de negócio.

Um susto pequeno

— Uai, Beto! Dei uma olhada *à vol d'oiseau* e verifiquei que eles não apresentam exemplos concretos. Nenhum exemplo, ainda que simples!

— Verdade, Karol! Vou preencher essa pequena lacuna para você.

Vamos tomar como exemplo o caso do vendedor de suco de laranja da esquina.

Ele começou sozinho, com uma pequena banca onde vendia seu produto. Comprava as laranjas, fazia e vendia o suco. Pagava as compras e recebia o que vendia.

— Uma pequena organização produtora de suco de laranja...

— Pronto, Karol! Você já escorregou! O homem tinha um negócio, mas não uma organização. Nós dois já sabemos que uma organização é um sistema de pessoas. De duas ou mais pessoas.

À medida que o negócio foi crescendo, o vendedor começou a empregar os filhos.

— Aí virou uma organização.

— Um negócio e uma organização. Uma organização e um negócio.

Como os diferentes conceitos de processo são bastante interconectados, para entender com clareza a diferença entre eles você vai ter que esperar mais um pouco.

— Como estamos em tempo real, isso vai ser fácil, Beto.

— Fácil, não! Vai ser simples.

— Ofendi? Desculpe!

— Não me ofendi. Apenas expliquei que vai ser simples.

Processo de produção

Processo de produção é todo e qualquer conjunto de *operações* ou *atividades* que, por agregar valor à produção, é útil à organização e a seus clientes. Do ponto de vista deste livro, os processos que apresentam maior interesse são aqueles para os quais se pode assegurar repetitividade e que, portanto, podem ser aperfeiçoados.

A expressão "processo de produção" é uma designação geral. Porém, em certos contextos, há necessidade de distinguir duas categorias de processos de produção: processo principal e processo de apoio.

Uma interpelação razoável

— Por que eles estão propondo utilizar "processo principal" x "processo de apoio", quando existem outras designações de uso mais generalizado? Apenas para inventar?

— Só se deve inventar termo novo quando a linguagem atual não é capaz de exprimir o que se deseja! Conversei com os autores e eles disseram que não querem utilizar "processo de produção" x "processo de serviço" porque dá a impressão que os processos de serviço não produzem, o que não é verdade.

Informaram também que não querem utilizar "atividade-fim" x "atividade-meio" porque a palavra "atividade" foi por eles usada para definir processo como "qualquer arranjo de operações ou atividades".

— Explicado assim até dá para entender.

Processo principal

Processo principal de uma organização produtora é qualquer arranjo de operações e atividades que produza bens ou serviços visando essencialmente atender a necessidade de cliente ou usuário externo à organização.

Em certas organizações, os processos aqui designados "processos principais" são chamados de "processos de produção", o que claramente introduz uma distorção no sistema de linguagem.

É de se notar que os bens ou serviços originários de processos principais podem eventualmente ser disponibilizados a clientes ou usuários pertencentes à própria unidade que os produz ou à própria organização.

Um processo principal simples

— Já sei que você vai dizer que, além de servir suco aos clientes, o negociante de vez em quando toma, ele próprio, seu copinho de suco.

— No caso, o suco está sendo consumido dentro da própria unidade produtora.

— Certo, porque ainda não existe uma organização.

— Cáspite!

— Por que cáspite?

— No negócio de venda de suco de laranja, o processo principal consiste, basicamente, nas operações e atividades envolvidas na recepção de laranjas, estocagem de laranjas, descascamento de laranjas, extração do suco, armazenamento do suco e disponibilização do produto.

— E a extração do suco, como é esse processo?

— Caluda, Karol! Vamos ficar no mais simples. A extração é um processo mais complicado. Entram laranja e energia, de um lado, saem suco e bagaço de laranja de outro. Sobre isso eles falarão mais tarde.

— Mas... e o descarte do bagaço das laranjas?

— Tenha calma, Karol! Você é muito ansioso e muito ecológico...

Processo de apoio

Processo de apoio de uma organização é qualquer arranjo de operações e atividades que produza bem ou serviço visando essencialmente atender a necessidade de cliente ou usuário interno à própria organização.

Os processos de apoio objetivam aumentar a eficiência dos processos principais ou de outros processos de apoio.

Eventualmente, bens e serviços oriundos de processos de apoio podem ser disponibilizados para clientes ou usuários externos à organização.

Os processos de apoio em uma organização podem ser processos principais em outras. Entre os exemplos clássicos encontram-se o processamento de dados, o planejamento e a manutenção mecânica.

Com a ajuda da interatividade propiciada pela tecnologia da informação, alianças estratégicas têm possibilitado a expansão acentuada da terceirização dos processos de apoio. Pode-se praticar até mesmo a inserção de operações e atividades desenvolvidas por outrem nos processos principais de uma organização.

Um negócio em expansão

— Com o tempo, a freguesia foi aumentando tanto que o vendedor passou a não ter tempo para comprar laranjas no mercado.

— Ele pediu pra entregar em casa...

— Não. Ele colocou um filho para cuidar da compra do principal insumo, a laranja.

— Principal por quê?

— Uai! E você acha que o vendedor não tinha que utilizar energia para operar seu processo? Energia também é insumo.

— Desculpe a interrupção!

— Está desculpado. Então, neste caso você vê que foi criado um processo de apoio, o processo de compra. O comprador se especializou tanto que, com o tempo, passou a comprar laranjas melhores, mais regulares em tamanho e qualidade. Isso aumentou a eficiência do processo principal.

Mais tarde o rapaz, em comum acordo com o pai (pois então já existia uma organização), passou a comprar milho para o vendedor de pipoca.

— Quer dizer que o pipoqueiro terceirizou o serviço de compra?

— Terceirizou. Mas, nesta altura, o rapaz já estava consumindo o serviço de compra internamente, no seu próprio "departamento", pois fez uma licitação e adquiriu um micro para ajudar no controle.

— Tecnologia de licitação...

— E tecnologia de informação. O rapaz fez uma aliança com seu principal fornecedor e, por um tempo, passou a fazer seus pedidos pela Internet.

— Por um tempo?

— Quando o negócio cresceu ainda mais, o rapaz criou um site B2B e passou a comprar laranjas por meio de um leilão reverso. A eficiência da compra melhorou muito, porque quase sempre havia três ou quatro fornecedores cotando ofertas de preço. Aí o velho viu a uva. As vendas haviam crescido tanto que ele percebeu que deveria colocar um segundo filho para cuidar do fornecimento de suco, em grosso, para a vizinhança e os bairros da redondeza.

— Criou então um departamento...

— Criou um departamento de venda, para executar mais um processo de apoio. O rapaz das vendas inovou. Decidiu vender a prazo para os grandes clientes e para aqueles que mantinham fidelidade à marca. Tempos depois, colocou contratos na bolsa de mercadorias, para permitir que os grandes clientes fizessem o pagamento antecipado do suco a ser fornecido no futuro, estabelecendo assim uma espécie de *hedge*, quando achavam que o preço do suco ia subir.

— Isso não tem fim?

— O pai resolveu vender suco de laranja com sabor adocicado e criou mais dois produtos: suco de laranja com adoçante natural e com adoçante artificial. Teve que mexer no processo principal. Depois ele decidiu produzir laranjada, refresco de laranja. Outra expansão no processo principal. Aí a água passou a ser um insumo importante.

— Isso não tem fim!

— O pai percebeu que tinha problemas de cobrança e resolveu abrir um "serviço financeiro". Convocou um terceiro filho e entregou a ele duas tarefas: liquidar as obrigações e cobrar os haveres.

A mudança seguinte ocorreu quanto o pai resolveu criar uma "unidade de contencioso", para cuidar dos casos de inadimplência mais recalcitrantes.

— Aí acabou.

— Não, porque a coisa cresceu tanto que o dono do negócio resolver transformar o contencioso em um departamento jurídico.

Mais tarde abriu uma seção de *franchise*... Um ingrediente que ele colocava nos produtos dele lhes dava um sabor especial. Uma exclusividade da casa, uma receita secreta, uma competência distintiva que lhe dava uma vantagem competitiva. Devidamente aprovada pelo órgão de fiscalização, viu Karol?

Comparação entre processo principal e de apoio

Entre os processos principais e os processos de apoio existe uma diferença marcante na realização do resultado de cada um. O resultado do processo principal é igual a sua receita real menos seu custo. O resultado do processo de apoio é igual ao valor de aquisição de seus produtos no mercado menos seu custo de produção.

O processo principal, quando seus produtos são repassados para clientes externos, passa a exigir cobrança de direitos, que podem gerar atrasos e chegar à total sonegação do pagamento das obrigações. Já os processos de apoio têm resultado garantido e imediato, uma vez que a realização de sua receita é virtual, automática e imediata, porque corresponde a um não-desembolso. Por isso, não cometeria disparate quem chamasse os processos principais de "processos de geração de receita real" e os processos de apoio de "processos de geração de receita virtual".

A característica de não-desembolso dos processos de apoio é importante para a avaliação de seu desempenho.

As figuras 4 e 5 ressaltam a semelhança que existe entre o processo principal e o processo de apoio. Ambos são processos de produção, estando a diferença no objetivo principal de cada um. A figura 4 destaca, de forma esquemática, que a necessidade do cliente externo é o que move o processo principal. Nesse processo, o esforço é dirigido ao atendimento dessa necessidade. A figura 5, por sua vez, salienta que o objetivo do processo de apoio é o atendimento da necessidade do cliente interno.

Figura 4
Processo principal

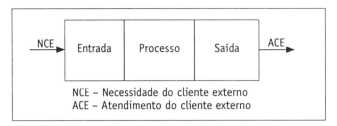

Figura 5
Processo de apoio

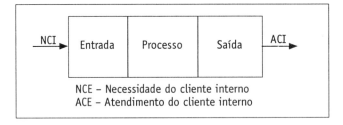

Observações sobre os processos principais e de apoio

As noções de "processo principal" e "processo de apoio" fazem sentido para os gerentes de diferentes unidades administrativas de uma organização.

Um depoimento insuspeito

— E aí, Karol?
— Ficou claro. Se o garoto das compras criar uma unidade de processamento de dados dentro do departamento de compras, então o processamento de dados será um processo de apoio para as compras, que por sua vez é o processo principal da unidade que o garoto administra.
— Cáspite!

O gerente de uma unidade A deve considerar que os processos de A que apóiam os processos de outras unidades são os processos principais de A. Qualquer processo de uma subunidade B de A que só dê apoio a outros processos de A deve ser considerado processo de apoio pelo gerente de A. Mas considerado processo principal pelo gerente da própria subunidade B.

Processos de disponibilização

Processo de disponibilização é a expressão aqui utilizada para designar o processo que representa uma intermediação entre o produtor e o cliente. São os casos do processo de comercialização de bens e do processo de representação de bens ou serviços. O processo de disponibilização é sempre uma atividade de prestação de serviço.

Sobre unidades de processo e unidades administrativas

Para que possa servir a uma comunicação efetiva, qualquer informação deve indicar a unidade de processo ou a unidade administrativa a que se refere. *Unidade de processo* é um conjunto de um ou mais processos (operações ou atividades) ao qual foi atribuído um nome, uma identidade. *Unidade administrativa* é um segmento de uma organização ao qual foi atribuído um nome, uma identidade.

Princípios de sustentação da identidade

Das definições de unidade de processo e unidade administrativa decorrem dois princípios de interesse para orientar a identificação dos elementos sobre os quais se deve coligir e disponibilizar informações gerenciais:

1. *Princípio de sustentação da identidade de uma unidade de processos* – do ponto de vista da informação gerencial, só tem sentido conferir identidade própria a um conjunto de operações ou atividades se existir pelo menos um método alternativo para realizar este mesmo conjunto de operações ou atividades.
   De fato, não faz sentido coligir e disponibilizar informações sobre um conjunto de operações ou atividades em relação ao qual não é possível escolher alternativa alguma.

2. *Princípio de sustentação da identidade de uma unidade administrativa* – do ponto de vista da informação gerencial, só tem sentido conferir identidade própria a um segmento de uma organização para o qual será designado um gerente.

Com efeito, não faz sentido promover a aquisição e a disponibilização de informações sobre um segmento para o qual não convém fazer avaliação do desempenho gerencial.

Conceitos ligados ao negócio

Nesta seção são apresentados três importantes conceitos associados à idéia de negócio, a saber:

- ❑ unidade de negócio;
- ❑ processo de negócio;
- ❑ processos críticos para o sucesso do negócio.

É mais fácil definir os três conceitos no mesmo contexto.

Um ceticismo desconcertante

— Xi! Aí vem o negócio do negócio. Isso é enrolado... Agora é que eu quero ver.

— Vamos ver...

Unidade de negócio

Unidade de negócio é a expressão aqui empregada para designar qualquer unidade administrativa juridicamente constituída que presta contas ao fisco e aos acionistas.

Uma unidade de negócio deve ter autonomia, pelo menos parcial, conferida pela organização a que pertence, para adquirir insumos e vender produtos. Em contraposição, seu administrador deve responder jurídica e fiscalmente por seus atos. Administrativamente, deve prestar contas aos acionistas e a eventuais parceiros.

Processo de negócio

Processo de negócio é o nome genérico de qualquer combinação de operações ou atividades executadas por uma unidade de negócio com o objetivo primordial de disponibilizar pelo menos um produto para cliente externo.

Depreende-se dessa definição que um processo de negócio deve compreender pelo menos um processo principal. O termo "combinação", emprestado pela matemática, indica que o conjunto de operações ou atividades de um processo de negócio não precisa obedecer necessariamente a uma única ordenação.

Processos críticos para o sucesso do negócio

Processos críticos para o sucesso do negócio são aqueles que contribuem para que uma unidade de negócio desenvolva suas operações e atividades de maneira eficiente e sustentada.

Neste livro, são considerados críticos para o sucesso do negócio os processos responsáveis pelas seguintes operações e atividades:

- ❑ CCL — contato inicial com cliente ou usuário dos produtos disponibilizados pela unidade de negócio;
- ❑ CCMPS — negociação para a internalização de insumos (contratação para a compra de matéria-prima ou a contratação da prestação de serviços de terceiros);
- ❑ LDO — liquidação das obrigações devidas ao fisco, a parceiros, fornecedores de matéria-prima e prestadores de serviço;
- ❑ (En) — efetiva internalização de insumos contratados (entrada de insumos);
- ❑ PP — processo principal;
- ❑ (Sd) — efetiva disponibilização de produtos a clientes ou usuários (saída de produtos);
- ❑ CVBPS — negociação para disponibilização de produtos (contratação de venda de bens ou contratação de prestação de serviços a terceiros);
- ❑ CDH – cobrança de direitos havidos junto ao fisco, a parceiros, clientes ou usuários;
- ❑ APV — atendimento após a disponibilização de bens ou serviços (atendimento pós-venda).

Na relação acima, à exceção do processo principal, todos os demais são processos de apoio. Alguns apóiam diretamente o processo principal, enquanto outros apóiam a administração da unidade de negócio.

Vale notar que qualquer um dos processos de apoio pode ser eleito como processo principal de uma unidade de negócio, confirmando a conversibilidade entre processo principal e processo de apoio já mencionada.

A figura 6 mostra os processos críticos de negócio. Os processos de apoio aparecem flutuando em relação ao processo principal, indicando que não obedecem a uma única ordem cronológica necessária. A ordem vai depender da interação com o cliente ou usuário, do tipo de bem ou serviço a ser disponibilizado, dos contratos envolvidos no negócio.

Figura 6
Processos críticos de um negócio

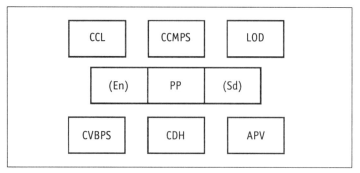

Obs.: CCL — contato inicial com o cliente; CCMPS — contratação de compra de matéria-prima ou de prestação de serviços de terceiros; LOD — liquidação de obrigações devidas; (En) — entrada de insumos; PP — processo principal; (Sd) — saída de produtos; CVBPS — contratação de venda de bens ou de prestação de serviços a terceiros; CDH – cobrança de direitos havidos; APV — atendimento após a disponibilização de bens ou serviços (atendimento pós-venda).

Uma sacada legal

— *Did you dig?*
— Ficou claro. Claríssimo. A ordem depende de como o velho e seus filhos resolverem organizar o relacionamento entre suas unidades administrativas e o mundo exterior.
— *You dug it. That is organization...*
— Por exemplo. Você pode contratar que vai receber pagamentos antes, durante ou depois da prestação de um serviço de longa duração.
— Quando o processo principal é realizado sob encomenda, quase todos os processos de apoio podem ser realizados antes, durante ou depois. Analise bem o quadro 1, Karol.
— Outra coisa interessante é que, quando trabalhava sozinho, o pai realizava, ele próprio, todos os processos do negócio. Desde o contato inicial com o cliente (— Vai um suco, freguês?) até o atendimento pós-venda (— Gostou do suco, campeão?).
— Pois, se era um negócio...

O quadro 1 analisa as possibilidades de flutuação dos processos de apoio dentro do processo de negócio. Destaca que, em diferentes processos de negócio, as operações e atividades que integram os processos de apoio podem ser executadas antes, durante e depois do processo principal. É por isso que se torna difícil encontrar uma única representação gráfica para os diferentes processos de negócio que podem existir no mundo real.

Quadro 1

Flutuação dos processos de apoio dentro dos processos de negócio

Tipo de produção	Possíveis cronologias dos processos de apoio em relação ao processo principal (PP)											
	Produção de bens						Produção de serviços					
Tipo de PP	Processo principal contínuo			Processo principal realizado sob encomenda			Processo principal contínuo			Processo principal realizado sob encomenda		
Envolvimento de processos de apoio	Antes do PP	Durante o PP	Depois do PP	Antes do PP	Durante o PP	Depois do PP	Antes do PP	Durante o PP	Depois do PP	Antes do PP	Durante o PP	Depois do PP
CCL	—	Sim	—	Sim	Sim	—	—	Sim	—	Sim	Sim	—
CCMPS	—	Sim	—	Sim	Sim	Sim	—	Sim	—	Sim	Sim	Sim
LOD	—	Sim	—	Sim	Sim	Sim	—	Sim	—	Sim	Sim	Sim
CVBPS	—	Sim	—	Sim	—	—	—	Sim	—	Sim	—	—
CDH	—	Sim	—	Sim	Sim	Sim	—	Sim	—	Sim	Sim	Sim
APV	—	Sim	—	—	Sim	Sim	—	Sim	—	—	Sim	Sim

Obs.: CCL — contato inicial com o cliente; CCMPS – contratação de compra de matéria-prima ou prestação de serviços de terceiros; LOD – liquidação de obrigações devidas; CVBPS — contratação de venda de bens ou de prestação de serviços a terceiros; CDH – cobrança de direitos havidos; APV – atendimento pós-venda.

Importância do custo dos processos e do valor dos produtos

Ocorrendo o custo diretamente nos processos de produção — dentro do sistema de produção — e manifestando-se o valor fora do sistema de produção — no âmbito do mercado consumidor —, é provável que jamais se possa estabelecer relação necessária entre o custo de produção e o valor agregado ao produto.

O consumo de matéria-prima, o tempo de mão-de-obra e de outros recursos empregados nos processos (operações e atividades necessárias para disponibilizar um produto) são responsáveis pelo *custo de produção*.[20]

De outra parte, os mesmos insumos, operações e atividades empregados para disponibilizar um produto são também responsáveis pela *agregação de valor ao produto*.[21] Porém, o *valor agregado ao produto* é um dado subjetivo, percebido de maneira global pelo sujeito que consome ou usa o produto. Em outras palavras, só o cliente pode dizer que valor realmente atribui às qualidades e funções do produto que adquire.

Em contraposição, os custos de produção são dados objetivos, percebidos somente pelo produtor.

Não admira, pois, que duas das informações mais valiosas para o gerente sejam exatamente: a) o custo direto *exclusivamente necessário* para produzir um bem ou serviço; e b) uma indicação do valor que o cliente atribui ao produto.

O preço sempre é um compromisso, um acordo tácito ou explícito, entre vendedor e comprador. No entanto, quando aceita pagar determinado preço por um produto, o cliente fornece uma indicação do valor mínimo que atribui ao produto. Essa indicação é uma informação de grande importância para aquele que deseja disponibilizar o produto.

Para que produção e consumo se harmonizem de maneira estável e continuada, é necessário que o preço se situe — em geral — acima do custo de produzir e abaixo do valor atribuído ao produto. Portanto, é a posse de informação sobre o custo e o valor do produto que coloca qualquer indivíduo, vendedor ou comprador, em melhor posição para negociar seu preço.

Os bens materiais não teriam valor se não lhes fossem superimpostos os processos necessários para torná-los disponíveis onde e quando requeridos, assim como para lhes dar forma e função. Um anel de ouro tem mais valor que uma pepita de ouro.

Nenhum bem material tem valor *per se*. Segundo o princípio conhecido como Lei de Lavoisier, na natureza tudo se transforma. São exatamente os proces-

---

[20] Para uma discussão sobre os diferentes tipos de custos, consultar, no capítulo 3, os itens subordinados à "Previsão e apuração de investimentos e de custos de operação". Consultar o capítulo 4 para uma discussão sobre objetividade do custo e subjetividade do valor, no item de mesmo nome. Verificar ainda no capítulo 4 o item "Custo, preço e valor", para ver as relações entre esses três conceitos.

[21] Sobre valor agregado à produção, consultar o item "Valor agregado por um sistema", no capítulo 4.

sos que localizam, extraem, transportam e transformam as coisas que existem na natureza, tornando-as disponíveis sob a forma de bens materiais. Nesse sentido, pode-se dizer que os bens são testemunho de uma certa quantidade de processo que foi agregada à matéria-prima que os constitui.

Uma resposta rápida

— *Help!*

— Por exemplo, uma pepita de ouro aqui e agora tem mais valor que uma pepita de ouro situada numa jazida a 2 mil quilômetros de distância.

— É... É preciso muito trabalho para encontrar uma pepita, trazê-la para aqui e ainda mantê-la disponível para quando eu dela precisar...

— Aí você já está discutindo a questão do estoque, Karol.

Por sua importância, a questão do custo, do preço e do valor dos bens e serviços será objeto de consideração mais alongada no capítulo 4, que trata da formatação de sistemas avançados de informações gerenciais. Passa-se agora ao estudo das organizações produtoras.

Estudo das organizações produtoras

Quando compreendemos o todo,
os detalhes deixam de importar muito.
Stafford Beer

O que se deseja com este estudo é compreender como descrever os processos (operações e atividades) desenvolvidos pelas organizações produtoras de modo a poder representá-las mais adequadamente nos sistemas de informação gerenciais, também conhecidos como sistemas de apoio à decisão.

Esta seção inicia-se com a apresentação de um modelo geral das organizações produtoras, um arquétipo dos sistemas que produzem bens ou serviços. Depois são discutidos dois tipos de representação das organizações produtoras que permitem contextualizar e dar maior significância às informações gerenciais. São também introduzidos outros conceitos de interesse para o aperfeiçoamento de empresas e entidades do mundo real.

O arquétipo das organizações produtoras destaca os recursos que elas utilizam para formular e implementar suas estratégias e para executar suas funções básicas. As principais aplicações das representações de sistemas de produção são discutidas por meio de organogramas e fluxogramas. A principal aplicação dos organogramas é descrever a estrutura administrativa da organização, enquanto os fluxogramas são largamente empregados para representar a estrutura dos fluxos de processo de produção de bens ou serviços. Por isso, organogramas e fluxogramas são muito úteis para estruturar informações gerenciais, conferindo a cada uma delas uma significação contextual, de ordem superior àquela que cada uma teria se estivesse isolada.

Mas as simbologias desenvolvidas para construir fluxogramas que se voltam essencialmente para a descrição dos aspectos técnicos dos processos não focalizam os ângulos que realmente interessam aos gerentes. Os sistemas de informação gerencial suportados pelas linguagens simbólicas convencionais perdem-se em minudências, em detalhes dos processos, e deixam de focalizar os aspectos sobre os quais o gerente realmente precisa estar informado para tomar decisões bem fundamentadas, como: o que se produz? Onde se produz? Quanto se produz? Por quanto se produz? Quanto vale o que se produz?

Com o objetivo de contribuir para sanar essa deficiência, criou-se neste livro uma *linguagem compacta para representar sistemas de produção*. Essa linguagem identifica sete classes gerais de processos que são encontrados nos sistemas de produção do mundo real. Utilizando apenas sete símbolos, a linguagem compacta permite representar os fluxos de processo de duas maneiras: por meio de fluxogramas convencionais de processo e de um novo tipo de representação, que será designado *infográfico de processo*. Os infográficos de processo são ricos em informações visuais e expressivos. São capazes de dar suporte ao desenvolvimento de sistemas computadorizados de informação gerencial porque seus componentes têm certas características que lhes conferem recursividade.

Nesta seção, ainda serão discutidos os conceitos de *configuração* e *estrutura e conjuntura organizacional*. Os dois primeiros formam a base para o desenvolvimento de arquiteturas universais de informação. Em conjunto, os três conceitos desembocam na idéia de *versatilidade organizacional*, que leva, por sua vez, ao levantamento do quadro das *possibilidades de aperfeiçoamento* de uma organização.

A linguagem compacta possibilita ainda elaborar uma *classificação dos sistemas de produção* em categorias, que permitem identificar certos elementos característicos das empresas e entidades que ainda não foram devidamente explorados pelas teorias de organização e de administração. Essa classificação tem destacadíssimo interesse para o gerenciamento da produção e para o aperfeiçoamento organizacional.

Um exagero superlativo

— Veja essa, Beto! Normalmente econômicos no uso de adjetivos, dessa vez eles usaram o superlativo "destacadíssimo", para dar ênfase à importância da classificação dos sistemas de produção.

— Eu notei.

Na parte final da seção, analisa-se o *modo de operação* indicado para os agentes do processo de aperfeiçoamento. E dá-se destaque às *informações internas, mercadológicas e externas* que configuram o *campo das informações gerenciais relevantes,* ao qual é possível aplicar a filosofia de *gerenciamento por objetos lógicos de decisão.* A partir daí podem ser identificadas as *informações gerenciais relevantes.*[22]

Arquétipo das organizações produtoras

Organização produtora é um *sistema de pessoas* que, além de *recursos financeiros* e *físicos,* utilizam uma *linguagem comum,* um acervo de *conhecimentos gerais e específicos* e um conjunto de *informações relevantes* para desenvolver e comunicar visões e estratégias, tudo com o objetivo de desempenhar as três seguintes funções básicas:

❏ recepção de insumos vindos do exterior — materiais, conhecimentos, energia, informações, idéias, capital ou qualquer outra coisa — disponibilizados por terceiros;

❏ execução de um arranjo predefinido de processos — cada qual atuando segundo um método previamente selecionado —, utilizando recursos próprios ou contratados externamente;

❏ disponibilização de produtos para atender a demanda externa de clientes, consumidores ou usuários, sob a forma de fornecimento de bens elaborados internamente ou fora dos limites da organização, ou de prestação de serviços executados com recursos próprios ou por terceiros.

A abrangência desse arquétipo permite que se estude toda e qualquer organização produtora, seja empresa ou entidade, pública ou privada, divisão ou setor, agropecuária, industrial ou do setor terciário. Evita se, assim, tratar separadamente os diferentes sistemas capazes de fornecer bens ou de prestar serviços existentes no mundo real.

As organizações que se dedicam ao comércio de bens ou à representação de fornecedores de bens ou de prestadores de serviços estão incluídas no escopo da definição apresentada porque tornam disponíveis bens elaborados fora de suas fronteiras e serviços executados por terceiros.

Essa definição também abrange as organizações que, como parte de sua estratégia, disponibilizam as chamadas soluções integradas, que incluem desde a análise de um problema, a seleção do *hardware* e do *software* adequados à solução do problema, a instalação do *hardware* e do *software,* o treinamento de operadores e até a manutenção do sistema instalado.

---

[22] Todas as idéias discutidas nesta seção serão utilizadas nos capítulos 3 e 4, dedicados, respectivamente, à modelagem de arquiteturas especiais de informação e à formatação de sistemas avançados de informações gerenciais.

As organizações que utilizam recursos da Internet também estão contempladas na definição porque coletam, processam e disponibilizam informações e conhecimentos, colocando organizações em contato com clientes, que podem ser consumidores ou usuários individuais, ou outras organizações.

Configurações de organizações que trabalham em rede podem ser consideradas arranjos em que alguns produtos de organizações individuais, serviços ou bens materiais ou imateriais, são consumidos no interior da própria rede. Nesse caso, a organização que cede o produto está apoiando a organização que o recebe.

Entre os principais bens imateriais que podem ser transferidos entre as organizações encontram-se os conhecimentos e as informações, que, compartilhados, permitem aumentar a competência de cada organização, contribuindo para a eficiência da rede como um todo.

São insumos da rede os objetos que atravessam as fronteiras da rede, ingressando nela. São produtos da rede os objetos que cruzam suas fronteiras, saindo dela.

Questões relativas à compensação entre as organizações por apoio prestado e de partição dos resultados da rede dependem do acordo específico que seus membros houverem previamente firmado.

A organização, tal como conceituada neste livro, é sempre um sistema capaz de disponibilizar bens ou serviços, podendo englobar organizações menores, cada qual igualmente capaz de fornecer bens ou prestar serviços, seja para consumo de outro órgão da organização maior, seja para atender a demanda externa a esta.

Uma conjugação de idéias

— É o tal princípio da *matriochka*, concatenado com as noções de processo principal e processo de apoio.

— Estou acompanhando.

Assim, qualquer órgão ou setor de qualquer empresa ou entidade é considerado neste livro uma organização produtora, desde que torne disponível pelo menos um bem ou um serviço cujo valor seja percebido pelo menos por um cliente, consumidor ou usuário. Nenhum segmento que deixe de disponibilizar pelo menos um bem ou serviço pode ser considerado uma organização produtora.

Os órgãos situados nas posições de administração, gerência, planejamento e projeto executam atividades cujos insumos e produtos são informações de alto valor estratégico para a organização produtora. Os órgãos que têm por objetivo promover o ensino e desenvolver novas tecnologias têm como produtos a transmissão de conhecimento e a geração de conhecimento novo, respectivamente.

Uma sucessão de conclusões

— Aqui eles falam de administração da informação e gerenciamento do conhecimento.

— É. Mas você está vendo que eles estão falando também em "gerenciamento da linguagem organizacional" e...

— E em como os três, juntos, fazem a inteligência organizacional...

— E em como a capacidade de comunicação é também função dos recursos intelectuais...

— E como a capacidade de comunicação serve tanto à comunicação oficial, quanto à comunicação que se estabelece nas redes internas de influência, pode valer a pena desenvolvê-la.

— Pode valer a pena. Quem não se comunica...

Duas visões estratégicas da organização

O sistema de administração e o sistema de produção representam duas visões de grande importância estratégica para o modelo geral de aperfeiçoamento aqui discutido.

À medida que se detalha a descrição de uma organização, as expressões utilizadas para designar os diferentes órgãos perdem a conotação de sistemas administrativos e adquirem a conotação de sistemas produtivos. Ou seja, os segmentos situados mais próximo do topo são mais comumente referidos como unidades administrativas e aqueles situados mais longe são geralmente referidos como unidades de produção.

Informações sobre esses itens adquirem maior expressividade quando relacionadas entre si por uma estrutura que lhes sirva de contexto.

As representações da maneira segundo a qual as unidades administrativas e as unidades de processos de uma organização estão dispostas são largamente utilizadas para contextualizar informações de apoio à decisão. Essas representações são o *organograma* e o *fluxograma*, que refletem, respectivamente, a estrutura das unidades administrativas e a estrutura das unidades de processo.

Sistema de administração

Estrutura administrativa é a expressão utilizada neste livro para designar o arranjo segundo o qual estão dispostos os núcleos, segmentos, divisões, departamentos, setores ou áreas que constituem uma organização produtora.

Organograma é uma representação, em linguagem gráfica ou estruturada, da estrutura administrativa.

Em outras palavras, o organograma é uma representação da estrutura administrativa.

A alocação dos recursos humanos nas unidades administrativas é um problema político. A distribuição das unidades administrativas num organograma é um problema técnico. Por isso, o segundo problema interessa a este livro.

A não ser indiretamente, por meio dos nomes atribuídos aos diversos órgãos, o organograma não costuma indicar os insumos e os produtos que circulam nos diferentes órgãos ou segmentos da organização. Mas é certo que, nos órgãos de direção e controle, todos os insumos e todos os produtos são informações.

Uma pergunta indiscreta

— Mesmo quando os fluxos desses preciosos objetos circulam na rede informal?

— Mesmo quando circulam na rede informal.

É oportuno registrar que essas informações podem assumir a forma de ordens, orientações e aprovações, quando se dirigem das funções de coordenação para as funções de execução, e a forma de relatórios, proposições e pedidos, quando transitam no sentido inverso.

O organograma interessa a este livro especialmente porque fornece uma arquitetura conveniente para estruturar informações oficiais sobre planejamento e execução de operações ou atividades de mesma espécie. Essa arquitetura permite que tais informações sejam consolidadas ou analisadas com relação aos órgãos componentes dos diversos níveis da estrutura administrativa.

Para que o gerente tome decisões consistentes não é imprescindível que a informação seja absolutamente precisa. Existe quase sempre uma margem de erro na medição das variáveis que podem ser mensuradas. Contudo, para ser relevante é imprescindível que a informação seja aderente à realidade e significativa para o gerente, cabendo a este avaliar o grau de precisão nela embutido. Fica mais fácil para o gerente avaliar esse grau de precisão quando a informação lhe é apresentada num contexto coerente.

Para assegurar a aderência à realidade, a significância para o gerente e a relevância para a decisão, a informação tem que se apoiar em uma terminologia consistente, num sistema de linguagem que reflita o conhecimento sobre a organização.

Um modelo geral para o aprimoramento dos sistemas de informações gerenciais deve ser capaz de reconhecer a enorme variedade de unidades administrativas, unidades de processo, processos e métodos que podem ser combinados nas organizações produtoras.

MODELO DE ORGANOGRAMA. Para auxiliar na implementação de sistemas de informação ao mesmo tempo abrangentes e eficazes, torna-se importante criar um modelo de organograma versátil. Um modelo que seja capaz de se acomodar, a baixo custo, nos sistemas computadorizados, as variações que ocorram, ao longo do tempo, nas relações hierárquicas entre as unidades administrativas das organizações. Quatro passos podem ajudar a construir a estrutura de um tal modelo:

Primeiro passo – *Eleger o conjunto de termos que designarão os diferentes níveis de partição do organograma, isto é, que indicarão a hierarquia das unidades administrativas.*

Essa regra não apresenta novidade em relação ao que é comum encontrar na prática. Os responsáveis pela realização dos estudos necessários para manter a organização atualizada com as exigências administrativas do momento podem escolher quaisquer termos para constituir essa que é a espinha dorsal do modelo de organograma que está sendo discutido.

A título de exemplo, é usado neste livro o seguinte jogo de sete termos, considerados "neutros":

organização > núcleo > segmento > divisão > departamento > setor > área

A hierarquia das unidades administrativas, implícita nesse jogo de termos, fica então sendo a seguinte:

1. Organização
    1.1 Núcleos
        1.1.1 Segmentos
            1.1.1.1 Divisões
                1.1.1.1.1 Departamentos
                    1.1.1.1.1.1 Setores
                        1.1.1.1.1.1.1 Áreas

Segundo passo – *Reconhecer e segregar, no primeiro nível de partição, um "núcleo de produção ou disponibilização para atender essencialmente à demanda externa" e um "núcleo de produção ou disponibilização para atender essencialmente à demanda interna".*

A aplicação desse princípio conduz à seguinte configuração para o primeiro nível de partição do organograma:

1. Organização
    1.1 Núcleo de Produção ou Disponibilização para Atender Essencialmente à Demanda
        Externa (Naext);
    1.2 Núcleo de Produção ou Disponibilização para Atender Essencialmente à Demanda
        Interna (Naint);
    1.3 Outros Núcleos.

Indica-se o segundo passo como recomendável, porque ele evidencia a diferença entre os métodos de avaliação de desempenho das unidades administrativas que trabalham para clientes externos e os métodos daquelas que trabalham para clientes internos. De fato, é de se esperar que o grosso da receita do Naext advenha da disponibilização de bens ou serviços para clientes externos, e que parte substancial da receita do Naint seja virtual e corresponda a um não-desembolso.

Terceiro passo – *Na lista das espécies que integram um gênero qualquer, incluir obrigatoriamente uma categoria intitulada "Outros(as)", sempre que não houver certeza de que a listagem das espécies tenha sido coletivamente exaustiva.*

Uma intervenção fora de escopo

— Esse terceiro passo é de suma importância para sistemas computadorizados. Permite expandir *ad infinitum* a "extensão" e a "intensão", isto é, a horizontalidade e a verticalidade de qualquer sistema de categorização. E sem perder a capacidade de codificar as classes igualmente ao infinito. Não se consegue fazer isso sem utilizar a categoria "Outros(as)". Esse assunto, porém, foge ao escopo deste livro.

— Mas, pode virar tema de um desenvolvimento futuro!

Quarto passo — *Reconhecer e segregar, no segundo nível de partição, um "segmento principal" e um "segmento de apoio".*

A aplicação dos quatro passos conduz ao seguinte modelo de organograma:

1. Organização

   1.1 Núcleo de Produção ou Disponibilização de Produtos para Atender Essencialmente à

   Demanda Externa (Naext).

   1.1.1 Segmento Principal do Naext;

   1.1.2 Segmento de Apoio Especializado ao Próprio Naext;

   1.1.3 Outros Segmentos.

       1.1.1.1 Divisão A;

       1.1.1.2 Outras Divisões.

           1.1.1.1.1 Departamento B;

           1.1.1.1.2 Outros Departamentos.

               1.1.1.1.1.1 Setor C;

               1.1.1.1.1.2 Outros Setores.

                   1.1.1.1.1.1.1 Área D;

                   1.1.1.1.1.1.2 Outras Áreas.

1.2 Núcleo de Produção ou Disponibilização de Produtos para Atender Essencialmente à
Demanda Interna (Naint).
1.2.1 Segmento Principal do Naint;
1.2.2 Segmento de Apoio Especializado ao Próprio Naint;
1.2.3 Outros Segmentos.
    1.2.1.1 Divisão X;
    1.2.1.2 Outras Divisões.
        1.2.1.1.1 Departamento Y;
        1.2.1.1.2 Outros Departamentos.
            1.2.1.1.1.1 Setor Z;
            1.2.1.1.1.2 Outros Setores.
                1.2.1.1.1.1.1 Área W;
                1.2.1.1.1.1.2 Outras Áreas.
1.3 Outros Núcleos.

Verifique-se que tanto no Naext quanto no Naint está sendo declarada a possibilidade de existência de um segmento principal e de um segmento de apoio próprio. A previsão dessa flexibilidade deriva do reconhecimento de que pode ser administrativamente recomendável ter um órgão de apoio especializado, administrado pelo próprio Naext. Ao mesmo tempo, permite também dividir o Naint em dois segmentos, um disponibilizando bens e serviços para fora do Naint e outro disponibilizando produtos dentro do próprio Naint.

Vale notar ainda que o modelo de organograma apresentado contempla todos os órgãos que a organização possa eventualmente conter, por causa da utilização sistemática da categoria "Outros(as)".

Observe-se que os sistemas de produção — principais ou de apoio — estão diretamente subordinados ao último nível de qualquer linha de partição do organograma, isto é, devem estar subordinados às unidades administrativas que se constituírem em espécies ínfimas do organograma.

Uma cooperação oportuna

    — Classificar é preciso, pode-se dizer, parodiando os argonautas e Pompeu, Fernando Pessoa e Caetano Veloso (pela ordem, segundo atesta Paulo Rónai)[23] ...

    — Classificar é pensar, já se disse.

    — Foi Piaget.

---

[23] Rónai, 1980.

> — Acho que foi um discípulo dele. Mas não me lembro do nome.
> — Classificar é um exercício de grupar os semelhantes num mesmo gênero e separar os desiguais em diferentes espécies...
> — Um gênero tem que conter pelo menos duas espécies.
> — O gênero que contém todos os indivíduos chama-se gênero supremo e as classes que não são objeto de partição posterior são chamadas espécies ínfimas.

Um modelo de organograma que apresente ao mesmo tempo as propriedades da generalidade e da flexibilidade é perene, perpétuo. Sua essência permanece sempre a mesma. O que pode mudar é a quantidade de unidades administrativas por nível de partição e a quantidade de níveis de partição nas diferentes linhas hierárquicas. Em outras palavras, o que pode mudar é a extensão de uma ou outra categoria ou a intensão de um ou outro gênero.

Uma questão de troco

> — Troca isso em miúdo, Beto?
> — Extensão de um gênero é a quantidade de espécies co-irmãs que ele contém. É uma questão de "horizontalidade".
> — E intensão?
> — Intensão de um gênero é a quantidade de sucessivos níveis de partição que ele abriga em sua linha hierárquica. É uma questão de "verticalidade".

Um sistema computadorizado de informações gerenciais que tenha por base um organograma flexível será capaz de incorporar, a baixo custo, as atualizações que se fizerem necessárias para acomodar as mudanças que costumam ocorrer, com freqüência, nas organizações de médio e grande portes.

A categoria "Outros(as)" pode absorver nomes de unidades administrativas situadas em seu próprio nível que passarem a não mais existir, mas que não devam ser "apagadas" da memória do computador nem da memória da organização.

Quando uma nova unidade administrativa é criada, tudo se passa como se a categoria "Outros(as)" estivesse esperando por ela, operando como uma gaveta que pode ser aberta para explicitá-la com facilidade em sistemas computadorizados. Na verdade, o gênero a que a nova unidade pertence simplesmente recebe uma nova espécie, uma nova unidade, em sua lista de nomes de unidades. Ou seja, a categoria "Outros(as)" permite alterar a extensão do gênero a que ela pertence.

Além disso, a categoria "Outros(as)" de uma espécie ínfima permite aumentar a intensão do gênero a que essa espécie pertence, isto é, incluir outros níveis hierárquicos no organograma, se isso for necessário.

> ## Uma pergunta sem resposta
>
> — Como isso pode ser feito?
> — Uai! Você mesmo insinuou que este assunto deve ser colocado em "Pontos para futuro desenvolvimento"!
> — Foi mesmo...

SISTEMA DE GESTÃO. A administração de alto nível da organização pode assumir várias estruturações, dependendo das exigências da lei, do porte, da necessidade conjuntural de impulsionar este ou aquele segmento, do relacionamento com o mercado e com áreas estratégicas, de influências e pressões de grupos de *stakeholders*, parceiros ou concorrentes.

Além disso, a definição do sistema de gestão depende do estágio da cultura da organização, do clima em que seu pessoal vive, da conjuntura da economia e do setor de atividades em que atua.

Um ou mais sistemas de segundo nível podem ser reunidos sob a responsabilidade de administrações setoriais especializadas, que podem ser chamadas de diretorias, vice-presidências etc. No caso das organizações de grande porte, geralmente existe um órgão executivo de direção colegiada e um conselho superior de administração que orienta a política geral da organização. Esse conselho pode ser constituído por representantes de entidades externas, acionistas, fornecedores e consumidores e por membros da administração interna. Deve existir também um conselho fiscal, que faça a auditagem interna das contas da organização.

Completa o sistema de gestão da organização o corpo dos gerentes que ocupam a direção dos órgãos situados nos diversos níveis do organograma.

A atuação dos gestores é pautada pelo chamado "modelo de gestão", que vem a ser o conjunto das normas que estabelecem seus direitos e obrigações, especificam as diferentes dimensões administrativas em que eles têm autonomia para agir, os limites de sua competência para tomar decisões, os cânones que cada um tem que seguir para prestar contas de seus atos administrativos ou solicitar aprovação quando propõem iniciativas que ultrapassam sua própria competência.

Sistema de produção

As expressões "organização produtora" e "sistema de produção" são empregadas neste livro como equivalentes. Entretanto, quando se deseja enfocar o processo de produção de uma organização é mais expressivo chamá-la "sistema de produção".

Um sistema de produção tem como elementos essenciais: a) o conjunto de seus insumos; b) o conjunto de suas entradas; c) o arranjo de seus processos; d) o conjunto de seus produtos; e e) o conjunto de suas saídas.

Três estratégias para turbinar a inteligência organizacional

A partir desses elementos evolui-se para os conceitos de *configuração organizacional* e estrutura organizacional, que, juntamente com a idéia de *conjuntura organizacional*, são importantes para o entendimento e o aperfeiçoamento das organizações produtoras.

CONFIGURAÇÃO ORGANIZACIONAL. Configuração é a forma exterior de um corpo.[24] Portanto, para apreender e representar a configuração de uma organização não é necessário conhecer seus processos. Neste livro são reconhecidas duas expressões da configuração organizacional: a *configuração física* e a *configuração do negócio*.

Configuração física (CF) é o conjunto formado pelo elenco de entradas e pelo elenco de saídas de uma organização produtora. Guarda semelhança com as portas de entrada e saída de uma casa.

Configuração do negócio (CN) é o conjunto formado pelo elenco de insumos e pelo elenco de produtos de uma organização produtora. Guarda analogia com a idéia de "objeto social", definido na legislação que regula as atividades das empresas e entidades no domínio econômico.

ESTRUTURA ORGANIZACIONAL. Estrutura organizacional é a expressão utilizada neste livro para designar o arranjo segundo o qual estão dispostos os processos (operações ou atividades) que uma organização produtora utiliza. Ou seja, a estrutura organizacional indica como os processos se ligam uns aos outros.

Diferentes estruturas de uma mesma organização produtora indicam diferentes métodos de executar seu processo geral.

Uma negativa sem mais nem menos!

— Uai! Negaram? Estavam falando em sistemas de produção e agora falam em organização...

— Não negaram! As expressões não são equivalentes?

— São.

— Então? Qual é o problema? Eles podem utilizar "sistema de produção" ou "organização produtora". *No problem*.

Fluxograma é o nome que se costuma associar a uma representação gráfica da estrutura organizacional. Os fluxogramas podem representar arranjos de processos desenvolvidos dentro de cada órgão, segmento ou subsistema da organização, ou na organização como um todo. Esse tipo de representação fornece uma base conveniente para a modelagem e a simulação do processo.

---

[24] Ver Ferreira, 1999.

O fluxograma tem também a capacidade de estruturar informações gerenciais associadas a cada processo e a cada método, com destaque para os custos desses elementos. Essa capacidade é a característica dos fluxogramas que interessa a este livro.

CONJUNTURA ORGANIZACIONAL. Conjuntura organizacional é a expressão aqui usada para designar, coletivamente, uma seleção específica de métodos escolhidos para realizar os processos que integram uma determinada estrutura organizacional. Em outras palavras, cada conjuntura indica uma maneira específica de fazer funcionar uma mesma estrutura.

É lícito supor que certos métodos sejam mais eficientes que outros. Por isso, a presente conceituação de conjuntura organizacional interessa aos que se preocupam com o aperfeiçoamento das organizações.

Linguagem compacta para representar sistemas de produção

Pode-se representar um sistema de produção por fluxogramas menos ou mais detalhados, conforme o grau de agregação das informações a que a representação dará suporte. Para facilitar a construção dos fluxogramas de uma mesma organização, dando-lhes uma forma mais compacta ou mais detalhada, a metodologia empregada deve atender a duas exigências:

❑ utilizar um elenco reduzido de símbolos em todos os níveis de detalhamento, de modo a conferir simplicidade e eficiência à metodologia; e,

❑ a partir de cada entrada e até de cada saída do sistema, identificar e explicitar todos os insumos, processos e produtos (e somente eles) que apresentem real interesse para o gerente do sistema em questão.

Uma questão de *zoom*

— Como é essa questão de detalhamento, Beto?

— Seguinte: tomemos um exemplo do ramo do petróleo. Utilizando o mesmo conjunto de símbolos, você deve ser capaz de descrever ou um campo de petróleo, ou um conjunto de campos de petróleo, ou toda a indústria do petróleo, ou toda a movimentação de óleo e gás natural e seus respectivos derivados, dentro de uma corporação ou de um país. É como um *zoom*.

— E quais são os itens de real interesse para o gerente?

— Os mais importantes são obviamente os insumos e os produtos. E os fluxos de movimentação. E os processos que destroem antigos ou criam novos objetos em processo. Quer saber de uma coisa, Karol? São os *metaprocessos*, mas eu não posso mencioná-los porque os autores ainda não falaram neles. Seria anacronismo de minha parte!

— (Anacronismo?!) É o gerente quem vai dizer que itens lhe interessam.

— É isso. Porém, para fazê-lo, o gerente tem que se instrumentar. Você deve lembrar daquela nossa conversa lá no "Plano do livro": "...os usuários de alto nível da comunicação organizacional não dispõem de tempo, nem de treinamento, para descobrir a causa do desconforto provocado por informações pouco claras. O problema da falta de clareza da informação é um problema de linguagem, mas cada usuário tende a atribuí-lo a uma possível deficiência de conhecimento que somente ele próprio possui, e não a uma limitação da organização como um todo".

— Lembro.

— Então, para dizer o que deseja, o gerente tem que se instrumentar. Observe! É provável que o gerente que cuida da movimentação de óleo e gás natural e de seus derivados numa corporação ou num país inteiro esteja interessado apenas nos fluxos que atravessam as fronteiras da corporação ou do país, nos fluxos internos de extração de petróleo e de produção de derivados e nos fluxos de consumo interno. O gerente que cuida da questão da estocagem de petróleo e derivados provavelmente estará interessado nos estoques operacionais, nos estoques estratégicos e no controle de perdas.

— E os autores têm linguagem para isso tudo?

— É o que veremos.

Neste livro é desenvolvida uma linguagem, constituída de um jogo de apenas sete símbolos, que é capaz de:

1. Descrever quaisquer sistemas de produção do mundo real, por meio de fluxogramas ou infogramas, dando destaque aos aspectos de interesse gerencial, isto é, pondo em evidência as *transformações* a que são submetidos os objetos em processos, as quais respondem pelo aparecimento de novos produtos e pelo desaparecimento de alguns insumos.

2. Auxiliar na identificação de omissões e sobreposições de termos importantes na linguagem organizacional corrente, possibilitando o enriquecimento do cabedal de conhecimentos de interesse, para que este possa melhor servir ao sistema de informações gerenciais.

3. Pôr em evidência as limitações que as classes de processos responsáveis pelas *transformações* impõem à ação gerencial.

4. Identificar informações requeridas para aperfeiçoar as classes de processos responsáveis pelas *transformações*, e que os sistemas convencionais de informações não são capazes de disponibilizar.

5. Facilitar a discussão do conceito de *versatilidade organizacional*.

6. Servir de suporte para a modelagem de arquiteturas universais de informação.[25]
7. Apoiar o desenvolvimento de uma classificação dos sistemas de produção segundo a forma pela qual estes disponibilizam seus produtos, e que será utilizada na formatação de sistemas avançados de informações gerenciais.[26]

Um ideal inatingível

— Então, se você confia em que a linguagem de sua organização não contém omissões e sobreposições de termos importantes, então não precisa...
— É, mas essa linguagem ideal não existe.

Para que a linguagem compacta sirva ao enriquecimento da linguagem organizacional dois passos devem ser dados:

Primeiro passo — Confiscar temporariamente os termos utilizados pela atual linguagem organizacional e fazer a descrição do sistema de produção utilizando apenas os símbolos propostos pela linguagem compacta. A nova descrição pode pôr em evidência características de processos que ainda não tenham sido claramente percebidas e que podem ser importantes para o aperfeiçoamento do sistema de informações gerenciais.

Segundo passo – Voltar a utilizar a linguagem organizacional, agora enriquecida pelas novas visões, para fazer a descrição do sistema de produção e dar suporte ao sistema de informações gerenciais.

O objetivo do esforço de criação da linguagem compacta é definir um conjunto mínimo de símbolos necessários e suficientes para descrever o processo real de qualquer sistema de produção e representá-lo por meio de um fluxograma, *no nível de detalhamento adequado*.

Na verdade, o que se deseja é desenvolver a capacidade de representar, num sistema de informações gerenciais, tão-somente os *elementos que efetivamente interessam ao gerente situado no nível de decisão para o qual o sistema de informações está sendo criado*. Tudo o mais que for representado apenas introduzirá complicações desnecessárias no sistema de informações.

Esse objetivo de simplicidade pode ser alcançado mediante a identificação das *classes de processos de mesma natureza* que são utilizadas por quaisquer sistemas de produção, disponibilizem eles bens ou serviços.

---

[25] Ver capítulo 3.

[26] Assunto que será tratado no capítulo 4.

Seguindo essa linha de raciocínio, a linguagem compacta apresentada neste livro pode ser desenvolvida a partir da seguinte proposição:

Postulado básico — Os processos utilizados na disponibilização de bens ou serviços podem ser enquadrados em sete classes gerais.

As classes gerais de processos serão designadas: *translação, acumulação, coleta, distribuição, síntese, análise* e *comparação*.

Um furo evidente

— Aí tem um furo evidente.

— Qual?

— Deveriam ter definido uma oitava categoria, "Outros", pois não há evidência de que a enumeração das classes gerais de processos reais tenha sido coletivamente exaustiva... Ou estou errado?

Para assegurar que a enumeração das classes gerais de processos reais seja coletivamente exaustiva deve-se acrescentar à listagem das classes gerais uma oitava categoria — "Outros" —, que servirá para conferir elasticidade à enumeração. Fica a cargo do leitor abrir a categoria "Outros", se for necessário explicitar novas classes gerais de processos reais.

Uma carapuça perfeita

— Viu?

— Vi!

Conceito de metaprocesso

Metaprocesso[27] é o termo que será usado neste livro para designar qualquer uma das sete classes gerais de processos encontradas no mundo real.

---

[27] No termo "metaprocesso" utiliza-se o prefixo "meta" para indicar "além de", "acima de".

Um conceito meio confuso

— Esse negócio de metaprocesso é meio confuso. Muito abstrato! Parece que eles estão querendo complicar as noções de uma plataforma de entendimento.

— É um conceito muito novo e muito geral. Se você fizer um esforço inicial para apreendê-lo, depois verá seu extraordinário potencial de utilização. Agüente firme. Veja as figuras. Siga até as definições. Eles não darão exemplos. Mas vou tentar ajudá-lo, Karol.

Enquanto a palavra "processo" refere-se a uma operação ou atividade real, "metaprocesso" refere-se a uma classe de processos reais de mesma natureza.

O nome de cada metaprocesso é um *símbolo*, que pode representar qualquer um dos processos reais pertencentes à sua classe.

Cada metaprocesso é um gênero ao qual pertencem diferentes espécies de processos reais de mesma natureza. Portanto, cada processo real é um método dentro da categoria de processos representada pelo respectivo metaprocesso.

Um pedido de socorro

— Socorro, Beto! Antes de prosseguirmos, diga-me por que eles estão usando esses nomes tão complicados, tão exóticos, para designar os metaprocessos. Estão forçando a barra...

— Falei com os autores a respeito disso. Explicaram que não poderiam dar a um metaprocesso um nome que se confundisse com qualquer um dos processos que ele representa. Parece-me uma decisão adequada, uma vez que um metaprocesso situa-se em um nível mais elevado que os processos que ele simboliza. É aquela história: Nenhuma espécie deve ter o nome de seu gênero e, inversamente, nenhum gênero deve ter o nome de qualquer uma de suas espécies.

Tipologia dos metaprocessos

Para facilitar o estabelecimento das definições dos metaprocessos, convém identificar suas características comuns, isto é, classificá-los.

Levando-se em conta o número de portas que apresentam, os metaprocessos podem ser classificados como *binários* ou *ternários*. Os metaprocessos binários — a *translação* (T) e a *acumulação* (K) — possuem apenas uma porta de entrada e uma porta de saída (figura 7). Os metaprocessos ternários são os que têm três portas. Eles podem ser convergentes ou divergentes. São ternários convergentes os metaprocessos que utilizam duas portas de entrada e apenas uma porta de saída, ou seja, a *coleta* (C) e a *síntese* (S), representadas na figura 8. São ternários divergentes os metaprocessos que utilizam uma única porta de entrada e duas portas de saída, ou seja, a *distribuição* (D) e a *análise* (A), que estão representadas na figura 9.

A Figura 10 mostra um metaprocesso ternário especial — a *comparação* —, que só processa objetos lógicos, isto é, sua entrada recebe uma informação e sua saída fornece uma resposta alternativa, do tipo "sim" ou "não".

O conceito de metaprocesso aplica-se ao processamento de objetos materiais ou imateriais.

Figura 7
Metaprocessos binários

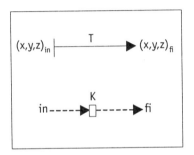

Figura 8
Metaprocessos ternários convergentes

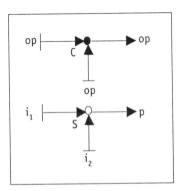

Figura 9
Metaprocessos ternários divergentes

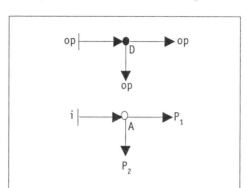

Figura 10
Metaprocesso de comparação

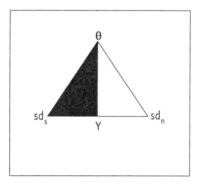

Um nó na cuca

— E quando entram mais de dois insumos em um processo real? E quando saem mais de dois produtos de um único processo real? E quando um processo real tem mais de duas entradas e mais de duas saídas? Como esses processos reais podem ser representados?

— Aguarde. Os autores vão explicar. Tenha calma. Ânimo! Mas, lembre-se: por construção, o metaprocesso só pode ter duas ou três portas.

Definições dos metaprocessos

Os setes metaprocessos em questão são definidos a seguir:

A *translação* (T) — figura 7 — é um metaprocesso que representa qualquer tipo de transporte ou movimentação de objetos que: a) provenham do exterior em direção a qualquer processador (insumos); b) transitem entre processadores (objetos em processo), e c) deixem os processadores em direção ao exterior (produtos). É lógico que, sem movimentação, a produção não se realizaria, o que evidencia a importância desse metaprocesso. A translação é um metaprocesso de duas portas no qual o objeto mantém todas as suas características e muda apenas de posição (x, y, z), desde a condição inicial (in) até a condição final (fi). Portanto, em uma translação, o objeto em processo deve manter seu nome da entrada até a saída. O translator, elemento ativo da translação, será graficamente representado por um arco ou segmento orientado, como se mostra na figura 7.

Um pedido irrecusável

— Olha aí! E os exemplos?

— Calma! São exemplos de translações: a) qualquer transporte terrestre (ferroviário, rodoviário ou em lombo de burro), aéreo, fluvial ou marítimo de coisa material, como o petróleo; b) a transmissão de informação de um ponto a outro, usando e-mail, por exemplo; c) a transferência de conhecimento de um cérebro para outro, como no processo de ensino; d) a introdução de qualquer tipo de energia em um sistema, para executar um trabalho, como no processo de descascar laranjas a que nos referimos; e) a introdução de conhecimento ou informação em um sistema.

A *acumulação* (K) — figura 7 — é um metaprocesso que permite representar os processos de estocagem e armazenamento necessários para conectar um processo contínuo a um processo descontínuo, ou dois processos descontínuos que operem em diferentes regimes de batelada. É um metaprocesso de duas portas no qual o objeto mantém todas as suas características e a sua posição (x, y, z), desde o início (in) até o fim (fi). Portanto, em uma acumulação, o objeto em processo deve manter seu nome do início até o fim. O elemento no qual se opera a acumulação será graficamente representado por um retângulo branco, como mostra a figura 7. Sem a acumulação, a operação do sistema de produção torna-se inflexível, sem margem de flutuação no fluxo de processamento de quaisquer objetos, fato que evidencia a importância desse metaprocesso.

Uma marcação implacável

— E os exemplos?

— São exemplos de acumuladores: a) memórias de computadores para armazenamento de informações; b) tanques para armazenamento de líquidos; c) armazéns para estocagem de peças e partes. O seu microcomputador usa acumuladores, os famosos *buffers*, para receber dados numa vazão e transferi-los em outra.

A *coleta* (C) — figura 8 — é um metaprocesso convergente, no qual as duas entradas e a saída conduzem o mesmo tipo de objeto em processo (op). Esse objeto mantém seu nome desde as entradas até a saída. O elemento ativo desse metaprocesso, designado coletor (C), será graficamente representado por um círculo negro, para o qual convergem as duas entradas, como mostra a figura 8. A coleta implica redução na quantidade de translações. Seja o fluxo contínuo ou intermitente, a vazão na saída do coletor é igual à soma das vazões nas entradas.

Uma necessidade incontornável

— Exemplo.

— São exemplos de coleta quaisquer operações ou atividades que tenham por finalidade juntar duas correntes de um determinado objeto. Os objetos coletados podem ser materiais ou imateriais. Pode ser a junção de dois rios para formar um terceiro, mais caudaloso. A reunião, em uma única caixa, de cartas que foram depositadas em duas caixas distintas, numa agência de correio. A junção de dois condutos que escoem objetos tidos como de igual natureza, como ocorre nas chamadas operações *downstream* na indústria do petróleo.

A *síntese* (S) — figura 8 — é um metaprocesso convergente, no qual as duas entradas conduzem insumos (i_1) e (i_2) que diferem entre si pelo menos em uma propriedade e a saída conduz um produto (p) que é, **conseqüentemente**, de uma terceira natureza. Portanto, na síntese, é aconselhável que os dois insumos tenham nomes diferentes entre si e que o produto receba um terceiro nome. O elemento ativo desse metaprocesso, designado sintetizador (S), será graficamente representado por um círculo branco, para o qual convergem os dois insumos, como pode ser visto na figura 8. A síntese implica redução na variedade de objetos em processo. **Na síntese não faz sentido definir a operação de soma das vazões nas duas entradas, porque essas vazões referem-se a objetos distintos.** O conceito de síntese aqui desenvolvido deve ser entendido como qualquer junção, em um único objeto, de dois objetos distintos, materiais ou imateriais.

Uma provocação sem resposta

— **Negrito!**

— São exemplos de sínteses: a) a junção de duas partes distintas, para fazer um conjunto maior, como na montagem de automóveis; b) a reação de duas substâncias químicas, para produzir uma terceira, como na obtenção de água a partir do hidrogênio e do oxigênio; c) a imposição da energia criativa de um artista sobre um bloco de mármore, por meio de um cinzel, para criar uma escultura; d) a imposição de conhecimento sobre uma informação, para produzir uma conclusão ou um conhecimento de ordem superior, tal como ocorre nas pesquisas que conduzem a dissertações e teses, de mestrado e doutorrado.

— Doutorrado?

A *distribuição* (D) — figura 9 — é um metaprocesso divergente, no qual a entrada e as duas saídas conduzem o mesmo tipo de objeto em processo, o qual deve, *ipso facto*, manter seu nome desde a entrada até as saídas. O elemento ativo desse metaprocesso, designado distribuidor (D), será graficamente representado por um círculo negro do qual divergem as saídas, como aparece na figura 9. A distribuição implica aumento na quantidade de translações. A soma das vazões nas saídas do distribuidor é igual à vazão na entrada, sejam os fluxos contínuos ou intermitentes.

Uma prova concreta

— Exemplos?

— Exemplos, sempre.

— São exemplos de distribuição operações ou atividades que tenham por finalidade dividir uma corrente de objeto em processo em duas correntes de igual natureza. Os objetos em processo podem ser materiais ou imateriais, como energia, conhecimento, informação, idéia. Distribuição de combustíveis para os postos de serviço. Distribuição de mensagens via Internet, do provedor aos destinatários. Distribuição de *treats* aos meninos no *Halloween*.

— Chega, Beto.

A *análise* (A) — figura 9 — é um metaprocesso divergente, no qual as duas saídas conduzem produtos (p_1) e (p_2) que diferem pelo menos em uma propriedade, e a entrada conduz um insumo (i) que é, **necessariamente**, de uma terceira natureza. Portanto, na análise é aconselhável que os produtos tenham nomes diferentes entre si e diferentes do nome do insumo. O elemento ativo desse metaprocesso, designado analisador (A), será graficamente representado por um círculo branco do qual divergem os dois produtos, como indica a figura 9. A análise implica aumento na variedade de objetos em processo. **Na análise não faz sentido definir a operação de soma das vazões nas duas saídas, uma vez que essas vazões se referem a objetos distintos.** O conceito de análise aqui desenvolvido deve ser entendido como qualquer disjunção de um único objeto em dois objetos distintos, materiais ou imateriais.

Uma iniciativa de Beto

— Negrito outra vez!?!

— São exemplos de análise: a) a separação de um bloco de informações em dois conjuntos de informações de naturezas distintas, como ocorre quando se separam informações gerenciais e informações técnicas, a partir de um relatório de projeto; b) a obtenção de duas substâncias químicas a partir de uma única substância; c) a separação de óleo e gás natural nos campos de petróleo; d) a desmontagem de um conjunto em duas partes diferentes entre si.

— Interessante.

— A análise é o metaprocesso mais importante...

— Por quê?

— Aguarde e você verá.

A *comparação* (Y) — figura 10 — é um metaprocesso especial, de natureza lógica. O elemento ativo, o comparador, é representado por dois triângulos retângulos justapostos, um negro e um claro, conforme indicado na figura 10. A entrada (e) recebe uma "informação a ser testada". O comparador contém um "padrão desejado" para a informação a ser testada. Esse padrão está implicitamente contido no comparador, isto é, o comparador "sabe" o que é desejado. Se a informação a ser testada *for compatível* com o padrão desejado, então ela será encaminhada através da saída "sim" (sd_{sim}), indicada pelo triângulo retângulo negro, para dar continuidade ao fluxo normal do processo. Porém, se a informação a ser testada *não for compatível* com o padrão desejado, então ela será encaminhada através da saída "não" ($sd_{não}$), indicada pelo triângulo retângulo claro, para correção ou descarte.

Um sujeito econômico

— A comparação aparece nos processos de avaliação e decisão, quando se utilizam *benchmarks* e padrões de excelência. Aparece, a mancheias, no processamento computadorizado, nos chamados "programas de computador".

— Aplicativos.

— É, aplicativos.

Conceito de transformação

A translação, a acumulação, a coleta e a distribuição são metaprocessos simples, no sentido de que nenhum deles causa alteração no objeto em processo. Portanto, nesses metaprocessos o produto mantém o nome do insumo.

O metaprocesso da comparação não altera a informação a ser testada.

A síntese e a análise são metaprocessos mais complexos, que lidam, *compulsoriamente*, com três objetos distintos. A síntese implica a *transformação* de dois insumos distintos em um único e novo produto. A análise implica a *transformação* de um único insumo em dois produtos novos e distintos. Como se ressaltou nas definições de síntese e análise, convém que os novos produtos sejam designados por novos nomes, já que os antigos objetos foram transformados em novos objetos.

Uma coisa quase incrível

— Parece claro que os novos produtos devem ter novos nomes. Na verdade, não vejo como possa ser diferente, Beto.

— Por incrível que pareça, existem sistemas de linguagem em que o produto novo mantém o nome do insumo. Sirva como exemplo o caso do "gás residual", que costuma ser chamado de "gás natural", muito embora o gás residual, produto do processamento do gás natural, seja relativamente mais pobre que este. Distorções como essa podem causar ruído de comunicação e prejuízo para a informação de qualquer negócio. No caso do negócio do petróleo, podem ser causados prejuízos tanto no setor *upstream* como no *downstream*.

Relevância das transformações

Existe um número muito grande de transformações entre os processos reais. Os modelos e simuladores de processo interessam-se por saber detalhes dos processos reais a que estão sendo submetidos os objetos em processo. Mas, para os objetivos dos sistemas de informações gerenciais, só interessa saber a quantidade e a qualidade (o nome) de cada objeto em processo num sistema de produção quando tal objeto se apresenta na condição de insumo ou produto, seja este e aquele um bem ou serviço.

Uma ajuda mútua

— Ajude aqui! Está tudo muito cifrado.

— Eles estão querendo dizer que, para o gerente de um processo, o que interessa mesmo é saber: a) o nome e o custo de cada insumo; b) o custo para levar os objetos em processo da condição de insumo à condição de produto; c) o nome de cada produto e seu valor de realização, isto é, seu preço líquido de venda.

> — Enquanto os técnicos que desenvolvem modelos e simuladores se interessam em saber as funções de produção que se aplicam aos diversos processos reais. Os técnicos querem saber é "entrou tanto disso, vai sair outro tanto daquilo".
>
> — Isso aí, Karol! Certa vez eu consultei a *Brittanica concise*, que diz: função de produção é uma equação *"that expresses the relationship between the quantities of productive factors used (such as labour, capital) and the amount of product obtained"*.

A análise e a síntese têm implicações relevantes no gerenciamento dos sistemas de produção.

Uma troca de figurinhas

> — Isso porque, se deseja obter internamente pelo menos um dos produtos de uma análise, o gerente de um sistema de produção tem que conviver com ambos os produtos da análise.
>
> — E, se o gerente quer obter por meio de processamento interno o produto de uma síntese, ele tem que conviver com ambos os insumos da síntese.

Por outro lado, as transformações impõem severas limitações ao sistema de informações gerenciais.

A análise impede que seja conhecido o custo de produção de qualquer um de seus dois produtos.

A síntese impede que seja conhecida a margem de contribuição de qualquer de seus dois insumos.

O reconhecimento da natureza dessas limitações põe em evidência a necessidade de se aprimorar os sistemas convencionais de informação que servem de apoio à decisão, como se verá no capítulo 4.

Uma paciência de Jó

> — Foram lacônicos. Vamos aguardar.
>
> — Vamos.

Representação de processadores reais complexos

Os metaprocessos têm as propriedades da associatividade e da recursividade, isto é, podem ser associados e usados, repetidamente, para representar quaisquer processos complexos do mundo real. Por isso é que podem ser usados para representar processos reais que tenham mais de duas entradas ou mais de duas saídas ou, simultaneamente, mais de uma entrada e mais de uma saída.

Esses processadores complexos podem ser representados por combinações de metaprocessos com o auxílio de translações fictícias. Translações desse tipo, obviamente, não transladam objetos. Portanto, dois metaprocessos ligados por uma translação fictícia ocorrem ao mesmo tempo e no mesmo local.

Vejam-se alguns exemplos, nas figuras 11 a 14, nas quais as translações fictícias são indicadas por segmentos tracejados.

Na figura 11 podem ser vistas representações ternárias de convergências que possuem mais de duas entradas. Na parte de cima é mostrada uma tríplice coleta. Na parte inferior da figura pode-se ver uma tríplice síntese. Na figura 12 são vistas representações ternárias de divergências que possuem mais de duas saídas. Na parte de cima é mostrada uma tríplice distribuição. Na parte inferior da figura pode-se ver uma tríplice análise. Na figura 13 vê-se a representação ternária de um sintetizador/analisador, e na figura 14 encontra-se a representação ternária de um coletor/distribuidor.

Em qualquer apresentação, para indicar que um conjunto de metaprocessos representa uma unidade maior — como uma unidade de destilação atmosférica de uma refinaria —, pode-se envolver o conjunto por uma linha de contorno tracejada, comumente chamada de "limite de bateria".

Figura 11
Representações ternárias de convergências mais que ternárias

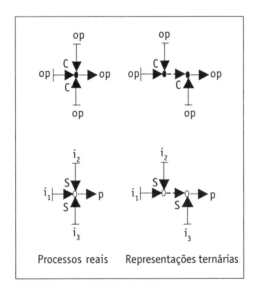

Figura 12
Representações ternárias de divergências mais que ternárias

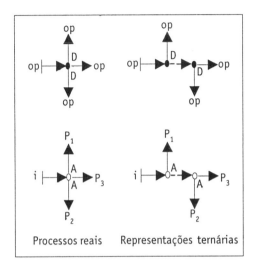

Figura 13
Representação ternária de um sintetizador/analisador

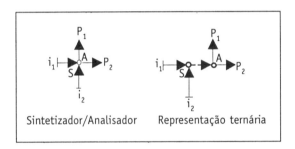

Figura 14
Representação ternária de um coletor/distribuidor

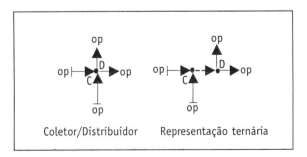

Outras potencialidades dos metaprocessos

Além da associatividade e da recursividade, os metaprocessos gozam de objetividade e simplicidade. O conjunto dessas quatro propriedades confere à linguagem dos metaprocessos um potencial a ser explorado no desenvolvimento de aplicações computadorizadas, como modelos e simuladores de processos, além de sistemas de informação gerencial.

Nessa linha de raciocínio, pode-se vislumbrar que a simbologia proposta abre caminho para o desenvolvimento de uma linguagem computacional dedicada à solução de problemas de sistemas de produção. E não apenas isso: está aberto também o caminho para o desenvolvimento de um gerador de sistemas para otimização do projeto ou da operação de quaisquer sistemas de produção.[28]

Representação infográfica dos metaprocessos

Os metaprocessos podem ser representados por meio de infográficos, como se pode ver no quadro 2. Essa representação é expressiva, porque mostra visualmente como os metaprocessos complexos (síntese e análise) transformam em outros aqueles objetos que estão sendo processados. Nos metaprocessos simples (translação, acumulação, coleta e distribuição) mantém-se o objeto em processo. No metaprocesso de comparação, as duas saídas são, a cada instante, mutuamente exclusivas.

Quadro 2
Representação infográfica dos metaprocessos

Lado dos insumos		Metaprocessos		Lado dos produtos	
Nome do insumo	Entrada(s)	Identificação do metaprocesso	Nome do metaprocesso	Saída(s)	Nome do produto
(op_T)	(en_T)	**(T)**	**Translação**	(sd_T)	(op_T)
(op_K)	(en_K)	**(K)**	**Acumulação**	(sd_K)	(op_K)
(op_C)	$(en_C)_1$	**(C)**	**Coleta**	(sd_C)	(op_C)
(op_C)	(en_C)				
(op_D)	(en_D)	**(D)**	**Distribuição**	$(sd_D)_1$	(op_D)
				$(sd_D)_2$	(op_D)
$(i_S)_1$	$(en_S)_1$	**(S)**	**Síntese**	(sd_S)	(p_S)
(i_S)	(en_S)				
(i_A)	(en_A)	**(A)**	**Análise**	$(sd_A)_1$	$(p_A)_1$
				$(sd_A)_2$	(p_A)
(op_Y)	(en_Y)	**(Y)**	**Comparação**	$(sd_Y)_{Sim}$	Compatibilidade
				$(sd_Y)_{Não}$	Incompatibilidade

---

[28] Essas questões são tratadas mais adiante, no item "Pontos para desenvolvimento futuro".

Uma troca de passes

— Observou bem o quadro 2?

— Observei. Os processos de coleta e distribuição têm três portas, mas só um objeto em processo.

— A síntese tem dois insumos diferentes e um único produto.

— E a análise tem um único insumo e dois diferentes produtos.

— Na comparação, quando há compatibilidade entre a informação de entrada e o tal "padrão desejado" para o objeto em processo, sai uma informação "sim".

— Se não houver compatibilidade, sai uma resposta "não".

Representação infográfica de processadores reais complexos

Os processadores complexos com mais de três portas são facilmente representados por infográficos, pois, com esse recurso gráfico, pode-se representar qualquer número de entradas e qualquer número de saídas, sem que seja necessário fazer uso de translações fictícias.

Por exemplo, no quadro 2, os metaprocessos de síntese e análise podem ser apresentados conjuntamente como um único retângulo para representar um processador real que tem mais de três portas. No caso, um sintetizador/analisador.

Pode-se vislumbrar, portanto, que a representação de processos de sistemas reais por infográficos facilita o desenvolvimento de sistemas, simuladores e modelos computadorizados do processo de produção.

Representação infográfica de sistemas reais

A forma geral dos infográficos de metaprocessos pode ser utilizada para descrever processos reais. Nesse caso, os insumos, os processos e os produtos podem ser identificados por seus nomes reais. Serão vistos a seguir exemplos de aplicação da linguagem dos metaprocessos para descrever e caracterizar processos reais. São exemplos de aplicação da simbologia dos metaprocessos para representar sistemas sob a forma de fluxogramas convencionais, e também no formato de infográficos.

O primeiro exemplo refere-se a um sistema muito simples, que focaliza a aplicação do metaprocesso de síntese. Sua finalidade é indicar a versatilidade da linguagem dos metaprocessos para representar processos diferentes, cujas características gerais, na verdade, não variam. Esse exemplo pode ser tomado como o caso de uma família de sistemas de mesma espécie.

O segundo exemplo é um pouco mais complexo. Apresenta um campo de petróleo que utiliza dois poços para extrair petróleo e produzir dois produtos, óleo e gás natural. É um exemplo de aplicação dos metaprocessos de síntese e análise.

Um paradigma simples

O primeiro exemplo é de um sistema muito simples, que faz parte de uma família de sistemas análogos aqui designada "família de sistemas de produção X" para facilitar as referências que lhe serão feitas.

Uma coisa esdrúxula

— Uma família de sistemas de produção X! Que coisa esdrúxula! Nossos queridos autores passaram do limite...
— Acompanhemos.

A família de sistemas X ilustra a utilização de um sintetizador. Seu fluxograma é apresentado na figura 15. Cada sistema da família em questão tem duas entradas — (en_1) e (en_2) —, por onde são admitidos os insumos. Os translatores (T_1) e (T_2) levam os insumos até o sintetizador (S). Um translator (T_3) dirige o produto de (S) para o acumulador (K). Um quarto translator, (T_4), leva o produto até a saída (sd).

Figura 15
Fluxograma do processo principal da família de sistemas de produção X

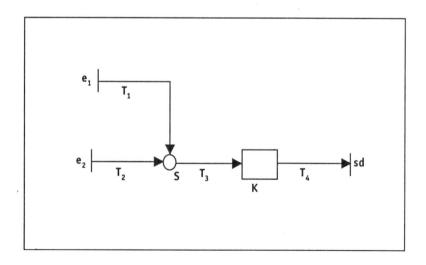

No quadro 3 está representado o fluxograma do processo principal de um particular sistema da família X — o "sistema de produção de bonecos de barro tipo mestre Vitalino". É a identificação dos nomes dos insumos consumidos, dos processos empregados e do produto obtido que permite saber que ali está sendo representado o sistema de produzir bonecos mestre Vitalino.

A representação da família de sistemas X por meio da linguagem compacta dos metaprocessos serve para demonstrar a versatilidade dessa linguagem. Quaisquer outros sistemas homólogos do sistema de produzir bonecos tipo mestre Vitalino podem ser representados pelo mesmo fluxograma e pelo mesmo infográfico, desde que se utilize a simbologia dos metaprocessos.

Fica a cargo do leitor verificar a versatilidade da representação dos processos reais, empregando a tecnologia dos metaprocessos.

Uma reação incontida

— Ai!... Cáspite! Irra! Com mil lagartos! Mil cobras! É trote? Uma tecnologia nova e eles passam a bola para o leitor! Essa não! Essa é demais. Será que dá pra gente enfrentar esse desafio juntos, Beto?

— Nós podíamos tentar, se não estivéssemos presos neste boxe!

— Isso eu posso resolver com dois cliques, Beto.

— Então clica aí.

(Clique, clique!)

Quadro 3
Descrição infográfica do processo principal do sistema de produzir bonecos do tipo mestre Vitalino

Elenco de insumos	Elenco de produtos	Antecessor(es) do metaprocesso	Metaprocesso	Sucessor(es) do metaprocesso	Processo real
Nome do insumo	Nome do produto				
Barro	—	(en_1)	(T_1)	(S)	Transporte do barro
Mão-de-obra	—	(en_2)	(T_2)		Aplicação do trabalho do artesão
—	—	(T_1)	(S)	(T_3)	Confecção de bonecos
—	—	(T_2)			
—	—	(S)	(T_3)	(K)	Transporte de bonecos
—	—	(T_3)	(K)	(T_4)	Estocagem de bonecos
—	Boneco	(K)	(T_4)	(sd)	Disponibilização de bonecos

— Como existe um acumulador... Temos que manter nossa tipologia diferenciada, Karol. Os autores podem não gostar. Vai parecer que estamos tentando passar por autores...

(Clique)

— Como existe um acumulador entre (T_3) e (T_4), os processos representados por esses translatores podem ser ambos contínuos, ambos intermitentes ou um contínuo e outro intermitente. Isso já sabemos.

— Certo.

— Se (T_3) pode ser contínuo ou intermitente, então (S) também pode ser contínuo ou intermitente. Se (T_4) pode ser contínuo ou intermitente, então a saída (sd) também pode ser contínua ou intermitente.

— E se (S) pode ser intermitente ou contínuo, também podem ser contínuos ou intermitentes os processos, ou melhor, os metaprocessos (T_1) e (T_2). Certo?

— Certo! Por aí já se pode começar a ver a grande versatilidade da representação por meio de metaprocessos.

— Tudo bem. Vamos em frente.

— Vejamos, Karol, o que o processo principal X pode também representar:

1. O processo utilizado por Michelangelo para criar o Davi.
2. O processo de produção de remédios numa farmácia de manipulação.
3. O processo de preparação, por um experto, de um resumo executivo comentado.
4. O processo de produzir bonecos do tipo mestre Vitalino.
5. Outros processos da "família X".

Em cada caso, a identificação dos insumos e do tipo de síntese indicará o produto a ser obtido. No caso do Davi, os insumos são um bloco de mármore e a energia criadora do escultor. Apenas um exemplar do produto será produzido. A síntese representa toda a atividade de esculpir, na qual se fundem os dois insumos num produto novo, o Davi.

— No caso dos bonecos, um sistema pode produzir burricos, outro produzir mulheres e os homens podem ser disponibilizados por terceiros.

— Disponibilizados?

— Usei "disponibilização" porque os homens podem ser adquiridos do representante de um produtor de bonecos de homens.

— Karol, aqui cabe um cáspite! Alternativamente, um sistema de produção pode ser usado para produzir lotes de produtos do tipo A (*padim pade* Ciço), do tipo B (família de retirantes) etc., para atender a encomendas específicas.

— Vamos em frente.

— Os produtos do sintetizador (S) são estocados no acumulador (K). O metaprocesso (T_4) representa a forma de concretizar a saída de produtos. Os produtos podem ser entregues na porta de (K) ou podem ser transladados de (K) até saídas localizadas a distância.

— Todas essas observações aplicam-se também ao caso da manipulação de remédios.

Enriquecimento da linguagem organizacional   107

— Sim! Já o caso da preparação de um resumo executivo é interessante porque reúne dois insumos imateriais a partir dos quais será sintetizado um produto também imaterial. Aqui temos, pois, produção de serviço.

— Isso é mesmo interessante. Quero ver.

— Um dos insumos em questão vem a ser "informações" contidas num volumoso relatório. O segundo insumo é o "conhecimento" detido pelo indivíduo que irá preparar o resumo. O produto do metaprocesso de síntese pode ser denominado "informações relevantes, comentadas". Ele será colocado na caixa de entrada (K) da mesa do executivo. O metaprocesso (T_4) leva o resumo comentado à saída do sistema, isto é, à mão do gerente, para ser por este utilizado. Qualquer processo de produção deve conter pelo menos uma saída.

— O que tudo isso quer dizer é que a representação por metaprocessos é mesmo versátil.

— **Vejamos como a coisa funciona. Já sabemos que cada metaprocesso representa não um processo real, mas uma classe de processos reais. Então um arranjo de metaprocessos pode representar não apenas um processo real, mas uma família de processos reais homólogos.**

— Bom! Uma das preocupações deles é exatamente com a identificação de invariantes...

— **Os nomes das coisas é que vão fazer a diferença. Como salientou Aristóteles, as coisas têm que ter nomes.**

— É mesmo interessante!

— Sem elogios, por favor! Essa é uma demonstração muito simples da utilidade de se identificar características que não variam de uma organização para outra. É uma das coisas de que *goshtei* nessa coisa de metaprocessos!

— Uai! Você viu?

— Vi!

— Que sotaque é esse *goshtei*, Karol?

— Protesto! Essa fala do *goshtei* foi do Beto. Exijo que vocês retifiquem!

— Ele exige! Petulância!

— Clica ele!

(Clique, clique)

— Pronto!

Uma reflexão sobre energia

— Karol, veja se você aceita as afirmações que se seguem.

— Vejamos.

— Toda e qualquer movimentação de objetos em um processo pressupõe consumo de energia. Assim sendo, na representação de um processo real, ao indicar translações por meio de segmentos orientados, o uso de energia está implícito.

— Aceito.

— Entretanto, nos sistemas de informações que envolvem custo de translações não se pode deixar de incluir o custo da energia.

— É claro.

— É necessário representar explicitamente a entrada e a saída de energia quando o objeto em processo é a própria energia, como no caso de sistemas de coleta e de distribuição de energia elétrica.

— Aceito.

— Também é necessário representar explicitamente o fluxo de energia quando ela é insumo de uma síntese ou produto de uma análise.

— Como assim?

— Por exemplo, quando a energia é o insumo que responde pelo aparecimento de uma nova condição para o objeto em processo, como no caso da transformação do bloco de mármore no Davi. Quer ver um exemplo curioso? Faça a representação do processo de produção de energia elétrica a partir da energia hidráulica, utilizando uma turbina.

— Aí já me parece um pouco mais sutil...

— A turbina funciona como um analisador. Recebe como insumo um fluxo de energia cinética, transportado pela água. Disponibiliza dois produtos: energia mecânica, de um lado, e água "exausta", isto é, água a baixa pressão, do outro.

— Então, a utilização de translação para indicar a intervenção da energia humana vai aparecer com freqüência na representação de processos de prestação de serviço?

— Certo, Karol. Energia mental ou física...

Um sistema de produção de óleo e gás natural

A figura 16 mostra o fluxograma simplificado de um campo de petróleo, representado em linguagem de metaprocessos. Os elementos que compõem a representação mostrada no fluxograma estão descritos nos infográficos dos quadros 4 e 5, que trazem, na última coluna, nomes que podem identificar os processos reais do sistema. As entradas do sistema são (en_1) e (en_2) e as saídas, (sd_1) e (sd_2). São representados dois poços que extraem misturas de óleo e gás natural situados em reservatório(s) subterrâneo(s). Na linguagem usada nos campos de petróleo, não é costume empregar nomes diferentes para designar os dois insumos, mesmo quando apresentam uma ou mais propriedades que diferem de uma mistura para a outra. Às vezes indica-se se o óleo é "salgado" ou "doce", isto é, se está ou não misturado com água salgada.

Para evitar ambigüidades, neste exemplo os dois insumos são designados $(óleo + gás natural)_1$ e $(óleo + gás natural)_2$. O fluxo dos poços é dirigido ao sintetizador (S) e daí até um analisador (A), cujos produtos são óleo e gás natural.

Figura 16
Processo principal do sistema de produção de óleo e gás natural

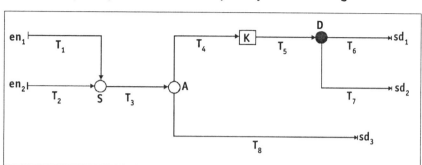

Na linguagem dos petroleiros, esse analisador é chamado de "separador gás/óleo". Um conjunto de sintetizadores dispostos em série é denominado "*header* de produção do *manifold* de chegada".

O óleo é dirigido para um acumulador (K), um tanque, de onde é levado até um distribuidor (D). Daí este produto é encaminhado às saídas (sd_1) e (sd_2), por meio dos translatores (T_6) e (T_7).

O gás natural, o segundo produto efluente do analisador, é dirigido para a terceira saída — (sd_3) —, através do translator (T_8).

Uma designação desnecessária

— Se fosse necessário, o efluente do sintetizador (S) poderia ter sido designado (óleo + gás natural).
— Por que não é necessário?
— Porque o efluente do sintetizador não é produto do sistema.
— É um objeto em processo.

Quadro 4
Sistema de produção de óleo e gás natural — processo principal

Descrição infográfica do processo principal do sistema de produção de óleo e gás natural — 1/2					
Nome do insumo	Nome do produto	Antecessor(es) do metaprocesso	Metaprocesso	Sucessor(es) do metaprocesso	Processo real
(Óleo + gás natural)$_1$	—	(en_1)	T_1	S	Produção do poço 1
(Óleo + gás natural)$_2$	—	(en_2)	T_2		Produção do poço 2

continua

Três estratégias para turbinar a inteligência organizacional

Descrição infográfica do processo principal do sistema de produção de óleo e gás natural — 1/2					
Nome do insumo	Nome do produto	Antecessor(es) do metaprocesso	**Metapro-cesso**	Sucessor(es) do metaprocesso	**Processo real**
—	—	T_1	S	T_3	*Header* de produção
—	—	T_2			
—	—	S	T_3	A	Mov. coletiva bifásica
—	—	T_3	A	T_4	Separação gás/óleo
—	—			T_8	

Quadro 5

Sistema de produção de óleo e gás natural — processo principal

Descrição infográfica do processo principal do sistema de produção de óleo e gás natural — 2/2					
Nome do insumo	Nome do produto	Antecessor(es) do metaprocesso	**Metaprocesso**	Sucessor(es) do metaprocesso	**Processo real**
—	—	A	T_4	K	Mov. de óleo
—	—	T_4	K	T_5	Arm. de óleo
—	—	K	T_5	D	Mov. de óleo
—	—	T_5	D	T_6	Distribuição de óleo
—	—			T_7	
—	Óleo	D	T_6	(sd_1)	Mov. de óleo
—			T_7	(sd_2)	Mov. de óleo
—	Gás natural	A	T_8	(sd_3)	Mov. de gás natural

Uma pequena confusão

— Não estou entendendo patavina, Beto. Veja que eles dizem que os poços "extraem" óleo e gás natural e que o sistema é que "produz" óleo e gás natural. E agora?

— Acho que eles estão querendo chamar a atenção para o fato de que os poços "extraem" petróleo, isto é, óleo e gás natural que se encontram acumulados em um ou mais reservatórios subterrâneos. Mas quem produz mesmo é o sistema. Basta observar que uma parte do volume de gás natural extraído pode ser utilizada pelo operador do sistema, para gerar a energia necessária ao funcionamento de alguns equipamentos. Essa parte utilizada pelo operador não deve ser confundida com a produção.

Dizer que um poço "produz" só faz sentido se seu proprietário disponibiliza seu *output* diretamente para terceiros.

Análise de versatilidade do sistema de produção

A utilização de fluxogramas para representar processos de sistemas de produção facilita a análise da versatilidade desse tipo de organização.

Considere-se, a título de exemplo, o caso de uma organização produtora simples, cujo negócio se resuma a disponibilizar em (D) um objeto que está disponível tanto em (A) quanto em (B).

Os métodos disponíveis para realizar o trabalho estão indicados em linha tracejada no quadro 6, que mostra também as diferentes possibilidades para cumprir o objetivo do negócio.

Quadro 6
Possibilidades de disponibilizar um objeto em D, a partir de A e B

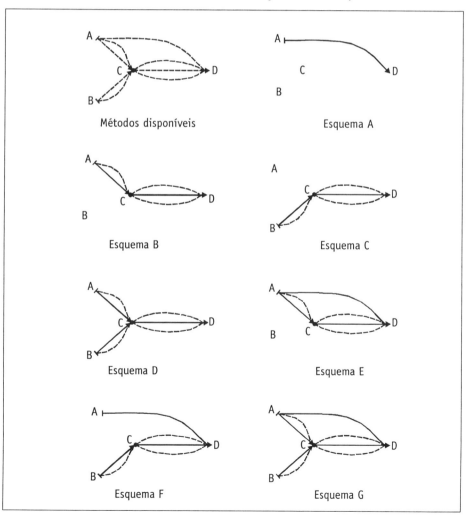

São as seguintes as possibilidades de tornar o objeto disponível em D:

1. Através da rota AD (Esquema A).
2. Seguindo a rota AC/CD (Esquema B).
3. Por intermédio da variante BC/CD (Esquema C).
4. Utilizando, ao mesmo tempo, as rotas AC/CD e BC/CD (Esquema D).
5. Por meio do arranjo AD e AB/BD (Esquema E).
6. Seguindo a combinação AD e BC/CD (Esquema F).
7. Usando simultaneamente as três rotas possíveis: AD e AC/CD e BC/CD (Esquema G).

Cabe fazer as seguintes observações sobre as possibilidades de formatar esse negócio:

1. Em relação à configuração organizacional:
   a) a configuração do negócio é $CN = \{[(ob)]; [(ob)]\}$, refletindo o objetivo do negócio;
   b) as possíveis configurações físicas, todas elas capazes de cumprir o objetivo do negócio, são:

   - $CF_1 = \{[(en_A)]; [(sd)]\}$, para os esquemas A, B e E;
   - $CF_2 = \{[(en_B)]; [(sd)]\}$, para o Esquema C;
   - $CF_3 = \{[(en_A), (en_B)]; [(sd)]\}$, para os esquemas D, F e G.

2. Relativamente à estrutura organizacional:
   c) existem sete diferentes estruturas possíveis para o negócio, todas elas capazes de atender à configuração do negócio, isto é, realizar o objetivo do negócio:

   - AD (Esquema A);
   - AC/CD (Esquema B);
   - BC/CD (Esquema C);
   - AC/CD, BC/CD (Esquema D);
   - AD, AC/CD (Esquema E);
   - AD, BC/CD (Esquema F);
   - AD, AC/CD, BC/CD (Esquema G).

   d) a estrutura do Esquema A é a que apresenta menor garantia de obtenção de suprimento, e a estrutura do Esquema G, a que apresenta maior garantia;

3. Com respeito à conjuntura organizacional:
   e) para a estrutura do Esquema A não existe alternativa de conjuntura organizacional;
   f) existem seis possibilidades de formatar a conjuntura para as estruturas mostradas nos esquemas B, C, E e F;
   g) é possível formatar 12 conjunturas para as estruturas indicadas nos esquemas D e G.

A partir dessas observações pode-se introduzir a idéia de análise de versatilidade, um conceito de interesse para o aperfeiçoamento das organizações. A análise da versatilidade organizacional pode abranger pelo menos os seguintes índices:

- *indicador de versatilidade do elenco de insumos*, que é o número de insumos;
- *indicador da versatilidade de suprimento de um insumo*, que é o número de fornecedores do insumo;
- *indicador de versatilidade do elenco de produtos*, que é o número de produtos;
- *indicador de versatilidade de abastecimento de um produto*, que é o número de clientes do produto;
- *indicador de versatilidade da configuração física*, que é o número de possíveis configurações físicas;
- *indicador de versatilidade estrutural*, que é o número de possíveis estruturas organizacionais;
- *indicador de versatilidade conjuntural*, que é o número que resulta do produto do número de métodos disponíveis para realizar os diferentes processos.

Uma mudança de sistema

— E a análise de versatilidade da configuração do negócio, Beto?

— Aí você já está falando em mudar a feição da organização... Querendo passar para outra organização... Os autores tratam dessa questão adiante, nos itens "Reconfiguração" e "Possibilidades de aperfeiçoamento".

— Cáspite! Você leu mesmo!

— Estudei.

A análise de versatilidade pode ser usada para direcionar os esforços de aperfeiçoamento da iniciativa privada ou do governo. No âmbito dos negócios, a análise de versatilidade tem também importância na escolha de organizações para o estabelecimento de parcerias, fusões, aquisições ou alianças.

Aperfeiçoamento de sistemas de produção

Diferentes tipos de organizações são candidatos naturais a diferentes tipos de aperfeiçoamento. É o que será mostrado a seguir.

Reconfiguração

As manufaturas e as organizações que se dedicam ao comércio de bens ou à representação são as que podem mais facilmente beneficiar-se do aperfeiçoamento via *reconfiguração*. Uma manufatura pode ativar e desativar linhas de produtos. Uma empresa comercial pode selecionar os produtos que deseja vender. Uma empresa dedicada à representação de terceiras partes trabalha com poucos ativos imobilizados e pode, dessa maneira, fazer alterações no elenco de bens ou serviços que disponibiliza, sem incorrer em grandes custos.

Mudança de conjuntura

As organizações que produzem bens geralmente utilizam processos associados a instalações fixas, cuja reestruturação pode envolver custos imediatos vultosos. Daí a importância de aperfeiçoar tais organizações a partir da *mudança da conjuntura*, que mantém cada processo e muda apenas a alternativa de realizá-lo.

Reestruturação

Tecnicamente, é fácil adotar o caminho da *reestruturação* para sistemas que disponibilizam serviços, os quais se apóiam, extensivamente, em atividades desenvolvidas por pessoas. Isso se deve sobretudo à versatilidade e à mobilidade das pessoas.

Não é por outra razão que os órgãos nos quais são executadas as atividades de alto nível em uma organização podem ser estruturados de numerosas maneiras, como é comum ver nas propostas contidas em estudos de reestruturação. A dificuldade, nesse caso, para que uma proposta de reestruturação seja implementada com êxito é obter a adesão e a cooperação das pessoas.

Há duas observações de interesse a fazer neste ponto:

1. Convém notar que, sem estrutura, seria impossível assegurar a repetitividade na obtenção de um elenco predefinido de produtos a partir de um elenco pré-selecionado de insumos. Essa observação aplica-se até mesmo aos sistemas chamados "adhocracias", cujo estilo gerencial lhes permite adotar estruturas diferenciadas com extrema rapidez, em resposta a manifestações do mercado.
2. É lícito supor que, fixado o elenco de insumos, a consecução do objetivo da organização, isto é, a obtenção de seu elenco de produtos seja mais eficientemente atingível por certas estruturas do que por outras. Por isso, a conceituação de estrutura organizacional interessa aos que têm compromisso com o aperfeiçoamento de empresas e outras entidades.

Possibilidades de aperfeiçoamento

Em resumo, as possibilidades de efetuar aperfeiçoamentos em uma organização que se dedique a fornecer bens, a prestar serviços ou a implementar soluções integradas são as seguintes:

1. Reestruturação – alteração no arranjo dos processos da organização.

2. Reconfiguração – que pode ser:

❑ reconfiguração do negócio:
  ❑ alteração do elenco de insumos utilizados; e
  ❑ alteração do elenco de produtos disponibilizados.
❑ reconfiguração física:
  ❑ alteração do elenco de entradas do sistema; e
  ❑ alteração do elenco de saídas do sistema.

3. Mudança de conjuntura – alteração na combinação de métodos usados pela organização.

Uma alteração no elenco de insumos ou no elenco de produtos reconfigura o negócio; e uma alteração no elenco de entradas ou no elenco de saídas exige uma reestruturação, porque haverá mudança no arranjo dos processos de entrada ou de saída. Ora, sendo o arranjo dos processos uma característica da estrutura, uma reconfiguração física implica uma reestruturação.

Mantida a configuração, uma alteração no processo geral pode ser entendida como uma reestruturação ou como uma mudança de conjuntura: uma reestruturação porque fica alterado o arranjo de processos, que é uma característica da estrutura, e uma mudança de conjuntura porque, mantidas a condição inicial e a condição final do processo geral, é introduzida uma alteração em pelo menos uma condição intermediária, o que caracteriza uma mudança no método geral.

Uma alteração apenas na qualidade dos processos deve ser entendida como uma mudança de conjuntura, porque fica mantida a estrutura da organização.

Classificação dos sistemas de produção

Nesta seção serão destacadas algumas características dos sistemas de produção que são de grande importância para o gerenciamento da produção, em particular, e para processo de aperfeiçoamento organizacional, de modo geral. Para tanto, serão utilizados os conceitos de síntese e análise como elementos principais de suporte a uma classificação dos sistemas de produção.

Segundo a *quantidade de produtos* que tornam disponíveis, os sistemas de produção podem ser classificados em dois grupos:

❑ *Grupo 1* – que contém os sistemas de produção que disponibilizam apenas um produto. Os sistemas deste grupo serão chamados de *linhas de produção*. Sistemas desse tipo podem conter qualquer número de sínteses, mas não podem conter análises.

❑ *Grupo 2* – que contém todos os sistemas de múltipla produção: os que produzem mais de um produto. Esses sistemas que produzem mais de um produto, por sua vez, podem ser classificados em dois subgrupos:

116 Três estratégias para turbinar a inteligência organizacional

□ *Subgrupo 2A* – que contém apenas os sistemas de múltipla produção nos quais nenhum produto compartilha qualquer análise com outro produto. Os sistemas deste grupo serão designados *feixes de produção*. Sistemas desse tipo podem, obviamente, conter qualquer número de sínteses.

□ *Subgrupo 2B* – que contém apenas os sistemas de múltipla produção nos quais cada produto compartilha, *compulsoriamente*, pelo menos uma análise com pelo menos um outro produto. Os sistemas deste grupo serão denominados *árvores de produção*. Esses sistemas podem conter qualquer número de sínteses.

Um pedido desnecessário

— Exemplos, *please*.

— Um sistema que produz apenas um tipo de boneco mestre Vitalino é uma linha de produção que contém apenas uma síntese.

— Uma montadora de vários tipos de automóveis é um feixe de produção.

— Nem precisava o pedido de exemplos...

— Campo de petróleo é árvore de produção.

— Refinaria também.

Da classificação apresentada acima podem-se tirar, de imediato, duas conclusões de interesse para o gerenciamento da produção e para o aperfeiçoamento das organizações produtoras:

1. De um feixe de produção que disponibiliza n produtos, o gerente pode destacar e desativar até n linhas de produção. Portanto, no organograma de um feixe de produção podem-se individualizar n processos principais de produção, correspondentes às suas n linhas de produção.

2. De uma árvore de produção, o gerente não pode destacar qualquer linha de produção. Portanto, o fluxograma de uma árvore de produção deve mostrar um processo principal de produção integrado para os n produtos da árvore.

Com base nessa classificação dos sistemas de produção, no capítulo 4 serão discutidas idéias que permitirão desenhar sistemas que levam em conta as especificidades dos feixes e as peculiaridades das árvores de produção. Serão ainda resolvidos os requerimentos de novas informações impostos pelas sínteses e pelas análises porventura presentes nos sistemas do mundo real. Esses requerimentos são conseqüência das limitações que a síntese e a análise interpõem à ação gerencial, conforme vimos.

Modo ideal de operação dos agentes do processo de aperfeiçoamento

Para delinear uma iniciativa adequada aos interesses da organização, os agentes do processo geral de aperfeiçoamento organizacional devem operar com a lógica de comparar os custos e benefícios — econômicos, políticos e sociais, tangíveis e intangíveis — das diversas alternativas disponíveis para a realização de um processo.

Informações sobre os custos e os benefícios tangíveis relacionados com as alternativas disponíveis são muito importantes porque permitem fazer o planejamento financeiro e a avaliação econômica das iniciativas de aperfeiçoamento. Informações que permitam prever custos e benefícios futuros são requeridas por quaisquer metodologias que tenham por objetivo quantificar o valor que será agregado à organização pela iniciativa proposta, como as técnicas conhecidas como EVA (*economic value added*) e DCF (*discounted cash flow*), por exemplo.

Os custos e benefícios intangíveis são informações estratégicas, úteis na avaliação das conseqüências político-sociais das iniciativas da organização que podem afetar seu desempenho futuro. Antecipar o resultado de tais ações é o objetivo da procura por informações sobre custos e benefícios intangíveis.

Um valor muito estratégico

— As experiências acumuladas na memória da organização e de cada um de seus gerentes constituem um repositório onde o tomador de decisão vai procurar modelos, metáforas, *insights*, *feelings*, intuições nos quais apoiar decisões que muitas vezes parecem contrariar opiniões técnicas as mais bem fundamentadas. Não raro o gerente chega a essas intuições por meio de complexas e instantâneas associações de idéias, que ele próprio é incapaz de explicitar num primeiro momento.

— Com quem você aprendeu isso?

— Foi com um velho aluno do velho Chester Barnard.

— É! A vivência tem grande valor estratégico.

Para facilitar a estruturação de informações que permitam comparar os custos e benefícios — econômicos, políticos e sociais, tangíveis e intangíveis — das diversas alternativas disponíveis convém definir o *campo das informações gerenciais relevantes*, que resulta da união de três outros campos, onde os líderes e agentes do processo de aperfeiçoamento buscam suas informações, como se verá em seguida.

Campo das informações gerenciais relevantes

As iniciativas de aperfeiçoamento envolvem escolhas de elementos que a organização poderá incorporar ou desincorporar. Informações de interesse sobre tais elementos podem ser encontradas a) no âmbito interno; b) na interface da organização com o mercado, e c) no ambiente externo.

Neste trabalho, essas três áreas serão designadas, respectivamente, *campo das informações internas*, *campo das informações de mercado* e *campo das informações externas*.

O campo das informações gerenciais relevantes é a união do campo das informações internas, do campo das informações de mercado e do campo das informações externas. É necessário que as informações sejam de qualidade para que os tomadores de decisão possam atuar com maior probabilidade de sucesso.

Campo das informações internas é o conjunto das informações sobre elementos em relação aos quais o gerente pode tomar decisões exclusivamente no âmbito da organização. Fazem parte deste campo todos os elementos que pertencem às seguintes entidades:

❑ unidades administrativas; e
❑ unidades de processo.

Campo das informações de mercado é o conjunto das informações sobre elementos em relação aos quais o gerente deve levar em conta o interesse de seus fregueses[29] ao tomar suas decisões. Fazem parte deste campo elementos das seguintes entidades:

❑ elenco de insumos;
❑ elenco de produtos;
❑ fornecedores de materiais e prestadores de serviço;
❑ clientes, consumidores de bens ou usuários de serviços; e
❑ outras entidades.

Outras iniciativas de aperfeiçoamento podem demandar decisões que envolvam relacionamentos com pessoas físicas ou jurídicas externas à organização.

Campo das informações externas é o conjunto das informações sobre bens ou serviços, nomeadamente conhecimentos e capital, disponíveis em entidades físicas ou jurídicas situadas no âmbito externo e com as quais o gerente pode tentar alianças estratégicas, objetivando melhorar o resultado da organização. Pertencem ao campo das informações externas elementos das seguintes entidades:

---

[29] Freguês é aquele que compra ou vende habitualmente a determinada pessoa. Ver Ferreira, 1999.

organizações que atuam no mesmo nicho de atividade, em atividades afins ou em atividades complementares;

intermediários de operações e atividades nos mercados físico ou eletrônico;

consultorias;

autoridades governamentais (Executivo, Legislativo e Judiciário);

grupos e entidades não-governamentais;

comunidades locais;

universidades;

institutos de pesquisa;

outras entidades.

Gerenciamento por objetos lógicos de decisão

Objeto lógico de decisão é qualquer elemento constitutivo da organização para o qual exista pelo menos uma alternativa de escolha que justifique uma decisão. Por exemplo, cada unidade de processo é um objeto lógico de decisão se comportar pelo menos dois métodos para realizar sua função. Da mesma forma, cada unidade administrativa que possa ser substituída por outra constitui um objeto lógico de decisão.

Olhando por outra perspectiva, opções de decisão são as alternativas de que o tomador de decisão pode lançar mão sempre que possível, incluída a opção de não lançar mão.

Os objetos lógicos de decisão podem comportar escolhas do tipo e/ou. Isso significa que, em alguns casos, o decisor pode optar pela utilização de elementos de mesma natureza em paralelo ou pela substituição de um elemento por outro.

Pode haver organizações cujo sistema de linguagem reconheça um ou outro item para o qual não se disponha de métodos alternativos. Obviamente, tais itens são candidatos naturais ao esforço de desenvolvimento ou incorporação de novas alternativas.

Neste livro, propõe-se a designação *gerenciamento por objetos lógicos de decisão* (*Gold*) para a prática gerencial que focaliza a atenção nos objetos lógicos de decisão. São esses objetos que permitem identificar as *informações gerenciais relevantes.*

Informações gerenciais relevantes

Informações gerenciais relevantes são aquelas que têm potencial para afetar uma decisão gerencial

No campo das informações internas, são relevantes, entre outras, as informações que dizem respeito ao desempenho ou à produtividade dos processos e métodos, ao prazo, à duração ou ao tempo de ciclo dos processos. São muito importantes as informações sobre custos, tangíveis ou intangíveis, dos processos *associados exclusivamente* à disponibilização de cada produto, de cada conjunto de produtos, dos métodos associados a cada processo. São igualmente importantes as informações sobre custos e benefícios *associados exclusivamente* a cada insumo.

As informações sobre custos e benefícios são indispensáveis à avaliação da economicidade do sistema de produção, dos produtos e conjuntos de produtos associados a cada metaprocesso de convergência ou de divergência. As informações sobre custos e benefícios dos métodos são necessárias para que se identifique a alternativa mais indicada à realização de cada um dos diferentes processos. Informações de qualidade sobre custos são difíceis de encontrar nos sistemas convencionais de informação gerencial, pelas razões que serão mostradas no capítulo 3.

No campo das informações de mercado, são relevantes as informações que se referem a fornecedores de materiais e a prestadores de serviços. São muito importantes as informações sobre custos dos insumos e sobre os benefícios proporcionados pelos produtos, sejam tais custos ou benefícios tangíveis ou intangíveis.

No campo das informações externas, são muito importantes as informações sobre as organizações que atuam no mesmo nicho de atividade, em atividades afins ou em atividades complementares.

Se não leva em conta a lógica indicada para os agentes do processo de aperfeiçoamento e as limitações que as sínteses e as análises impõem à ação gerencial, é possível que o sistema de informações gerenciais não disponibilize informações importantes para a decisão. Esta é uma das razões pelas quais se torna necessário, muitas vezes, retrabalhar as informações fornecidas pelos sistemas convencionais, com perda de tempo e, geralmente, com prejuízo para a qualidade da informação.

Uma metáfora impressionante

— É impressionante, Beto!

— Impressionante o quê?

— Agora dá para qualquer um entender por que eles estão insistindo tanto na questão da linguagem.

— Como assim?

— Fico imaginando uma cena surrealista...

— Sim...

Uma cena surrealista

O diretor de Desenvolvimento dirige-se aos membros da Direção Colegiada da InflexJaw:

— Senhores. Já fiz o estudo para aperfeiçoamento de nossa afiliada Charlote Internacional. O projeto prevê a implantação de três unidades: X, Y e Z. O aperfeiçoamento da Charlote Internacional está garantido porque o projeto está otimizado. Existiam duas alternativas para a concepção da unidade Y. Escolhemos o método que apresenta o melhor desempenho e é compatível com os padrões de respeito ao ecossistema. É ecologicamente correto. Peço que aprovem meu plano.

— Mas, diretor, o que vêm a ser as unidades X, Y e Z. Não estamos entendendo. Aqui todos conhecemos a Charlote Internacional...

— Conheciam. Agora vocês verão um novo negócio. X é a unidade *upstream*, uma alçaria...

— Uma alçaria?

— É! Um anoque.

— Anoque?

— Um curtume. Vai produzir o couro de que precisamos.

— E Y? E Z? Seja mais explícito, por favor.

— Y é uma unidade fabril dotada de TI de ponta. Z oferece todo o apoio necessário.

— Mais explícito.

— Y faz os moldes dos sapatos, corta o couro e produz os sapatos. Tudo controlado por computador. Z coordena as unidades e comercializa os produtos, exportando 70% da produção. *By the way*... Proponho que mudemos o nome da Charlote, para refletir a modernização do negócio.

(...)

— E qual é o objetivo dessa metáfora, Karol?

— Depois de ler este capítulo dá para qualquer um entender que sem linguagem compartilhada não existe comunicação eficiente.

— Espera aí! Antes da comunicação... Sem linguagem adequada não existe conhecimento nem informação.

— Disse tudo.

Capítulo 3

Modelagem de arquiteturas especiais de informação gerencial

A contabilidade fiscal tem que registrar receitas e dispêndios efetivamente realizados, obedecendo à lei.

A contabilidade gerencial precisa antever custos e receitas potenciais, aderindo à realidade.

A segunda estratégia sugere explicitar o conhecimento sobre a realidade da organização, de modo a poder utilizá-lo como base para a modelagem de *arquiteturas especiais de informação* que: a) sirvam à formatação de sistemas avançados de informações gerenciais; b) permitam a indução, a preservação e a difusão de novos conhecimentos, a partir da análise de iniciativas anteriores de aperfeiçoamento; c) favoreçam a aprendizagem organizacional; d) beneficiem a inteligência organizacional e facilitem a aceleração do processo de aperfeiçoamento da organização.

Cada sistema de produção é uma organização cujo gerente está interessado em informações aderentes à realidade sobre os insumos que consome, os processos que utiliza, os métodos que emprega, os produtos que disponibiliza. As arquiteturas especiais que cuidam do atendimento desse tipo de solicitação serão designadas *arquiteturas universais*[30] *de informações gerenciais.*

Da mesma forma, cada unidade administrativa é uma organização cujo gerente está interessado em informações relevantes sobre os diversos sistemas de produção sob sua responsabilidade. As arquiteturas especiais que atendem a esse

---

[30] No presente contexto, o termo "universal" refere-se ao universo dos agentes do processo de aperfeiçoamento, especialmente aos agentes das atividades de concepção, implementação e operação dos projetos de aperfeiçoamento.

124 Três estratégias para turbinar a inteligência organizacional

tipo de demanda serão denominadas *arquiteturas administrativas de informações gerenciais.*

O calcanhar-de-aquiles da informação gerencial

Entre as informações relevantes mais difíceis de estruturar e indexar encontram-se:

❏ os custos de produção dos diversos processos e métodos;

❏ o relacionamento existente entre o benefício proporcionado por um produto e os custos dos *insumos e processos exclusivamente necessários* à disponibilização do produto;

❏ as informações pertencentes ao campo das informações externas.

Assim sendo, as arquiteturas universais têm que dar conta de estruturar informações sobre esses elementos. Verifique se o sistema de informações gerenciais de sua organização provê uma linguagem que seja:

❏ comum aos agentes das fases de concepção, implementação e operação de novos projetos ou iniciativas de aperfeiçoamento;

❏ adequada à comunicação efetiva entre todos os membros da comunidade da inteligência organizacional.

Se não provê, então sua organização tem um problema com a qualidade das informações gerenciais, porque, nesse caso, ela também não dispõe de uma estrutura lingüística, um sistema de linguagem que sirva de contexto para:

❏ capturar informações aderentes à realidade sobre investimentos e custos de operação dos processos e métodos utilizados e disponibilizar tais informações para os responsáveis pelas diversas atividades do processo de aperfeiçoamento;

❏ relacionar o valor de realização[31] de cada produto aos custos dos *insumos e processos exclusivamente necessários* à sua disponibilização, de modo a permitir a avaliação da economicidade de cada produto, tanto em feixes de produção quanto em árvores de produção;

❏ indexar[32] informações externas sobre os processos e sobre os diferentes métodos disponíveis para realizar cada processo utilizado pela organização;

❏ indexar informações de mercado sobre os insumos e os respectivos fornecedores de materiais ou prestadores de serviços;

❏ indexar informações de mercado sobre os produtos que a organização disponibiliza e sobre seus clientes, consumidores e usuários;

---

[31] *Valor de realização* é a importância líquida que a venda de um produto adiciona ao caixa da organização, a receita líquida da venda do produto.

[32] O termo "indexar" está sendo usado como sinônimo de "dicionarizar", "criar um catálogo".

❑ indexar informações aderentes à realidade sobre características e particularidades dos itens do campo das informações internas, isto é, sobre os elementos que constituem as unidades de processos e as unidades administrativas;

❑ disponibilizar informações que permitam realizar a avaliação econômica das sínteses e análises porventura existentes no sistema de produção;

❑ avaliar o valor agregado à organização pelos novos projetos ou iniciativas de aperfeiçoamento.

Algumas dificuldades

A preocupação com o aperfeiçoamento organizacional deve ocupar todos durante todo o tempo. O zelo para com o aperfeiçoamento deve ser geral e onipresente. À medida que o tempo passa, a organização tem que continuar aperfeiçoando os sistemas já em operação, sendo por vezes necessário que implemente novos projetos para sustentar ou melhorar sua posição.

Informações sobre o valor agregado aos produtos pelos processos, sobre *previsão* e *realização* de investimentos e de custos de operação vão sendo produzidas ao longo do tempo, em diferentes iniciativas de aperfeiçoamento e na implantação de novos projetos.

O valor agregado pelos processos ao produto, tal como refletido no preço que o cliente está disposto a pagar, permite calcular a margem de realização do produto, desde que se saiba quais foram os custos dos *insumos e processos exclusivamente necessários* à sua disponibilização.

Ocorre que os sistemas de informação que desconhecem as peculiaridades da análise e da síntese não correlacionam os produtos desses metaprocessos com os *insumos e processos exclusivamente necessários* à sua disponibilização. A falta dessa informação inviabiliza a determinação da margem de realização dos produtos da análise e a margem de contribuição da síntese.

Geralmente, os sistemas convencionais de informações não permitem identificar, por processo e por método, as informações sobre investimentos e custos de operação *efetivamente realizados*. Portanto, as informações disponibilizadas por esses sistemas não servem de base para estimar os custos de novas iniciativas de aperfeiçoamento. Em outras palavras, não servem para aperfeiçoar o processo de orçamentação.

Neste capítulo, argumenta-se inicialmente que a ausência de uma linguagem adequada impede a especificação das arquiteturas especiais necessárias à integração das informações parciais sobre investimento e custos de operação e à contextualização das demais informações gerenciais relevantes.

Em seguida, identifica-se a linguagem mais indicada para uso comum e definem-se as bases para a especificação das arquiteturas especiais que permitirão integrar informações parciais, indexar informações estratégicas e calcular a mar-

126 Três estratégias para turbinar a inteligência organizacional

gem de realização dos produtos da análise e a margem de contribuição da síntese,[33] avaliar o valor econômico dos novos projetos e suportar outros usos.

Ao final do capítulo mostra-se como especificar arquiteturas especiais para estruturar informações sobre sistemas de produção e sobre unidades administrativas, sendo apresentados vários exemplos de como aplicar tais arquiteturas na prática.

Informações cruciais

Quatro informações são *cruciais* para dar apoio às decisões gerenciais:

1. O custo evitável[34] de *insumos e processos necessários exclusivamente* à disponibilização de um bem ou serviço. A diferença entre o valor de realização de um produto e seu custo evitável permite calcular sua margem de realização. Possibilita também calcular a viabilidade econômica ou o valor agregado à organização por um projeto novo e por um sistema já em operação.

2. Os custos de produção associados a cada um dos diversos métodos disponíveis para realizar cada um dos processos. O conhecimento dos custos das diversas alternativas de realização de um processo permite identificar o método mais indicado para aperfeiçoar a conjuntura organizacional.

3. A margem de realização de cada produto e a margem de realização do conjunto dos produtos de uma análise. Essas informações permitem analisar a economicidade de cada produto de uma análise e da análise como um todo.

4. A margem de contribuição de uma síntese. Essa informação permite analisar a conveniência de terceirizar a síntese.

Algumas informações podem ser obtidas com relativa facilidade no mercado. O custo da introdução de um insumo depende de seu custo de aquisição, que pode ser estimado por meio de pesquisas no mercado supridor. O valor de realização de um produto — ou seja, a receita líquida de venda do produto — depende do preço de venda, que pode ser avaliado por meio de pesquisas no mercado consumidor.

Porém, a melhor maneira de estimar os custos de um processo e de um método é utilizando informações, aderentes à realidade, sobre investimentos e custos de operação geradas na própria organização produtora, e que já foram coligidas e analisadas.

Necessita-se de informações sobre custos evitáveis para comparar o método em uso com propostas de novas alternativas. No caso de novos projetos, todos

---

[33] Neste livro, aplica-se a expressão "margem de realização" aos produtos e a expressão "margem de contribuição" aos insumos.

[34] *Custo evitável* é todo aquele que o gerente pode evitar que aconteça ou fazer cessar.

os investimentos e custos de operação são obviamente evitáveis. No caso da alternativa em uso, os custos evitáveis geralmente são os custos diretos, como de material, pessoal e serviços próprios e de terceiros, bem como os custos de imobilização de itens de ativos que podem ser desimobilizados.

A geração de informações aderentes à realidade, a partir da apuração dos custos evitáveis dos processos e de seus métodos, é objeto de especial atenção neste capítulo. A apuração das margens de realização dos produtos nas análises será tratada no capítulo 4 como uma informação crucial que pode ser disponibilizada por sistemas avançados de informação gerenciais, os quais podem conferir uma competência distintiva a quem os desenvolver.

Operações lógicas essenciais

A falta de uma linguagem comum aos agentes do processo de aperfeiçoamento impede que sejam realizadas algumas operações lógicas envolvendo investimentos e custos de operação. Essas operações lógicas, relevantes tanto para a aprendizagem quanto para o aperfeiçoamento, são as seguintes:

- □ para cada processo e cada método, a operação de comparação entre a) a *previsão* de investimentos feita na etapa da concepção e b) a apuração dos investimentos *efetivamente realizados* na etapa de implementação;
- □ para cada processo e cada método, a operação de comparação entre a) a *previsão* de custos de operação, feita na etapa da concepção e b) a apuração dos custos de operação *efetivamente realizados* na etapa de operação;
- □ para cada processo e cada método, a operação de soma do custo de oportunidade dos ativos desimobilizáveis (custo de capital de giro) e outros custos evitáveis de operação;
- □ a indução de novos conhecimentos sobre custos de produção, para cada um dos processos e cada um de seus métodos, por meio de registro e análise comparativa do que já ocorreu, na própria organização, em iniciativas anteriores.

Raiz do problema da informação gerencial

É evidente que a falta de uma linguagem comum impossibilita o compartilhamento de informações entre os diversos membros da comunidade de inteligência organizacional. No entanto, onde essa impossibilidade de compartilhar informações por falta de uma linguagem comum se manifesta de forma mais aguda é exatamente entre os responsáveis pelas três etapas do ciclo de vida de qualquer projeto ou iniciativa de aperfeiçoamento: a concepção, a implementação e a operação de um novo sistema. Os agentes responsáveis por essas etapas podem pertencer a uma única organização. Alternativamente, essas atividades podem ser desenvolvidas mediante contrato ou parceria com terceiras partes. Não importa. A falta de uma linguagem comum afeta a organização como um todo.

128 Três estratégias para turbinar a inteligência organizacional

A raiz desse problema de linguagem pode estar na forma de atribuir responsabilidades — pela preparação de orçamentos de investimentos e de custos e pelo acompanhamento de sua realização — aos agentes das diferentes fases do ciclo de vida de iniciativas de aperfeiçoamento e de implantação de novos projetos. A título de exemplo, o quadro 7 apresenta uma possível divisão dessas responsabilidades.

Quadro 7

Responsabilidades pela orçamentação e pelo acompanhamento de investimentos e de custos de operação

Divisão de responsabilidades entre agentes do processo de aperfeiçoamento				
Os agentes das fases do ciclo de vida do projeto ou da iniciativa de aperfeiçoamento, que estão relacionados abaixo...	...têm responsabilidade sobre atividades de...			
	...orçamentação de...		...acompanhamento da realização de...	
	...investimentos?	...custos de operação?	...investimentos?	...custos de operação?
Agentes da concepção	Sim	Sim	Não	Não
Agentes da implementação	Sim	Não	Sim	Não
Agentes da operação	Não	Sim	Não	Sim

Responsabilidades na concepção

Os planejadores e projetistas — agentes da etapa de concepção — são responsáveis pela orçamentação de investimentos e custos de operação, assim como pela previsão dos benefícios da produção.

Com base nessas projeções, eles montam o fluxo financeiro de saídas e entradas dos projetos concebidos e realizam, além da análise de viabilidade financeira, os estudos de viabilidade econômica de cada um deles, isto é, a estimativa do valor econômico que cada um dos projetos será capaz de agregar à organização. Tal estimativa é peça informativa importante para a tomada de decisão, visando a seleção e a aprovação da solução mais conveniente. Todavia, os planejadores e projetistas não são responsáveis pelo acompanhamento da realização dos investimentos e custos de operação que inicialmente orçaram.

Responsabilidades na implementação

Os agentes da etapa de implementação da solução aprovada são responsáveis pela atualização do orçamento de investimento, para implantar ou eventualmente licitar e contratar a implantação da solução aprovada, assim como pelo acompanhamento da realização dos investimentos. Mas não acompanham a realização dos custos de operação.

Responsabilidades na operação

Os gerentes de produção são responsáveis, a cada período de controle, pela atualização do orçamento de custos e pelo acompanhamento da realização dos custos de operação. Contudo, não acompanham a realização dos investimentos.

Uma torre de Babel

— Imagino que isso tudo acabe criando uma torre de Babel.

— Este exemplo foi retirado de uma análise feita na extinta InflexJaw, que parecia mesmo a torre de Babel. Nós resolvemos o problema na FlexNet do Brasil. Foi nessa época que conheci os autores, então estagiários.

— A InflexJaw era mesmo um verdadeiro queixo duro!

Magnitude do problema

O quadro 8 põe em evidência a magnitude do problema de linguagem que se discute. Embora as informações ali mostradas reflitam um caso particular, a estrutura do quadro pode ser utilizada, com as necessárias adaptações, para analisar qualquer outra organização de médio ou grande porte que tenha o mesmo tipo de problema.

Um caso paradigmal

— Creio que eles estão utilizando o exemplo da InflexJaw apenas para tornar mais concretas as idéias que estão em discussão.

— Verifique e compare com o caso de sua organização.

Quadro 8
Linguagens de orçamentação e de acompanhamento de custos

Diferenças registradas em linguagens usadas por agentes das fases do ciclo de vida de um empreendimento para categorizar, orçar e acompanhar investimentos e custos de operação				
Fases do ciclo do empreendimento	Investimentos		Custos de operação	
Concepção (somente orçamentação)	Materiais em "pacotes" por tipo de equipamento requerido	Serviços em "pacotes" por tipo de serviço requerido	Diretos, por unidades de processo	Diretos transferíveis, por tipo de apoio requerido
Implementação (orçamentação e acompanhamento)	"Fases" por tipo de materiais e equipamentos requeridos	"Fases" por tipo de especialidade requerida	—	
Operação (orçamentação e acompanhamento)	—		Diretos, por tipo de processo	Diretos transferíveis, por tipo de apoio requerido

A magnitude desse problema fica ainda mais evidente quando se aprofunda a análise das linguagens utilizadas, neste caso particular, pelos diversos agentes do ciclo de vida das iniciativas, como se faz a seguir.

Fase de concepção

Na fase de concepção, os planejadores e projetistas classificam os investimentos "por pacotes", cada um subdividido em "equipamentos" e "serviços". Os custos *diretos* de operação são por eles geralmente orçados "por unidades de processo". Os custos *diretos transferíveis* costumam ser categorizados segundo as especialidades dos processos de apoio requeridos.

Na categoria *investimentos*, podem ser exemplos de "pacotes": estudos, projetos, edificações, facilidades de processo, infra-estrutura etc. Como *equipamentos* pode-se ter: grandes máquinas, compressores, computadores e periféricos etc. *Serviços* podem ser: fabricação, terraplenagem, construção, montagem, perfuração, reengenharia etc. Na classe de *custos de operação*, as unidades de processo podem incluir diversos processos afins e os serviços podem se referir a manutenção, manutenção elétrica, manutenção mecânica, manutenção de sistemas de computação, por exemplo.

Fase de implementação

Os responsáveis pela fase de implementação costumam classificar os investimentos por "fases" do serviço necessário à implementação. Essas fases geralmente refletem o modo de trabalhar dos especialistas que serão empregados para realizar as tarefas de implementação. Os insumos utilizados nas fases costumam ser classificados como "especialidades" e "materiais e equipamentos".

Como exemplos de "fases" pode-se ter: projeto de detalhamento, planejamento de contratações de serviços e aquisições de materiais e equipamentos, terraplenagem, construção civil, montagem industrial etc. As *especialidades* podem ser: engenharia civil, caldeiraria, eletricidade, instrumentação e controle etc. *Materiais e equipamentos* podem ser: materiais de construção, grandes máquinas, tubulações, computadores e periféricos etc.

Fase de operação

Por seu turno, na fase de operação, os gerentes tendem a orçar e a acompanhar os custos de operação segundo uma terceira classificação. Têm por costume categorizar os *custos diretos* por processo e os *custos diretos transferíveis* por tipo de serviço de apoio. Nesta fase, a orçamentação e o acompanhamento de custos são repetidos a cada período de planejamento e controle.

Como exemplos de processos pode-se ter: transporte, armazenamento, pirólise, análise de balanço, atendimento ao cliente etc. Custos diretos incluem os com matéria-prima, mão-de-obra, serviços de terceiros etc. Custos diretos transferíveis são os custos incorridos pelos processos de apoio que beneficiam diretamente um processo principal como, por exemplo, manutenção, processamento de dados, assessoria técnica etc.

Uma grande torre

— Isso realmente cria uma grande torre de Babel.
— É verdade. A mais pura verdade.

Reflexos negativos

A inexistência de uma linguagem comum dificulta, evidentemente, a comunicação entre todos os agentes do aperfeiçoamento. Os problemas de linguagem enfocados acabam afetando os sistemas convencionais de informação.

Quando não utiliza uma linguagem comum, o sistema de informações gerenciais apresenta as seguintes deficiências:

❑ impossibilita o estabelecimento de *feedback* da implementação para a concepção, por não permitir comparação entre os investimentos *efetivamente realizados* na etapa de implementação e os investimentos *previstos* na etapa de concepção;

❑ impede o estabelecimento de *feedback* da operação para a concepção, por não permitir a comparação entre os custos de operação *efetivamente realizados* na etapa de operação e os custos de operação *previstos* na etapa de concepção;

❑ não permite a soma, por processo e por método, dos custos evitáveis de ativos desimobilizáveis com os outros custos evitáveis de operação.

Efeito torre de Babel

Pelo menos quatro desdobramentos prejudiciais resultam dos problemas causados pelo uso de múltiplas linguagens:

1. A aprendizagem organizacional fica prejudicada porque é diminuta a capacidade de os agentes do ciclo de vida das iniciativas de aperfeiçoamento e de implantação de novos projetos aprenderem uns com os outros a melhorar sua capacidade de preparar orçamentos.

2. Fica limitada a indução de novos conhecimentos sobre custos, mediante a análise de séries históricas, o que dificulta o crescimento da base de conhecimentos da organização.

3. O processo de aperfeiçoamento organizacional sofre prejuízo, porque fica vedada a possibilidade de comparar os custos evitáveis de métodos que concorram entre si.

4. O processo de avaliação econômica de árvores de produção fica prejudicado, porque é impossível estabelecer uma relação de causa e efeito entre um produto e os custos dos processos *necessários exclusivamente* à sua disponibilização, um requisito indispensável para a apuração da margem de realização do produto nessa classe de sistemas de produção.

Uma curiosidade incontrolável

— Como se pode resolver todos esses problemas? Você não está curioso?
— E você? Não está curioso para saber o que são arquiteturas universais?...

Linguagem universal e arquitetura universal

Com vistas à realização dos benefícios potenciais apontados neste livro, convém que os membros da comunidade da inteligência organizacional discutam e estabeleçam, por acordo, os requisitos a que deverá atender a linguagem da qual resultarão as arquiteturas universais que serão utilizadas nos sistemas avançados de informações gerenciais.

Linguagem universal é o conjunto dos termos e expressões que devem ser *necessariamente* utilizados por todos os agentes das fases de concepção, implementação e operação de um sistema de produção, sem o que o sistema de informações gerenciais ficará impedido de realizar as operações lógicas indispensáveis à obtenção de informações gerenciais cruciais.

Por linguagem universal deve-se entender o conjunto dos termos e expressões que permitem identificar os processos empregados pela organização, os métodos disponíveis para realizá-los, os insumos e os produtos. Seu uso deve ser declarado "necessário, mas não exclusivo". Isto é, cada agente do aperfeiçoamento pode usar, paralelamente, seu próprio sistema de linguagem, que reflete o jargão utilizado por seus pares.

Arquitetura universal de informações gerenciais é a expressão que, neste livro, designa uma forma *necessária* de contextualizar, nos sistemas de informações gerenciais, determinados fatos e dados sobre qualquer configuração, qualquer estrutura e qualquer conjuntura que uma organização possa assumir, sem que seja necessário alterar o projeto do sistema de informações gerenciais.

Tudo isso é possível porque a arquitetura universal de informações faz previsões para que o sistema de informações obtenha e disponibilize informações sobre a organização, mesmo que ela:

❑ altere sua configuração lógica ou física, suprimindo insumos atuais ou introduzindo "outros insumos", suprimindo entradas atuais ou introduzindo "outras entradas";

❑ modifique sua estrutura mediante a supressão de processos atuais ou a introdução de "outros processos";

❑ modifique sua conjuntura mediante mudanças no elenco dos métodos em uso;

❑ altere as relações entre suas unidades administrativas, suprima ou adicione unidades.

Especificação da linguagem universal

Cinco diretrizes permitem especificar uma linguagem para uso universal. A linguagem universal deve:

1. Reconhecer a lógica de atuação indicada para os agentes do aperfeiçoamento, cujo objetivo é selecionar, para cada processo (operação ou atividade), o método que proporcione a resposta mais adequada.
2. Conter o conjunto dos termos e expressões que permitem identificar os insumos e os produtos, isto é, a configuração lógica da organização.
3. Conter o conjunto de termos e expressões que permitem identificar as entradas e as saídas que constituem a configuração física da organização.
4. Permitir a descrição da estrutura do processo de produção que se deseja ver representado no sistema de informações.
5. Incorporar os termos que identificam os métodos que podem ser utilizados para mudar a conjuntura da organização.

Entre as linguagens mostradas no quadro 8, a única que atende a esses requisitos é a linguagem utilizada pelos gerentes da operação, porque reconhece o processo de produção e seus métodos. E reconhece também os insumos e as entradas, os produtos e as saídas.

Além disso, falando de maneira geral, para cada iniciativa de aperfeiçoamento ou projeto novo, a linguagem da operação é empregada durante vários anos, enquanto a linguagem da implementação é utilizada durante alguns meses e a linguagem da concepção tem seu uso restrito a um período muito mais curto.

Por essas razões, a linguagem baseada nos processos é aquela indicada neste livro para dar suporte à tarefa de capturar as informações gerenciais relevantes.

É indispensável que a linguagem que descreve o processo de produção (processo principal ou processo de apoio) seja aquela de uso *universal* na concepção, na implementação e na operação do sistema, uma vez este implementado.

A idéia é que cada gerente de produção descreva o fluxograma de seu processo e, a partir daí, proponha aos demais membros da comunidade da inteligência organizacional a linguagem universal que será utilizada no desenvolvimento de sistemas avançados de informações gerenciais.

Uma prova de boa vontade

— Vai indo bem. Aguardemos...

— !

Criando arquiteturas universais de informação

Nesta seção será mostrado como construir arquiteturas universais de informações que dêem suporte a sistemas avançados de informações gerenciais. Para tornar concretos os exemplos, será utilizado o caso do "sistema de produção X", por ser este muito simples. O fluxograma do processo principal da "família de sistemas de produção X" foi introduzido na figura 15. O "sistema de produção X" representa todos os sistemas reais discutidos no item "Um paradigma simples", no capítulo 2, mas não é especificamente qualquer um deles.

Uma birra antiga

— O que é mesmo esse tal "sistema X"?

— É uma unidade de produção que a FlexNet opera em Pittsburgh. Os autores não estão autorizados a revelar a identidade dela.

— Por que tanta preocupação em utilizar esse "sistema X"?

— Porque assim você, Reader, não fica autorizado a contestar qualquer um dos valores que serão apresentados nas tabelas que se seguem. Os autores ficam livres para usar quaisquer números. Utilizando um exemplo "genérico", eles não precisam se preocupar em fazer de conta que estão usando "dados de pesquisa"! E você, Reader, fica livre para concentrar sua atenção naquilo que realmente interessa e não nos números.

— Ah! Então o aviso deles não deixa de ser ético...

Vamos utilizar o "sistema de produção X" porque seu processo principal contém apenas seis metaprocessos, o que facilita o acompanhamento do desenvolvimento da idéia de *arquitetura universal de informações gerenciais.*

Uma guinada de estilo

— Uai! Veja só, Beto! Agora passaram para a primeira pessoa do plural! Creio que aqui cabe um cáspite!

— Os autores vão convocar você, Reader, para que a construção das tais arquiteturas especiais seja um exercício *hands on*, participativo, como se diz. Agüente firme!

— Reader! Por favor, resgate o fluxograma do processo principal do sistema X e coloque-o na figura 17.

— Com prazer. Aí está a figura 17.

— Aproveitaremos as informações contidas no quadro 9, que reproduz um levantamento prévio dos diversos métodos disponíveis para realizar cada um dos processos do processo principal do sistema de produção X. Nesse quadro são indicados, genericamente, *os nomes* dos diferentes processos, como Processo 1, Processo 2, Processo 3, Processo 4, Processo 5, Processo 6. Da mesma forma, para cada processo, os diferentes métodos em uso são representados por nomes genéricos.

Figura 17
Fluxograma do processo principal do sistema de produção X

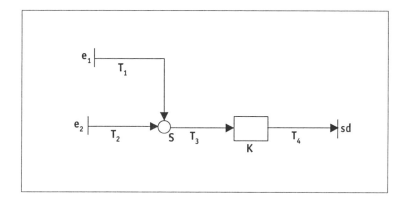

— Devemos ler os métodos disponíveis na linha correspondente a cada processo. Vale relembrar que, para os processos que não têm métodos alternativos, o nome do método em uso é o nome do próprio processo.[35]

— (Se você quiser, podemos voltar ao item "Linguagem compacta para representar sistemas de produção", no capítulo 2, para ver os nomes dos processos reais utilizados no sistema de produção de bonecos do tipo mestre Vitalino, um dos sistemas reais da "família X").

É de se notar, no quadro 9, que:

1. Há quatro métodos disponíveis para o Processo 4, três para o Processo 2 e para o Processo 5, e um para cada um dos demais processos: Processo 1, Processo 3 e Processo 6.
2. Quando não estão em uso, os métodos disponíveis para realizar cada processo estão assinalados com um X.
3. Os métodos em uso estão indicados por seus nomes, respectivamente, Processo 1 para o Processo 1, Método 3 para o Processo 2, Processo 3 para o Proces-

---

[35] Tal como observado no último parágrafo do item "Comparação entre processos e métodos", no capítulo 2.

so 3, Método 2 para o Processo 4, Método 3 para o Processo 5, e Processo 6 para o Processo 6.

— Deu para entender?

— Está claro, claríssimo!

Âncora universal

Vamos dar grande destaque, no quadro 9, à coluna mais importante, aquela que contém os símbolos dos metaprocessos: (T_1), (T_2), (S), (T_3), (K) e (T_4).

— Se é assim tão importante, vamos dar nome e definir logo essa lista... Os leitores estão ansiosos.

— Vamos lá.

Quadro 9
Métodos disponíveis e em uso nos diversos processos do processo principal do sistema de produção X

Metaprocesso	Nome do processo real	Primeiro método	Segundo método	Terceiro método	Quarto método	Outros métodos
(T_1)	Processo 1	Processo 1	—	—	—	—
(T_2)	Processo 2	X	X	Método 3	—	—
(S)	Processo 3	Processo 3	—	—	—	—
(T_3)	Processo 4	X	Método 2	X	X	—
(K)	Processo 5	X	X	Método 3	—	—
(T_4)	Processo 6	Processo 6	—	—	—	—

Âncora universal de informações gerenciais é a lista dos metaprocessos que integram a descrição da estrutura de um sistema de produção.

O número de possíveis âncoras universais é igual ao número de sistemas de produção existentes na organização, sejam sistemas principais ou de apoio. Se houver m metaprocessos no sistema de produção, a âncora universal deverá ser uma lista de m elementos.

— De m metaprocessos, porém de (m + 1) elementos...

— Por quê?

— Porque seria conveniente acrescentar a categoria "Outros". No caso em estudo, a âncora universal ficaria assim: (T_1), (T_2), (S), (T_3), (K), (T_4) e "Outros". Estou seguindo o que foi recomendado por Beto Gil, na intervenção "Uma outra categoria", no capítulo 2

— Cáspite! Você está atento, Reader.

— Só não ficou claro por que chamar essa lista de "âncora universal".

— Por dois motivos. Explique você ao Reader.

— Primeiro, porque ela deve ser usada *universalmente* por todos os membros da comunidade da inteligência organizacional. Agora, apresente você o segundo motivo.

Modelagem de arquiteturas especiais de informação gerencial   137

— Porque a essa lista devem ser *ancorados*, devem ser relacionados, todos os elementos sobre os quais se desejam informações gerenciais, em *matrizes* que permitirão capturar, estruturar e disponibilizar tais informações.

Arquitetura universal

— Cada matriz conterá (m + 1) linhas e (n + 1) colunas. As linhas corresponderão aos (m + 1) elementos da âncora universal. As (n + 1) colunas conterão (n) itens selecionados em quaisquer das três áreas de interesse que constituem o campo das informações gerenciais relevantes, ou seja, itens selecionados no campo das informações internas, ou no campo das informações de mercado ou no campo das informações externas. Uma das colunas deve ser, evidentemente, a âncora universal. E, obviamente, não poderá faltar a coluna "Outros". Certo, Reader?

— Certo, porém abstrato.

Uma consulta em paralelo

— Socorro, Beto! Explique melhor essa matriz. Por favor, fale baixo, enquanto eles estão trocando idéias.

— Cada matriz é nada mais nada menos que um banco de dados relacional. Vamos nos antecipar e observar o quadro 10. Eles vão falar nele dentro em pouco.

Todo banco relacional de dados tem um título, um nome. Neste caso, o título é "Métodos em uso no processo principal do sistema de produção X". Mas poderia ser "Conjuntura do processo principal do sistema de produção X".

A primeira linha contém uma lista de nomes de itens que foram escolhidos para fazer parte do banco. Neste caso, os itens escolhidos foram: "processos", "âncora universal" e "métodos em uso". Os especialistas chamam essa lista de "relação". Daí o nome de "banco relacional". É uma lista de variáveis que guardam alguma relação lógica umas com as outras, tendo sido por isso escolhidas.

O título dado a uma coluna é denominado "domínio" (da variável). Os dados contidos nas demais linhas da coluna são chamados "atributos" (da variável). Por exemplo, no quadro 10, o segundo domínio da relação é designado "âncora universal" e os atributos desse domínio são os símbolos dos metaprocessos existentes no processo principal em foco.

— Semiótica, Beto. Signos representando coisas...

— As demais linhas do banco de dados são chamadas "tuplas", uma designação que os especialistas inventaram. Cada tupla pode ser "lida" em conjunto com a relação, formando uma informação, ou melhor, uma sentença logicamente válida. Por exemplo, para a quinta tupla, a leitura pode ser: "O Processo 5 do conjunto de 'processos' corresponde ao metaprocesso (K) da 'âncora universal' e está usando o método M3 do conjunto 'métodos em uso'". Traduzindo um pouco mais: "O Processo 5 é uma acumulação e está usando o método M3".

— Se a sentença for verdadeira, então teremos uma informação.

— Se o interlocutor tiver conhecimento sobre o assunto e domínio da linguagem que está sendo utilizada, poderá entender a informação e, então, estará havendo comunicação!

— Está achando abstrato? Calma! Você vai entender se observar atentamente o quadro 10.

— Não! Já entendi o quadro 10. Prossigam, por favor.

— Já entendeu o quadro 10? Cáspite!

— As matrizes servem para dar às informações uma significação contextual de ordem superior, como foi ressaltado na seção "Estudo das organizações produtoras", do capítulo 2.

— Só de olhar os quadros 9 e 10 eu já sei como definir "arquitetura universal de informações gerenciais"...

— Como você define, Reader?

— Arquitetura universal de informações gerenciais é qualquer banco de dados relacional que contenha os elementos da âncora universal como coluna das chaves e, nas demais colunas, um ou mais elementos do campo das informações gerenciais relevantes.

— E o que é uma chave?

Quadro 10

Métodos em uso no processo principal do sistema de produção X

Arquitetura universal de informações		
Processos	Âncora universal (metaprocessos)	Métodos em uso
Processo 1	T_1	T_1
Processo 2	T_2	M3
Processo 3	S	S
Processo 4	T_3	M2
Processo 5	K	M3
Processo 6	T_4	T_4
Outros	**Outros**	Outros

— Num banco de dados, um conjunto de um ou mais domínios constitui uma chave se os atributos contidos nesse conjunto de domínios, em uma mesma linha, identificam inequivocamente aquela linha. No caso do quadro 10, a chave está na coluna "Âncora universal". O símbolo do metaprocesso identifica inequivocamente a linha. Para cada símbolo de metaprocesso só existe uma linha e para cada linha só existe um símbolo de metaprocesso.

— E qual é o pulo-do-gato, o ovo de Colombo que transforma a coluna dos metaprocessos em uma chave tão simples?

— É a maneira seqüencial que vocês utilizam para atribuir símbolos aos metaprocessos presentes na descrição de um sistema de produção. Ela não permite que sejam utilizados dois símbolos iguais na descrição de um sistema de produção.

— Cáspite!

— Obrigado Reader!

— Bom...

— Bom, não! Ótimo!

Uma dica importante

— Você sabe o que é uma dica, Karol.

— É uma informação ou indicação nova ou pouco conhecida.

— O quadro 10 é uma dica de interesse para que os gerentes de todos os níveis possam ser colocados a par de como está trabalhando o processo principal do sistema de produção X.

— Coisa para mandar colocar num quadro e pendurar na parede!

— O quadro 10 é uma importante arquitetura universal de informações. Parece simples, mas é uma das idéias centrais que permitem turbinar o pensamento coletivo da comunidade da inteligência organizacional, para que acelere o aperfeiçoamento da organização. O quadro indica os métodos atualmente em uso nos diversos processos. Quem dominar este quadro pode discutir com seus pares e entender o que eles dizem a respeito do aperfeiçoamento do processo X. Observe atentamente o quadro.

— Já estudei atentamente.

— Não existe processo sem método, ainda que seja um único método. Então, capturar e disponibilizar informações sobre um processo é capturar e disponibilizar informações sobre o método que está servindo atualmente a esse processo. Ora, nós não estaremos dispostos a perder a oportunidade de armazenar essa informação sobre o método, para compará-la com as informações sobre métodos de mesma natureza que concorram com ele!

— Por essa razão, na âncora universal, geralmente indicaremos os símbolos dos metaprocessos associados aos símbolos dos métodos em uso.

Forma canônica da arquitetura universal de informação

— Estamos agora em condições de mostrar o formato geral da arquitetura universal, que chamaremos de "forma canônica[36] da arquitetura universal de informações gerenciais".

A forma canônica figura no quadro 11. As seguintes as principais observações podem ser feitas:

❑ a âncora universal ganhou destaque no campo das informações internas. Isso se deve ao fato de querermos que a âncora esteja disponível para uso conjunto com quaisquer *outros* elementos do próprio campo das informações internas, com quaisquer elementos do campo das informações de mercado e com quaisquer elementos do campo das informações externas;

❑ tanto na âncora universal quanto nas três áreas do campo das informações gerenciais foi introduzida uma opção intitulada "Todos", como provisão para conter somatórios de elementos de informação numéricos, quando for o caso. Observe-se que "Todos os processos" equivale ao processo geral;

❑ na âncora universal apenas três processos foram destacados da categoria "Outros" e explicitados: Processo A, Processo B e Processo C. Os demais processos estão implícitos na categoria "Outros processos";

❑ em cada campo de interesse apenas três elementos genéricos foram destacados e explicitados: Elemento 1, Elemento 2, Elemento 3. Os demais elementos estão implícitos na categoria "Outros elementos".

— É mesmo um formato geral. Quero dizer, canônico.

— Deve-se ressaltar que, para compor uma dada arquitetura universal de informação, pode-se escolher *quaisquer* elementos pertencentes ao campo das informações gerenciais relevantes.

— Nos exemplos que se seguem iremos mostrar várias matrizes derivadas da forma canônica da arquitetura universal.

---

[36] *Canônico* — conforme o cânon, isto é, conforme a regra geral da qual se inferem regras especiais. Ver Ferreira, 1999.

Quadro 11
Forma canônica da arquitetura universal de informações gerenciais

Elementos do campo das informações gerenciais relevantes															
	Elementos do campo das informações internas					Elementos do campo das informações de mercado					Elementos do campo das informações externas				
Âncora universal	Outros elementos do campo das informações internas														
	Todos	Outros	Elem. 1	Elem. 2	Elem. 3	Todos	Outros	Elem. 1	Elem. 2	Elem. 3	Todos	Outros	Elem. 1	Elem. 2	Elem. 3
Todos os processos															
Outros processos															
Processo A															
Processo B															
Processo C															

Aplicações da arquitetura universal no gerenciamento de custos e benefícios

Não há qualquer restrição no que diz respeito à escolha dos elementos de informação que podem ser utilizados para, juntamente com uma âncora universal, compor uma arquitetura universal.

Como se ressaltou na seção "Informações gerenciais relevantes", no capítulo 2, são muito importantes as informações sobre custos, tangíveis ou intangíveis, de processos *exclusivamente associados* à disponibilização de cada produto, de cada conjunto de produtos e dos métodos associados a cada processo.

As informações sobre custos estão entre as mais difíceis de se estruturar. Por isso, daremos a seguir vários exemplos de estruturação de informações sobre planejamento orçamentário e acompanhamento da execução do orçamento.

Antes, porém, vamos examinar o panorama de aplicação da arquitetura universal ao gerenciamento de investimentos e custos de operação dos processos e métodos e dos benefícios proporcionados pelos produtos. Utilizando sempre a mesma linguagem, a arquitetura universal tem aplicação:

1. No gerenciamento do ciclo de vida dos empreendimentos, às fases de concepção, implementação e operação, nas atividades de:

    - planejamento: preparação de orçamentos de investimentos e de custos de operação;
    - controle: acompanhamento da realização de investimentos e de custos de operação.

2. No gerenciamento de benefícios (receitas reais e virtuais),[37] às atividades de planejamento e controle.

Descrição geral do processo principal X

— Já vimos, nos quadros 9 e 10, importantes arquiteturas universais que não contêm qualquer informação numérica.

— Vamos agora analisar o quadro 12, onde se faz a descrição geral do processo principal do sistema de produção X, usando como referência a âncora universal. Esta é, talvez, a mais importante de todas as arquiteturas de informações de

---

[37] *Receita virtual* é a despesa na qual seria necessário incorrer para adquirir, externamente, aos menores preços de mercado, a mesma quantidade de bens ou serviços disponibilizados internamente por um processo de apoio. A receita virtual é um não-desembolso. O conceito é útil para a avaliação da economicidade dos processos de apoio, sem apelar para a idéia de "preço de transferência", desnecessária. Para que um processo de apoio se justifique economicamente é necessário que seu custo seja igual ou menor que sua receita virtual.

que um gerente pode dispor. O quadro 12 descreve as relações que cada metaprocesso guarda:

- com o(s) elemento(s) antecessor(es) e sucessor(es), na estrutura organizacional;
- com os(s) insumo(s) e produto(s), na configuração lógica;
- com o método em uso, na conjuntura organizacional.

Quadro 12
Descrição geral do processo principal do sistema de produção X

Arquitetura universal de informações						
Elementos da configuração lógica		Elementos da estrutura organizacional				Elementos da conjuntura organizacional
Elenco de insumos	Elenco de produtos	Antecessor	**Metaprocesso**	Sucessor	Nome do processo real	Nome do método em uso
Insumo 1	—	(en_1)	(T_1)	(S)	Processo 1	Processo 1
Insumo 2	—	(en_2)	(T_2)		Processo 2	Método 3
—	—	(T_1)	(S)	(T_3)	Processo 3	Processo 3
—	—	(T_2)				
—	—	(S)	(T_3)	(K)	Processo 4	Método 2
—	—	(T_3)	(K)	(T_4)	Processo 5	Método 3
—	Produto 1	(K)	(T_4)	(sd_1)	Processo 6	Processo 6

Quadro 13
Análise de versatilidade do processo principal do sistema de produção X

Arquitetura universal de informações						
Elementos da configuração de entrada		Elementos da estrutura organizacional		Elementos da conjuntura organizacional	Elementos da configuração de saída	
Identificação do insumo	Nº de fornecedores por insumo	**Identificação do metaprocesso**	Nome do processo real	Nº de métodos disponíveis	Identificação do produto	Nº de clientes por produto
Insumo 1	3	(T_1)	Processo 1	1	—	—
Insumo 2	1	(T_2)	Processo 2	3	—	—
—	—	(S)	Processo 3	1	—	—
—	—	(T_3)	Processo 4	4	—	—
—	—	(K)	Processo 5	3	—	—
—	—	(T_4)	Processo 6	1	Produto 1	5

— Veja, Reader, como o quadro 12 contém todas as informações necessárias para entender o processo principal X.

A estrutura organizacional, em particular, indica a relação espaço-temporal que existe entre os diversos metaprocessos. A descrição deste relacionamento tem grande aplicação no desenvolvimento de sistemas avançados de informação gerencial, como veremos no capítulo 4.

— Já pensou se o gerente de cada unidade administrativa tiver a descrição completa dos sistemas de produção, principais e de apoio, que estão sob sua responsabilidade?

— Cáspite!

— Agora vamos mostrar como se pode resumir para os gerentes a análise da versatilidade da organização que estamos chamando de "processo principal do sistema de produção X". O resultado dessa análise está informado no quadro 13.

— Uma olhada assim de relance no quadro 13 mostra que o sistema X está em boa posição no que diz respeito ao número de clientes de seu produto único. Porém, tem apenas um fornecedor para o Insumo 2. Os processos 1, 3 e 6 têm apenas um método.

— O quadro indica claramente algumas das mais importantes forças e fraquezas da organização.

Uma observação aguda

— Aqui pra nós, Beto. Não vejo a descrição do uso de energia física ou humana nesse processo...

— Muita perspicácia de sua parte, Karol!

Às vezes um insumo imaterial não atravessa todo o processo, mas é consumido no próprio processo. É o caso da energia física ou humana utilizada para realizar o trabalho. Em alguns casos, a explicitação de tais insumos não é importante para a descrição do processo. Eles devem aparecer, entretanto, como elementos na lista de custos de serviços, porque são recursos efetivamente consumidos.

Da mesma forma, um equipamento que introduz energia num processo — por exemplo, uma bomba — pode não estar explicitado na descrição do processo, se isso não for importante. Mas o equipamento deve aparecer na lista dos elementos de investimentos em materiais.

Previsão e apuração de investimentos e de custos de operação

Um dos campos onde se emprega maior esforço e se obtém menor retorno é o da orçamentação e apuração de investimentos e custos de operação nos processos realizados pela organização.

Uma verdade cristalina e panmidiática

— Isso é uma verdade cristalina, Beto.

Um amigo disse-me que chegou a acreditar numa solução rápida para o problema em sua organização quando chefes de alto nível foram encarregados, pelo chefe de nível ainda mais alto, de formatar um sistema de apropriação de custos de operação num prazo de 45 dias. Passaram-se anos e pouca coisa melhorou.

— É difícil, Karol, se você não for à raiz do problema. A solução passa pela âncora universal. Porém, a âncora universal não é a única âncora importante.

— Como assim?

— Mais à frente os autores falarão em "âncora administrativa" e, no próximo capítulo, introduzirão a noção de "âncora de informações sobre o negócio". Além disso, qualquer uma das âncoras de informações pode ser usada de forma transmidiática.

— Como assim?

— Em qualquer âncora, você pode amarrar informações sob a forma de números, textos, figuras estáticas, figuras em movimento, som ou combinações desses elementos. Indo ao exagero, você pode chegar a pensar em comunicar sensações de odor e temperatura.

— Então elas têm aplicações multimidiáticas.

— Eu diria aplicações panmidiáticas.

— !

Vamos mostrar uma série de aplicações da arquitetura universal de informações ao problema da orçamentação e da apuração de investimentos e de custos de operação.

A apuração da realização de investimentos e de custos de operação fornece informações que devem ser aderentes à realidade do que acontece nas operações e nas atividades dos processos. Tais informações podem ser utilizadas para fazer novas previsões que irão suportar futuras decisões.

Os *custos de operação* que ocorrem em um sistema S podem ser classificados como diretos ou diretos transferíveis. *Diretos transferíveis* são aqueles associados a sistemas de apoio, quando estes trabalham em proveito do sistema S. *Diretos* são aqueles custos associados exclusivamente ao sistema S.

Variáveis são aqueles custos de operação proporcionais à quantidade de bens e serviços disponibilizados, como os custos com material, pessoal e energia costumam ser.

São *evitáveis* os custos variáveis e os custos associados a ativos que podem ser desimobilizados, estes chamados *custos de capital de giro*.

Os custos importantes para a tomada de decisões são os custos diretamente transferíveis, os custos diretos (investimentos + custos de operação) evitáveis, aderentes à realidade, dos *processos exclusivamente necessários* à disponibilização de um produto.

Nos exercícios que se seguem, toma-se inicialmente como paradigma o caso particular do "processo principal do sistema de produção X". Depois, passa-se ao "sistema de facilidades de produção", do qual o processo principal faz parte. Finalmente, chega-se à Organização X, ou seja, ao próprio sistema de produção que contém os sistemas anteriores.

Uma linguagem complicada

— Essa linguagem sobre custos é realmente complicada, não é Beto?

— Dê uma olhada no poliedro que se segue. Não olhe só de perto! Olhe de perto e de longe.

Um poliedro irregular, convexo, sensível!

Na InflexJaw, o sistema de custo tinha a forma de um poliedro irregular, convexo. No centro do poliedro estava escrita a palavra "custo". Cada face do poliedro correspondia a um usuário do custo, isto é, a um gerente que desejava otimizar resultados da organização por intermédio de um melhor gerenciamento do custo.

O centro do poliedro só podia ser visto quando o gerente olhava de uma direção perpendicular à face que lhe correspondia. Caso contrário, ocorria reflexão total e nada se podia ver.

Algumas faces do poliedro tinham três lados. Outras continham um número maior de arestas. Em cada lado de cada face estava escrita uma palavra, um substantivo ou um adjetivo, que o próprio usuário havia escolhido para ali ser inscrita.

Os usuários do custo utilizavam um enorme elenco de palavras, sinônimas ou não, para escrever nas arestas. Citarei apenas algumas de uso mais comuns: fixo, variável, total, unitário, médio, de aquisição, de produção, de venda, direto, indireto, transferido, rateado, de administração, de apoio, de processo, de produto, marginal, global, histórico, contábil, econômico, de mercado, de investimento, de operação, orçado, realizado, padrão, efetivo, estimado, apropriado, gerenciável, não-gerenciável, enterrado, financeiro, monetário, de depreciação, de amortização, de fase, de atividade, de material, de pessoal, de serviços. Outras palavras eram também usadas. Algumas delas nem se aplicavam. Mesmo assim, eram utilizadas.

Para minimizar o número de faces do poliedro era necessário otimizar o posicionamento relativo dos usuários em torno do poliedro, de modo a maximizar o aproveitamento das arestas comuns. Esse processo de otimização levava anos, com usuários trocando de faces, elegendo novas palavras, cancelando palavras antigas, descobrindo que precisavam olhar através de novas faces, verificando que não precisavam olhar através de certas faces antigas.

Cada vez que uma face tinha que ser criada, alterada ou suprimida, um cuidado especial era requerido, a fim de evitar que o poliedro perdesse sua estrutura, isto é, para evitar que ele entrasse em colapso.

Quem zelava pela estrutura do poliedro, tomava conhecimento dos usuários das diferentes faces e cuidava das palavras escritas nas diversas arestas era um sistema convencional de informações sobre custos (SCISC).

O SCISC também providenciava para que cada usuário, ao olhar para o centro do poliedro, visse a palavra "custo" transmudada no valor do custo que aquele determinado usuário desejava conhecer.

O grande problema do SCISC era que, quando novo, o usuário ainda não tinha sua visão desenvolvida. Então ele só conseguia ver o custo se chegasse muito perto da face que lhe correspondia. Como o poliedro era convexo, o novato achava que o custo era apenas um polígono, correspondente à sua face. Pensava que o número e o conteúdo das arestas podiam ser facilmente modificados.

O usuário mais antigo já tinha uma visão mais desenvolvida e podia olhar o poliedro a distância. Reconhecia que o custo tem várias faces, cada uma correspondendo a uma diferente espécie de custo.

Considere agora uma organização de porte como a InflexJaw e imagine a quantidade de faces de seu poliedro de custos. Imagine que, naquele tempo, o SCISC não conhecia nem âncora universal nem arquitetura universal. Que confusão!

Se o SCISC não tomasse extremo cuidado, o sistema de custo viraria um poliedro de Babel, porque o número de conotações semânticas envolvidas no fluxo de informações sobre custos é fantástico! Uma fábula!

Isto é uma fábula.

Orçamentação na fase de concepção

Imaginemos que na fase de concepção do processo principal do sistema X os planejadores tenham preparado o quadro 14, mostrando o resultado do trabalho de orçamentação de investimentos e custos de operação no sistema. Vários pontos de interesse podem ser observados nesse quadro.

Quadro 14

Orçamentação de investimentos e custos de operação na concepção do processo principal do sistema de produção X

Âncora universal	Arquitetura universal de informações										
	Itens de investimento ($)					Itens de custo de operação ($/período de controle)					
	Todos	Outros	Mat. constr.	Servi-ços	Ativo desimob.	Todos	Outros	Mat.-prima	Pessoal	Mat. cons.	Servi-ços
T_1	100	0	40	20	40	189	4	40	35	40	70
$T_2(M_3)$	100	0	30	20	50	235	35	170	0	0	30
S	100	0	10	30	60	176	6	0	50	60	60
$T_3(M_2)$	100	0	30	10	60	86	6	0	0	0	80
$K(M_3)$	100	0	20	40	40	139	74	0	65	0	0
T_4	0	0	0	0	0	0	0	0	0	0	0
Outros	0	0	0	0	0	0	0	0	0	0	0
Todos	500	0	130	120	250	825	125	210	150	100	240
Infra-estrutura do processo principal	40	40	0	0	0	150	150	0	0	0	0
Custo total	540	40	130	120	250	975	275	210	150	100	240

A âncora universal aparece sob a forma de uma relação entre os métodos e seus processos, estes representados pelos respectivos metaprocessos: as translações (T_1) e (T_2), a síntese (S), a translação (T_3), a acumulação (K) e a translação (T_4).

Deve-se notar as colunas correspondentes a "Outros custos", tanto no lado do investimento quanto no lado dos custos de operação. Na âncora universal foram incluídos "outros" processos, resultando em uma linha correspondente na matriz. No momento, essa categoria "Outros" encontra-se vazia.

O "Ativo desimobilizável" foi segregado em uma coluna no lado do investimento. Isso se deve ao fato de que, após a entrada do sistema em operação, tais ativos irão gerar custos evitáveis equivalentes ao custo de oportunidade dessas imobilizações. Trata-se de capital de giro, incluindo imobilizações em itens que se podem vender no mercado, como máquinas móveis, equipamentos removíveis e estoques.

No semiplano dos custos de operação, o custo do capital de giro foi incluído na coluna "Outros" e, por isso, *não aparece explicitado*. Em certas ocasiões, o gerente pode achar conveniente desimobilizar ativos desse tipo e substituí-los por itens de aluguel, arrendamento ou *leasing*.

Em alguns casos até mesmo o estoque de materiais de consumo é passível de terceirização.

Operações de desimobilização de ativos podem reforçar o caixa da organização em tempos difíceis ou podem resultar de parcerias estratégicas.

A infra-estrutura do processo principal do sistema X foi segregada e é mostrada na penúltima linha do quadro 14. Convém fazer essa segregação para que seja possível, no futuro, avaliar a economicidade de uma alternativa, concorrente da atual solução adotada para o processo principal do sistema X, que não dependa de investimento novo em infra-estrutura.

No quadro em análise, os custos de infra-estrutura estão consolidados para todo o processo principal do sistema X. Mas é claro que uma nova coluna pode ser acrescentada ao quadro, com o título de "Infra-estrutura", para apresentar tais investimentos por processo.

Na última linha do quadro 14 está o total por item de custo. A previsão de investimento total é de $540 e a estimativa do custo total de operação atinge $975/ período de controle.

Cabe voltar a enfatizar que os responsáveis pela fase de concepção são livres para utilizar, paralelamente, sua própria linguagem ao confeccionar seus orçamentos. Desde que não deixem de apresentar os resultados também segundo a arquitetura universal.

Acompanhamento de investimentos

Na fase de implementação de um projeto geralmente é feita uma nova orçamentação, que serve de base ao acompanhamento ou à apuração dos investimentos efetivamente realizados.

No quadro 15 é mostrada uma matriz de gerenciamento de investimentos na implementação do processo principal do sistema de produção X. Note-se que o novo orçamento de investimentos elevou o total previsto para $645, contra os $540 previstos no orçamento preparado na fase de concepção. O total efetivamente realizado foi de $615. Essas informações numéricas carecem de ser analisadas à luz dos fatos ocorridos durante a fase de implementação.

Por terem sido expressos na linguagem universal contida na âncora universal, os investimentos orçados nessa fase de implementação podem ser facilmente comparados com os previstos na fase de concepção. Essas duas previsões também podem ser comparadas com os investimentos efetivamente realizados, também referidos à âncora universal.

Quadro 15
Gerenciamento de investimentos, na implementação do processo principal do sistema X

Arquitetura universal de informações									
Fase de implementação do processo principal do sistema X									
Atividade	Orçamentação de investimentos ($)					Acompanhamento de investimentos ($)			
	Itens de custos					Itens de custos			
Âncora universal	Todos	Outros	Mat. constr.	Servi-ços	Ativo desimo-bilizável	Todos	Outros	Mat. constr.	Servi-ços	Ativo desimo-bilizável
T_1	130	20	50	20	40	140	15	45	20	60
T_2 (M3)	110	0	40	20	50	130	0	40	40	50
S	120	0	30	30	60	105	0	30	15	60
T_3 (M2)	115	0	35	10	70	80	0	35	10	35
K (M3)	120	0	20	60	40	100	0	10	45	45
T_4	0	0	0	0	0	0	0	0	0	0
Outros	10	10	0	0	0	20	20	0	0	0
Todos	605	30	175	140	260	575	35	160	130	250
Infra-estr. do processo principal	40	40	0	0	0	40	40	0	0	0
Custo total	645	70	175	140	260	615	75	160	130	250

O quadro 16 mostra o cálculo do custo efetivo dos investimentos realizados, por processo e por método, supondo-se uma taxa de custo de oportunidade do capital da organização de 10% ao ano.

Para construir o exercício mostrado no quadro 16, supôs-se que os investimentos foram realizados ao longo de dois anos. E para simplificar o problema, que os desembolsos foram realizados em duas parcelas iguais, uma a cada ano.

No quadro 16 os desembolsos foram acumulados na data do início da fase de operação, isto é, na data do término da fase de investimento, à taxa de oportunidade do capital de 10% ao ano. A opção pela acumulação dos desembolsos anuais no fim da fase de implantação deve-se à constatação de que o custo de aquisição de um bem é a quantia que o adquirente está disposto a pagar pelo bem, se o pagamento for efetuado no exato momento em que o adquirente entra na posse e no usufruto do bem. Ou seja, o preço que o adquirente está disposto a pagar pelo bem não é o valor descontado na data do início dos investimentos, como erroneamente se pode imaginar.

Modelagem de arquiteturas especiais de informação gerencial 151

Quadro 16
Custo efetivo de investimento por processo e por método

Arquitetura universal de informações				
Âncora universal	Tempo de investimento (taxa de juros: 10% ao ano)			
		Desembolso		Custo efetivo do investimento (valor acumulado do desembolso até o início da operação)
	Duração (anos)	Nominal, total ($)	Nominal, por ano ($/ano)	
T_1	2	140	70	162
T_2 (M3)	2	130	65	150
S	2	105	52,5	121
T_3 (M2)	2	80	40	92
K (M3)	2	100	50	116
T_4	2	0	0	0
Outros	2	20	10	23
Todos	2	575	287,5	664
Infra-estr. do processo principal X	2	40	20	46
Custo total	—	615	307,5	710

Acumulando os desembolsos no término do tempo de investimento obtém-se uma informação importante, o custo efetivo do investimento para cada processo e cada método.

Se o valor presente dos desembolsos fosse registrado nos bancos de dados, a informação sobre o custo efetivo do investimento ficaria distorcida e poderia contaminar o banco de dados. No caso, o custo efetivamente realizado foi de $710, como mostra o quadro 16.

Quanto vale uma oportunidade?

— Será que essa distorção...?

— O cálculo do valor presente líquido (VPL) do resultado de um projeto é uma das formas de estimar o valor que uma iniciativa agrega à organização.

Quando se efetua esse cálculo, pode-se pensar, erroneamente, que o valor presente dos investimentos é uma boa base para prever investimentos de mesmo porte em situações futuras.

Calcular o valor presente líquido do resultado faz sentido porque, em princípio, esse VPL representa a quantia que o investidor estaria disposto a receber, agora, pela cessão de sua oportunidade de investimento a outrem.

Porém, tomar o valor presente líquido da corrente de investimentos como previsão do volume de investimentos futuros de mesma espécie é um erro...

Gerenciamento de custos na fase de operação

Na fase de operação do processo principal do sistema X geralmente se faz um novo orçamento de custo a cada período de controle. É para confrontar com esse orçamento atualizado que se faz o acompanhamento ou a apuração dos custos de operação efetivamente realizados.

O quadro 17 mostra a matriz de gerenciamento dos custos de operação do processo X. Note-se que, no novo orçamento, o total dos custos de operação, que, na fase de concepção, havia sido previsto em $975/período, baixou para $920/período. Mas o custo total efetivamente realizado foi de $985/período. As informações sobre custos devem ser analisadas à luz dos fatos ocorridos durante o período de controle a que os dados numéricos se referem.

Quadro 17

Gerenciamento de custos na operação do processo principal do sistema X

Arquitetura universal de informações											
Fase de operação do sistema X											
Ativi-dade	Orçamentação de custos ($/período de controle)						Acompanhamento de custos ($/período de controle)					
	Itens de custo						Itens de custo					
Âncora universal	Todos	Outros	Mat.-prima	Pessoal	Mat. cons.	Serv. de terceiros	Todos	Ou-tros	Mat.-prima	Pes-soal	Mat. cons.	Serv. de terceiros
T_1	200	15	40	45	40	60	220	15	45	40	35	85
T_2 (M3)	240	20	190	0	0	30	230	10	185	0	0	35
S	185	10	0	50	65	60	180	10	0	55	60	55
T_3 (M2)	60	5	0	0	0	55	70	10	0	0	0	60
K (M3)	130	70	-	60	0	0	130	50	0	80	0	0
T_4	0	0	0	0	0	0	0	0	0	0	0	0
Outros	0	0	0	0	0	0	15	0	0	0	0	15
Todos	815	120	230	155	105	205	845	95	230	175	95	250
Infra-estr. processo principal	105	105	0	0	0	0	140	120	0	0	0	20
Custo total	920	225	230	155	105	205	985	215	230	175	95	270

Expressas na linguagem universal utilizada desde a fase de concepção, as informações sobre os custos de operação efetivamente realizados podem ser agora comparadas com a previsão de custos de operação feita naquela fase, permitindo realizar o *feedback* para o pessoal encarregado da concepção, como é desejável.

Custo evitável, por processo e por método

O custo evitável, que é possível prever para qualquer novo período de operação, é a soma do custo de oportunidade dos ativos desimobilizáveis com o custo direto de operação.

O custo evitável de um método em uso é uma informação útil para os agentes do aperfeiçoamento organizacional. Em qualquer tentativa de aperfeiçoamento, é o custo evitável do método em uso que deve ser usado na avaliação do resultado econômico que se pode esperar do método atual.

Se os métodos em competição tiverem rendimentos diferentes, será necessário fazer um estudo completo do valor que cada alternativa agregará à organização.

A apuração dos custos evitáveis é uma operação de fácil realização, desde que a arquitetura universal tenha permitido, já na fase de implementação, a segregação dos investimentos realizados em ativos desimobilizáveis, por processo e por método. Se o custo dos ativos desimobilizáveis não tiver sido segregado, a apuração do custo evitável tornar-se-á demorada e pouco precisa.

No quadro 18 são mostrados os custos evitáveis, por processo e por método, no processo principal do sistema de produção X. Quando se considera o custo de oportunidade do capital investido em ativos desimobilizáveis, da ordem de $25, o total dos custos evitáveis atinge $1.000 e não apenas $975.

Observa-se, no quadro 18, que a previsão de custo com serviços terceirizados no processo X é de $260 ao ano, contra $155 ao ano do custo com pessoal. Provavelmente o sistema tem poucos equipamentos móveis em operação, pois o ativo desimobilizável atinge apenas $250.

Vale notar que o valor dos ativos desimobilizáveis deve ser periodicamente reavaliado com base em critérios técnicos que sejam aderentes à realidade e não em critério de depreciação legal que eventualmente não leve em conta essa mesma realidade.

Quadro 18

Custos evitáveis, por processo e por método, no processo principal X

Arquitetura universal de informações										
				Custos evitáveis ($/ano)						
Âncora universal		Valor do investimento em ativo desimobilizável ($)	Custo de oportunidade do ativo desimobilizável a 10% a.a. ($/ano)	Custos de operação ($/ano)						Total dos custos evitáveis ($/ano)
Proces-sos	Méto-dos			Todos	Outros	Mat.-prima	Pessoal	Mat. consu.	Ser-viços	
T_1	T_1	60	6	200	15	40	45	40	60	206
T_2	(M3)	50	5	240	20	190	0	0	30	245
S	S	60	6	185	10	0	50	65	60	191
T_3	(M2)	35	4	60	5	0	0	0	55	64
K	(M3)	45	4	130	70	0	60	0	0	134
T_4	T_4	0	0	0	0	0	0	0	0	0
Outros	Outros	0	0	0	0	0	0	0	0	0
Todos	Todos	250	25	815	120	230	155	105	205	840
Infra-estrutura do proc. princ. X		0	0	160	105	0	0	0	55	160
Custo total		250	25	975	225	230	155	105	260	1.000

Âncora administrativa de informações gerenciais

— As seções anteriores mostram algumas das numerosas matrizes, também chamadas de bancos de dados, que podem ser desenvolvidas com base na âncora universal de um sistema de produção.

— A âncora universal foi criada a partir da lista dos metaprocessos que integram a estrutura organizacional do sistema de produção.

— Vamos dar mais um passo na direção da estruturação de informações gerenciais relevantes. Para isso vamos introduzir o conceito de *âncora administrativa de informações gerenciais.*

— Como assim?

— *Âncora administrativa de informações gerenciais* é a lista constituída pelos nomes das unidades administrativas que estão sob a responsabilidade de um gerente.

— Então o número de âncoras administrativas possíveis é igual ao número de gerentes da organização.

— Perfeito!

— Nos exemplos que se seguem são mostradas matrizes desenvolvidas para a Organização X, cujo organograma foi criado a partir do modelo discutido no item "Modelo de organograma"[38] e está representado no quadro 19.

A Organização X tem cinco níveis de partição em sua dimensão administrativa: núcleos > segmentos > divisões > sistemas de produção > componentes do sistema de produção.

Note-se que, em 1.1. Naext, o segmento principal tem duas divisões explicitadas. A Divisão Norte tem "Outros sistemas de produção", mas o que nos interessa é focar o "Sistema de produção X". Em 1.2, Naint, não existem divisões. Os sistemas de produção — isto é, os sistemas de apoio — desse núcleo estão diretamente subordinados aos respectivos segmentos.

— Vamos mostrar como encaixar informações em âncoras administrativas da Organização X, para formatar orçamentos gerais, estruturados, contextualizados e, portanto, fáceis de apresentar e entender.

— Os bancos de dados resultantes serão designados *arquiteturas administrativas de informações.*

— Você pode, Reader, definir formalmente as arquiteturas administrativas?

— Arquitetura administrativa de informações gerenciais é qualquer banco de dados relacional que contenha os elementos de uma âncora administrativa como coluna das chaves e, nas demais colunas, um ou mais elementos do campo das informações gerenciais relevantes.

---

[38] Ver capítulo 2, p. 84.

Quadro 19
Organograma da Organização X

1. Organização X
   1.1. Núcleo de produção ou disponibilização para atender essencialmente à demanda externa (Naext):
      1.1.1. Segmento principal (do Naext):
      1.1.1.1. Divisão Norte:
         1.1.1.1.1. Sistema de produção X:
            1.1.1.1.1.1. Processo;
            1.1.1.1.1.2. Infra-estrutura do processo;
            1.1.1.1.1.3. Controle;
            1.1.1.1.1.4. Utilidades;
            1.1.1.1.1.5. Outros componentes;
         1.1.1.1.1.2. Outros sistemas de produção;
      1.1.1.2. Divisão Sul;
      1.1.1.3. Outras divisões;
      1.1.2. Segmento de apoio especializado (ao Naext);
      1.1.3. Outros segmentos do Naext;
   1.2. Núcleo de produção ou disponibilização para atender essencialmente à demanda interna (Naint);
      1.2.1. Segmento principal (do Naint):
      1.2.1.1. Sistema de apoio nº 1;
      1.2.1.2. Sistema de apoio nº 2;
      1.2.1.3. Outros sistemas de apoio;
      1.2.2. Segmento de apoio especializado (ao Naint);
      1.2.3. Outros segmentos do Naint;
   1.3. Outros núcleos.

— Por favor, traga de volta o quadro 14 e chame-o de quadro 20.

— Pronto. Aí está.

— Revocamos o quadro da "Orçamentação de investimentos e custos de operação na concepção do processo principal do sistema de produção X" para facilitar ao leitor a verificação de como a contextualização valoriza as informações.

— Note como as informações do quadro 20 serão transportadas para o quadro 21.

Três estratégias para turbinar a inteligência organizacional

Quadro 20
Orçamentação de investimentos e custos de operação na concepção do processo principal do sistema de produção X

Arquitetura universal de informações											
Âncora universal	Itens de investimento ($)					Itens de custo de operação ($/período de controle)					
	Todos	Outros	Mat. constr.	Servi-ços	Ativo desimob.	Todos	Outros	Mat.-prima	Pes-soal	Mat.-consumo	Servi-ços
T_1	100	0	40	20	40	189	4	40	35	40	70
$T_2 (M_3)$	100	0	30	20	50	235	35	170	0	0	30
S	100	0	10	30	60	176	6	0	50	60	60
$T_3 (M_2)$	100	0	30	10	60	86	6	0	0	0	80
K (M_3)	100	0	20	40	40	139	74	0	65	0	0
T_4	0	0	0	0	0	0	0	0	0	0	0
Outros	0	0	0	0	0	0	0	0	0	0	0
Todos	500	0	130	120	250	825	125	210	150	100	240
Infra-estr. proc. princ.	40	40	0	0	0	150	150	0	0	0	0
Total	540	40	130	120	250	975	275	210	150	100	240

Quadro 21
Orçamento de investimentos e custos de operação no sistema de produção X

Arquitetura administrativa de informações											
Âncora administrativa do sistema de produção X	Itens de investimento ($)					Itens de custo de operação ($/período de controle)					
	Todos	Outros	Mat. constr.	Servi-ços	Ativo desimob.	Todos	Outros	Mat.-prima	Pes-soal	Mat. consumo	Servi-ços
Sistema de processo	500	0	135	120	245	800	100	210	150	100	240
Infra-estrutura do processo	40	40	0	0	0	150	150	0	0	0	0
Sistema de controle	—	—	—	—	—	—	—	—	—	—	—
Sistema de utilidades	—	—	—	—	—	—	—	—	—	—	—
Outros componentes	—	—	—	—	—	—	—	—	—	—	—
Total do sistema X	540	40	135	120	245	950	250	210	150	100	240

Gerenciamento de custos na organização

Vamos preparar uma seqüência de matrizes encaixantes, que se aplicam ao gerenciamento de custos em uma organização qualquer.

Orçamento de custos no sistema de produção X

A âncora administrativa do quadro 21 contém os nomes dos subsistemas que integram a estrutura administrativa do sistema de produção X. Note-se que a infra-estrutura do processo do sistema também está destacada na âncora administrativa.

O quadro 21 destina-se ao gerente do sistema de produção X. Na linha "Total do sistema X" estão lançados $540 para "Itens de investimento" e $950/período para "Itens de custo de operação. As demais linhas do quadro 21 estão em branco porque a inclusão dos resultados das respectivas matrizes tornaria este exemplo demasiadamente extenso, sem ganho para a compreensão do uso que se pode fazer da âncora administrativa do sistema de produção X.

Uma generalização esquecida

— A âncora universal e a âncora administrativa aplicam-se apenas ao caso do gerenciamento de custos?

— Não! Não! É claro que elas se aplicam também ao gerenciamento das receitas e, portanto, ao gerenciamento do resultado. Você se esqueceu? Verifique o que foi dito na seção "Aplicações da arquitetura universal no gerenciamento de custos e benefícios", neste capítulo, sobre a âncora universal. Na verdade ambas se aplicam à estruturação de quaisquer informações gerenciais.

— Só estou tentando generalizar...

Gerenciamento de custos na Organização X

Os quadros 22 e 23 apresentam a arquitetura administrativa de informações gerenciais, na qual a âncora administrativa foi composta com base no organograma da Organização X. As três primeiras linhas do quadro 22 mostram as fases, as atividades e os tipos de custos a que a matriz pode ser aplicada, à semelhança do que foi discutido na seção "Aplicações da arquitetura universal no gerenciamento de custos e benefícios", já referida.

Como se pode notar, a âncora administrativa contextualiza as informações de todos os segmentos da organização e confere a elas clareza e significância, porque fica evidente que elas são aderentes à realidade das unidades administrativas da organização.

Foram incluídas nos quadros 22 e 23 informações sobre os três núcleos da Organização X.

No quadro 22, a Organização apresenta os valores de $1.040 para "Investimento" e $1.950/período para "Operação". O Naext responde por $540 para "Investimento" e $950/período para "Operação".

No quadro 23, os valores para o Naint são $250 e $800/período de controle, respectivamente, para "Investimento" e "Operação", enquanto "Outros núcleos" aparece com $250 para "Investimento" e $200/período de controle para "Operação".

Quadro 22

Gerenciamento de custos na Organização X — 1/2

Arquitetura administrativa de informações										
Fases	Concepção e implementação				Concepção e operação					
Atividades	Orçamentação ou acompanhamento				Orçamentação ou acompanhamento					
Tipologia dos custos	Investimento				Operação					
Âncora adm. da Organização X	Itens de custo ($)				Itens de custo de operação ($/período de controle)					
	Todos	Outros	Serviços	Mat.-cons.	Ativo desi-mob.	Todos	Outros	Mat.-prima	Pes-soal	Mat.-cons.	Ser-viços
Organização	1.040	2.040	135	120	245	1.950	1.250	210	150	100	240
Núcleo para atend. da demanda externa (Naext)	540	40	135	120	245	950	250	210	150	100	240
Seg. principal	540	40	135	120	245	950	250	210	150	100	240
Divisão Norte	540	40	135	120	245	950	250	210	150	100	240
Divisão Sul	—	—	—	—	—	—	—	—	—	—	—
Outras divisões	—	—	—	—	—	—	—	—	—	—	—
Seg. de apoio especializado ao próprio Naext	—	—	—	—	—	—	—	—	—	—	—
Outros segs. Naext	—	—	—	—	—	—	—	—	—	—	—

Quadro 23

Gerenciamento de custos na Organização X — 2/2

Arquitetura administrativa de informações											
Fases	Concepção e implementação					Concepção e operação					
Atividades	Orçamentação ou acompanhamento					Orçamentação ou acompanhamento					
Tipologia dos custos	Investimento					Operação					
Âncora administrativa da Organização X	Itens de custo ($)					Itens de custo de operação ($/período de controle)					
	Todos	Outros	Ser-viços	Mat. cons.	Ativo desimob.	Todos	Outros	Mat.-prima	Pes-soal	Mat. cons.	Servi-ços
Núcleo p/ atend. da demanda interna (Naint)	250	ND	ND	ND	ND	800	ND	ND	ND	ND	ND
Seg. principal	200	ND	ND	ND	ND	550	ND	ND	ND	ND	ND
Seg. de apoio especializado ao próprio Naint	50	ND	ND	ND	ND	250	ND	ND	ND	ND	ND
Outros segs. do Naint	—	—	—	—	—	—	—	—	—	—	—
Outros núcleos da organização	250	ND	ND	ND	ND	200	ND	ND	ND	ND	ND

ND = Dados não-disponíveis.

Aquisição e utilização de informações sobre custos

O ciclo de aquisição e utilização de informações sobre custos gerenciais lembra o modo de operação dos recursos que compõem a inteligência organizacional. Sucede nas fases de a) interpretação do que ocorre no ambiente dos processos de produção; b) tomada de decisões; c) criação de novos conhecimentos, e d) disponibilização dos novos conhecimentos para uso no próximo ciclo.

Outras aplicações das arquiteturas universais

Neste capítulo, empregou-se o recurso de analisar as linguagens utilizadas na orçamentação e no acompanhamento de custos ao longo das três fases do ciclo de vida de uma iniciativa de aperfeiçoamento ou de implantação de um novo projeto. O objetivo desse procedimento foi pôr em evidência as fraquezas dos sistemas de informação que não utilizam uma linguagem universal. A utilização do recurso teve duas motivações de ordem prática:

❑ a análise daquelas linguagens é uma maneira eficiente de mostrar as conseqüências indesejáveis da falta de uma linguagem universal;

❑ o custo, quando confrontado com o benefício, é uma das informações mais importantes para a tomada de decisão.

No capítulo 2, salientou-se a necessidade de desenvolver competência para descrever fluxogramas de processos de produção (processos principais ou processos de apoio) e organogramas de unidades administrativas.

A linguagem dos metaprocessos foi a indicada para descrever fluxogramas, porque permite identificar os elementos que são realmente importantes para o gerente, ou seja, as transformações, responsáveis pelo desaparecimento de certos objetos em processo e pelo aparecimento de novos objetos em processo.

O desenvolvimento dos conceitos de processo principal, processo de apoio, sistema de produção para atendimento da demanda interna e sistema de produção para atendimento da demanda externa, entre outros, permitiu que se indicasse uma forma de descrever organogramas que utiliza um número relativamente pequeno e bastante significativo de sucessivos níveis de relacionamento hierárquico.

Do infograma de processo evoluiu-se para a idéia de âncora universal, e do organograma chegou-se à noção de âncora administrativa. Essas âncoras permitem estruturar e indexar várias informações relevantes para a tomada de decisões. Tais informações dizem respeito a itens do campo das informações internas, do campo das informações de mercado e do campo das informações externas, cuja união define o campo das informações gerenciais relevantes.

Obviamente, as âncoras podem também ser utilizadas para estruturar informações de interesse técnico para o desenvolvimento de modelos determinísticos e de simuladores de processos.

Talvez a mais importante dessas aplicações técnicas seja a utilização da âncora universal para descrever a estrutura da organização, isto é, para descrever os antecessores e os sucessores de cada um dos processos que integram o sistema de produção, como indicado no quadro 12. Essa descrição será utilizada no capítulo 4.

A seguir apresenta-se uma lista parcial de possíveis elementos de interesse gerencial e técnico. Nas listas dos itens dos campos que compõem o campo das informações gerenciais relevantes pode-se identificar vários outros itens. Mas eis a lista parcial de que se falou:

- insumo associado ao processo;
- fornecedor de material;
- prestador de serviço;
- custo associado ao processo;
- produto associado ao processo;
- cliente ou consumidor de produto;
- cliente ou usuário de serviço;
- benefício associado ao produto;
- processos associados exclusivamente a um produto;
- insumos associados a uma síntese;

Modelagem de arquiteturas especiais de informação gerencial   161

- produtos associados a uma análise;
- margem de realização associada exclusivamente a um produto;
- margem de realização associada exclusivamente a cada análise;
- margem de contribuição associada exclusivamente a cada síntese;
- temperatura de processo;
- vazão de processo;
- pressão de processo;
- capacidade de processamento;
- eficiência do processo;
- perda(s) associada(s) ao processo;
- tempo de processamento (tempo de ciclo);
- função de produção associada ao processo;
- outras informações de interesse.

A âncora universal e a âncora administrativa podem também servir à implementação de outras facilidades no sistema de informações gerenciais:

a) *disponibilização de novas informações*, que não são reconhecidas pelos sistemas convencionais de informações gerenciais;
b) *indexação de informações estratégicas*, que são dispersas por natureza;
c) *normalização de informações numéricas* sobre os diferentes processos que integram uma organização.

A disponibilização de novas informações será examinada no capítulo 4, que discute a formatação de sistemas avançados de informações gerenciais. Trataremos a seguir das questões *b* e *c*.

Indexação de informações estratégicas

As informações estratégicas estão em todos os lugares: em livros, artigos, reportagens, comentários, no rádio, na televisão, no jornal, na Internet. Aparecem nas conversas formais e informais. Na grande imprensa, na imprensa oficial, na imprensa marrom. E podem ser encontradas em "outros" endereços.

Para coligi-las existem numerosos serviços de *clipping*. Contudo, um grande problema é indexá-las e catalogá-las de maneira eficiente, para que os interessados possam ter acesso a elas rápida e eficazmente.

Para solucionar esse problema é preciso que uma equipe de experts realize a filtragem, o *screening* das informações e crie uma maneira de estruturar as informações e endereçá-las a quem realmente elas possam interessar. As âncoras universais e administrativas solucionam o problema da estruturação e do endereçamento.

Um pedido, quase uma súplica

— Esclareça essa questão, por favor, Beto. Estou vivamente interessado!

— Como sabemos, as informações são sentenças não-interrogativas, ou blocos de sentenças que veiculam declarações sobre um mesmo objeto a respeito do qual estamos interessados.

Cada informação considerada estratégica por um grupo de expertos é selecionada e recebe um número de identificação (NI), um código numérico seqüencial. Esse NI é uma espécie de carteira de identidade da informação estratégica. A cada informação corresponde um único NI e, vice-versa, a cada NI corresponde uma única informação.

Então o que é necessário fazer agora é relacionar cada informação ao processo, ao método e à unidade administrativa a que ela eventualmente se refira.

Para isso, duas arquiteturas especiais de informação devem ser criadas. A primeira será um banco de dados que relacione o NI da informação ao processo e ao método a que ela se refira, por meio da âncora universal do processo. A segunda será um outro banco de dados que estabeleça a relação entre cada NI e a âncora administrativa correspondente à unidade administrativa a que a informação possa interessar.

A partir daí, os gerentes e os técnicos poderão receber periodicamente as novas informações de seu interesse ou consultar rapidamente esses bancos para encontrar as informações que houverem sido coligidas.

Cada bloco identificado por um NI poderá conter informações colaterais de interesse, como, por exemplo, a fonte da informação, a data de sua divulgação, a data em que foi realizada a coleta, o nome do experto que a coletou etc. É simples.

— É simples porque a partir de agora tudo pode ser estruturado.

Normalização de informações numéricas

Normalização é uma operação lógica que consiste em dividir cada valor de um conjunto de números pela soma de todos eles. O resultado de uma operação de normalização é um conjunto de valores relativos, que podem variar entre zero e um, correspondentes aos valores absolutos do conjunto original.

— Observe, Karol, o quadro 24.

De posse de um conjunto de valores normalizados, só será possível reconstituir o conjunto de valores absolutos correspondente se a soma destes for conhecida. É por isso que os valores normalizados são ideais para a troca de informações, em acordos de *benchmarking*, entre organizações que operem processos de produção semelhantes.

Suponha-se que a Organização A tenha recebido da Organização B o quadro 24, contendo informações normalizadas sobre os custos no processo principal X, que ambas utilizam.

O gerente de A tem todas as informações sobre os custos evitáveis incorridos em B, mas não sabe o custo total incorrido em B. Portanto, o gerente de A nada sabe sobre uma das informações mais íntimas da Organização B, os custos absolutos incorridos nessa organização. Mas o gerente de A pode montar sua própria tabela de custos evitáveis normalizados, compará-la com a tabela do gerente de B e tirar uma série de conclusões de seu interesse ou do interesse de ambos os gerentes.

A possibilidade de comparar custos relativos vale ouro para os gerentes de A e de B.

Quadro 24
Custos evitáveis, normalizados, no processo principal X

Arquitetura universal de informações									
Âncora universal		Custos evitáveis (%)							
Processos	Métodos	Custo de oportunidade do ativo desimobilizável	Custos de operaçãodos						Total dos custos evitáveis
			Todos	Outros	Mat.-prima	Pessoal	Mat. consumo	Serviços	
T_1	T_1	0,6	20,0	1,5	4,0	4,5	4,0	6,0	20,6
T_2	(M3)	0,5	24,0	2,0	19,0	0	0	3,0	24,5
S	S	0,6	18,5	1,0	0	5,0	6,5	6,0	19,1
T_3	(M2)	0,4	6,0	0,5	0	0	0	5,5	6,4
K	(M3)	0,4	13,0	7,0	0	6,0	0	0	13,4
T_4	T_4	0,0	0	0	0	0	0	0	0
Outros	Outros	0	0	0	0	0	0	0	0
Todos	Todos	2,5	81,5	12,0	23,0	15,5	10,5	20,5	84,0
Infra-estrutura do proc. princ.		0	16,0	10,5	0	0	0	5,5	16,0
Custo total		2,5	97,5	22,5	23,0	15,5	10,5	26,0	100,0

No capítulo 4 veremos como utilizar os conceitos desenvolvidos neste capítulo e nos precedentes para promover a formatação de sistemas avançados de informações gerenciais.

Capítulo 4

Formatação de sistemas avançados de informações gerenciais

Produtos geram benefícios. Processos geram custos.
Produtos geram benefício porque têm valor.
Processos geram custos porque consomem recursos.

Não confunda estrutura de preços com estrutura de custos.

A terceira estratégia sugere a formatação de *sistemas avançados de informações gerenciais*, a partir da incorporação dos ganhos da linguagem organizacional enriquecida e do conceito de arquiteturas especiais de informações, para que possam: a) fornecer antigas informações de modo mais aderente à realidade; b) disponibilizar informações de apoio à decisão que *sistemas convencionais de informação gerencial* ainda não reconhecem, e c) beneficiar a inteligência organizacional e facilitar a aceleração do processo de aperfeiçoamento organizacional.

Sistema convencional de informações gerenciais é a designação dada neste livro a qualquer sistema de informações que não reconheça explicitamente as conseqüências da presença dos metaprocessos ternários nos sistemas de produção do mundo real.

Sistema avançado de informações gerenciais é a denominação reservada neste trabalho a qualquer sistema de informações que:

- reconheça a necessidade de identificar os metaprocessos ternários (coleta, distribuição, síntese e análise) presentes no sistema de produção que se deseja representar;
- atenda à demanda de novas informações gerenciais que são reclamadas, exigidas, pela presença dos metaprocessos de transformação (síntese e análise);
- faça provisão para utilizar âncoras especiais de informações gerenciais.

Os sistemas convencionais de informações gerenciais desconhecem as limitações que as transformações (sínteses e análises) impõem à ação gerencial e, portanto, não identificam alguns requisitos de novas informações a que se deve dar resposta.

Já os sistemas avançados de informações gerenciais devem reconhecer explicitamente as conseqüências da presença dos metaprocessos ternários nos sistemas de produção do mundo real. Os sistemas avançados de informações gerenciais devem incorporar conceitos que lhes permitam analisar o negócio associado ao sistema de produção. Devem ser capazes de dissecar o sistema de produção, para identificar e examinar o desempenho dos subsistemas que disponibilizam produtos para clientes internos, da mesma maneira que analisam subsistemas que disponibilizam produtos para clientes externos.

Verifique se o sistema de informações gerenciais que sua organização utiliza é capaz de disponibilizar:

- *a margem de realização de cada canal de saída* de uma análise;
- a margem de realização de cada análise;
- a margem de realização de cada síntese;
- a margem de realização de cada *canal de saída* de um sistema de distribuição;
- *a margem de contribuição* de cada *canal de entrada* de um sistema de coleta;
- o valor presente líquido ou valor agregado por um sistema de produção à sua organização.

Se sua organização não consegue obter todas essas informações, então seus sistemas de informações gerenciais podem ser aprimorados. Além disso, tais sistemas podem ser ainda adicionalmente aprimorados se não tiverem:

- dispositivo para datação de informações monetárias;
- facilidades para, na eventualidade de uma significativa alteração no valor de compra da moeda ao longo do tempo, permitir:
  - o gerenciamento de uma carteira de contratos assinados em diferentes datas, com diferentes fórmulas de reajustamento de preços;
  - o acompanhamento da realização de orçamentos globais cujos orçamentos setoriais experimentem, em diferentes ocasiões, reforços ou cortes de verbas;
- meios de identificar o responsável pela inserção de dados no sistema de informações gerenciais, de modo a dispor de um mínimo de segurança de que os dados inseridos não constituirão contra-informação.

Foco e objetivo deste capítulo

No capítulo 3 mostrou-se como a utilização da linguagem dos metaprocessos para descrever processos de produção produz representações aderentes à realidade, construindo a base para a formatação, a aquisição, a disponibilização e a interpretação de informações gerenciais relevantes, claras e significativas.

Viu-se como a âncora universal, isto é, a relação dos metaprocessos necessários para descrever a estrutura de um sistema de produção, pode contextualizar todas as informações gerenciais relativas a elementos do campo das informações gerenciais relevantes. E também como utilizar a âncora administrativa para estruturar informações e endereçá-las aos gerentes da organização.

Deu-se destaque às aplicações dessas âncoras para enfrentar, de maneira simples, o complexo problema do gerenciamento do custo dos processos e métodos, uma das informações sobre a realidade da organização mais importantes e mais difíceis de se obter.

Neste capítulo será indicado como aprimorar sistemas de informações gerenciais mediante a introdução dos conceitos de *sistemas de produção complexos, exclusividade e comunidade em sistemas complexos, arquitetura do negócio, âncora do negócio, arquitetura de informações sobre o negócio e sistema avançado de informações gerenciais.*

O foco deste capítulo é como solucionar os seguintes problemas, de interesse para o gerenciamento de sistemas de produção:

- determinação da *margem de realização* de cada *canal de saída* de um sistema;
- determinação da *margem de contribuição* de cada *canal de entrada* do sistema que não esteja diretamente associado a uma síntese.

Tipologia dos sistemas reais

A especificação de um sistema avançado de informações gerenciais pode beneficiar-se do reconhecimento prévio do tipo de sistema de produção para o qual se deseja formatar as informações.

Na seção "Classificação dos sistemas de produção", no capítulo 2, os sistemas de produção foram classificados como linhas, feixes e árvores de produção. Os feixes de produção foram ali definidos como conjuntos de linhas de produção.

A presente seção mostra uma nova classificação, na qual se leva em conta, além dos metaprocessos, o número de entradas e saídas dos sistemas de produção.

É oportuno lembrar que, como não há produção sem movimentação, todos os sistemas reais devem conter o metaprocesso de translação. Além disso, observe-se que grande número de sistemas reais apresenta o metaprocesso de acumulação.

Nesta nova classificação reconhecem-se três gêneros de sistemas reais, que contém ao todo sete espécies de sistemas:

1. Sistemas objeto-conservativos — aqueles em que o produto é igual ao insumo. Esses sistemas conservam o objeto em processo e, por isso, não possuem metaprocessos de transformação (síntese ou análise). Existem três espécies de sistemas neste gênero:

168 Três estratégias para turbinar a inteligência organizacional

- ❑ sistema de armazenamento ou estocagem — aquele que só contém acumuladores e translatores;
- ❑ sistema de coleta — aquele que só contém coletores e translatores e, eventualmente, acumuladores;
- ❑ sistema de distribuição — aquele que só contém distribuidores e translatores e, eventualmente, acumuladores.

2. Sistemas objeto-transformacionais — aqueles em que está presente pelo menos um metaprocesso de transformação. Deste gênero existem três espécies:
   - ❑ linha de montagem ou linha de síntese[39] — aquela que contém sínteses, mas não contém análises;
   - ❑ árvore de produção — aquela que contém pelo menos uma análise;
   - ❑ sistema complexo — aquele que contém pelo menos uma síntese e uma análise.

3. Sistemas de decisão — aqueles que só contêm metaprocessos de comparação.

Canal de entrada e canal de saída

Canal de entrada de um sistema é o conjunto de translações e eventuais acumulações que se situam entre a entrada e o metaprocesso ternário que sucede à própria entrada. Um canal de entrada é responsável pela introdução de um único insumo no sistema.

Canal de saída de um sistema é o conjunto de translações e eventuais acumulações que se situam entre a saída e o metaprocesso ternário que antecede à própria saída. Um canal de saída é responsável pela disponibilização de um único produto do sistema.

Margem na entrada e margem na saída

O exame das configurações físicas e lógicas dos sistemas de produção indica que podem existir sistemas com qualquer número de entradas, sistemas com qualquer número de saídas, sistemas com qualquer número de insumos, sistemas com qualquer número de produtos.

A cada saída de um sistema associa-se apenas um produto. No entanto, cada produto pode ser disponibilizado através de várias saídas. É o caso dos sistemas de distribuição, para os quais faz sentido falar em *margem de realização em cada saída*, já que cada uma das saídas pode apresentar seu próprio valor de realização e custo de processo diferenciado no respectivo *canal de saída*.

---

[39] A expressão "linha de montagem" parece aplicar-se melhor a qualquer união de dois ou mais insumos materiais. "Linha de síntese" é a expressão que melhor descreve o processo que, envolvendo uma ou mais sínteses, não seja uma montagem de objetos materiais.

A cada entrada associa-se um único insumo. Contudo, um insumo pode ser admitido nos sistemas de coleta através de várias entradas. Nesse caso, não é desarrazoado falar em *margem de contribuição de cada entrada*, pois cada uma das entradas pode ter um custo de aquisição do insumo e um custo de processo diferenciado no respectivo *canal de entrada*.

Neste livro, o conceito de *margem de realização* aplica-se aos produtos e às saídas, e a idéia de *margem de contribuição* aplica-se aos insumos e às entradas.

Margem de realização de uma saída

Margem de realização de uma saída é a diferença entre a) a receita de realização do produto associado à saída e b) a soma dos custos nos quais é exclusivamente necessário incorrer para disponibilizar o produto através da saída, ou seja, os custos dos processos *utilizados exclusivamente* e dos insumos *consumidos exclusivamente* para disponibilizar o produto.

Se um produto é disponibilizado através de uma única saída, é claro que a margem de realização do produto é igual à margem de realização da saída. Esse é o caso dos sistemas de coleta, das linhas de montagem ou de sínteses, dos sistemas de decisão e, obviamente, dos sistemas de armazenamento.

Margem de contribuição de uma entrada

Margem de contribuição de uma entrada é a diferença entre a) o somatório das receitas de realização dos produtos associados à entrada e b) a soma dos custos nos quais é exclusivamente necessário incorrer para disponibilizar tais produtos, ou seja, os custos dos processos *utilizados exclusivamente* e dos insumos *consumidos exclusivamente* para disponibilizar os produtos associados à entrada.

Quando existe apenas uma entrada, sua margem de contribuição é igual à margem de contribuição do insumo que ela admite. Tal é a situação nos sistemas de distribuição, nas árvores de produção e, evidentemente, nas linhas de produção associadas a feixes de armazenamento ou estocagem.

Valor agregado por um sistema

Valor agregado por um sistema de produção é a diferença entre a) a soma dos valores de realização do conjunto de suas saídas e b) a soma dos custos dos processos e dos insumos utilizados pelo sistema.

Exclusividade e comunidade

Os conceitos de *exclusividade* e *comunidade* aplicam-se aos sistemas de produção em que estejam presentes processos de convergência e de divergência.

Exclusividade e comunidade nas divergências — em qualquer processo de divergência (análise ou distribuição) distinguem-se: a) os processos *associados exclusivamente* a cada canal de saída e, *ipso facto,* ao produto que cada canal disponibiliza; b) os *elementos comuns* aos produtos da divergência, ou seja, o insumo, os processos associados ao canal de entrada e o processador (analisador ou coletor).

Comunidade e exclusividade nas convergências — em qualquer processo de convergência (síntese ou coleta) podem ser identificados: a) o insumo e os processos *associados exclusivamente* a cada canal de entrada; b) os *elementos comuns ao produto da convergência,* isto é, o processador (sintetizador ou coletor) e os processos associados ao canal de saída e, portanto, ao produto da convergência.

Os conceitos de comunidade e exclusividade serão empregados, em todo o seu potencial, no exame dos sistemas de produção complexos, como se verá mais adiante.

Objetividade do custo e subjetividade do valor

A margem de realização de uma saída é uma das informações mais importantes para o gerente de um sistema de produção. A margem de realização (MR) é igual à diferença entre a receita de realização (RR) e os custos diretos *necessários exclusivamente* à realização da receita (CEx):

$$MR = RR - CEx$$

A receita de realização pode ser obtida a partir do valor de realização (VR) e da quantidade disponibilizada (QD):

$$RR = (VR) \times (QD)$$

O valor de realização depende da utilidade atribuída ao produto pelo cliente, um dado *subjetivo*[40] que só pode ser obtido por intermédio de uma interação, direta ou indireta, com o cliente. O custo direto de produção é, porém, um valor *objetivo,*[41] que ocorre dentro do sistema de produção.

---

[40] Subjetivo — que provém de um sujeito como agente individual ou coletivo (Ferreira, 1999).

[41] Objetivo — diz-se do que é válido para todos, e não apenas para um indivíduo (Ferreira, 1999). Emprega-se esse adjetivo neste livro, por oposição a subjetivo, para designar aquilo que não depende da percepção do sujeito, mas é aderente à realidade

Sendo o custo uma questão interna, um dos requisitos que o sistema de informações gerenciais não pode deixar de atender é, pois, a disponibilização dos custos diretos *necessários exclusivamente* à disponibilização de cada produto.

Custos e margens em sistemas reais

Nesta seção estuda-se, com o auxílio das características dos metaprocessos, como obter informações sobre custos, margens de realização e margens de contribuição, nos diversos tipos de sistemas de produção do mundo real.

Custos e margens nos sistemas de duas portas

Cada sistema de armazenamento ou estocagem dispõe de apenas duas portas e, conseqüentemente, trabalha com apenas um objeto em processo. Portanto, não existe qualquer problema em determinar a receita de realização, o custo de produção, a margem de realização e a margem de contribuição nesses sistemas.

Custos e margens em sistemas de coleta

O conceito de margem de contribuição de uma entrada aplica-se especialmente a sistemas de coleta.

Um sistema de coleta trabalha com um único objeto e com mais de uma entrada. Em qualquer um de seus coletores a vazão na saída é igual à soma das vazões nas entradas, porque pelas três portas transita um único objeto.

A margem de realização do sistema é igual à diferença entre a receita de realização na saída única e o somatório dos custos, aqui incluídos os custos de aquisição do objeto em cada entrada do sistema ou fonte de suprimento, os custos das translações e dos coletores e os custos de eventuais acumulações intermediárias.

A receita de realização do sistema pode ser rateada, no sentido contrário ao do fluxo de processo, permitindo que se determine a receita devida a cada entrada do sistema. A margem de contribuição devida a cada entrada do sistema, portanto, pode ser determinada como a diferença entre a receita devida à entrada e o custo de aquisição do objeto naquela entrada. Entradas distantes da saída do sistema têm maior dificuldade de apresentar margem de contribuição positiva.

O gerente de um sistema de coleta deve diligenciar no sentido de assegurar que todas as entradas trabalhem com margem de contribuição positiva.

Custos e margens em sistemas de distribuição

O conceito de margem de realização de uma saída aplica-se de maneira especial a sistemas de distribuição, que trabalham com um único objeto em processo. Em qualquer distribuidor do sistema a vazão na entrada é igual à soma das vazões nas saídas, porque pelas três portas transita um único objeto.

A margem de realização do sistema é igual ao total das receitas de realização menos o somatório dos custos, aqui incluído o custo de aquisição do objeto, os custos das translações e dos distribuidores e os custos de eventuais acumulações intermediárias.

O custo do insumo único pode ser rateado no sentido do fluxo de processo, para determinar a margem de realização em cada saída do sistema. As saídas situadas mais longe da entrada do sistema têm maior dificuldade de apresentar margem de realização positiva.

O gerente de um sistema de distribuição deve empenhar-se para que nenhuma saída trabalhe com margem de realização negativa.

Custos em árvores de produção

A noção de análise é uma das mais importantes para o aperfeiçoamento de um grande número de organizações e para o aprimoramento dos sistemas de informações gerenciais, pelas razões que serão expostas a seguir.

As árvores de produção são chamadas, pela maioria dos estudiosos, de "sistemas de produção conjunta", e seus produtos são às vezes designados "co-produtos" ou "produtos conjuntos".[42]

No estudo das árvores de produção, será utilizado o conceito de *árvore de produção elementar*, que é um sistema de produção que contém tão-somente uma única análise. Logo, uma árvore de produção elementar disponibiliza apenas dois produtos. Um campo de petróleo que produza apenas óleo e gás natural é um exemplo de árvore de produção elementar.

Na figura 18 é representada uma árvore de produção elementar cuja configuração de negócio é CN = [(ab), (a, b)], ou seja, o sistema admite apenas um insumo (ab) e disponibiliza dois produtos, a e b.

Situados a jusante do analisador A encontram-se os *processos associados exclusivamente* à disponibilização de *a* e os *processos associados exclusivamente* à disponibilização de b. No caso da figura 18, o único processo necessário exclusivamente à disponibilização de cada produto é uma translação.

---

[42] Ver, por exemplo, Santos, 1990. Ver também Ostrenga et al., s.d.

Figura 18
Árvore de produção elementar

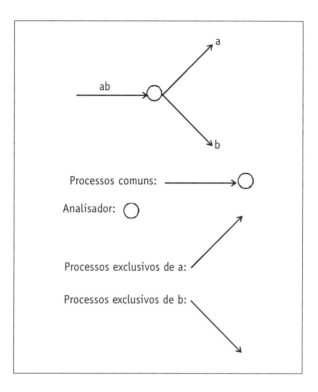

São comuns aos produtos *a* e *b*: a matéria-prima *ab*, todos os processos situados a montante do analisador A e o próprio analisador A. No caso representado na figura 18, o único processo situado a montante de A é representado pela translação da matéria-prima *ab*.

Custos comuns aos produtos da análise são o custo da matéria-prima e os custos dos processos comuns. Nesta seção, será usada a árvore de produção elementar para demonstrar, por meio do Teorema da Impossibilidade, que não é factível conhecer o custo unitário de produção em quaisquer árvores de produção.

Afortunadamente, é também irrelevante conhecer o custo unitário de qualquer produto para bem gerenciar os custos de uma árvore de produção, como será demonstrado pelo Teorema da Irrelevância.

Teorema da Impossibilidade

É impossível conhecer o custo de produção de qualquer produto de uma análise e, portanto, de uma árvore de produção elementar.

Demonstração do Teorema da Impossibilidade

Por hipótese, os produtos da análise têm naturezas distintas. Por isso, é impossível definir a soma das vazões — $(q_a + q_b)$ —, porque não se pode somar quantidades heterogêneas, sejam essas vazões mássicas, volumétricas ou energéticas, em fluxo contínuo ou intermitente.

Como não se pode definir a soma $(q_a + q_b)$, então também é impossível definir um critério racional para ratear os custos comuns entre os produtos a e b. De fato, os custos comuns teriam que ser rateados proporcionalmente a q_a e a q_b, o que exigiria o cálculo dos fatores de rateio:

$$f_a = q_a/(q_a + q_b)$$
$$e$$
$$f_b = q_b/(q_a + q_b)$$

Isso exigiria, porém, o cálculo da soma $(q_a + q_b)$, que é indefinível. Conclui-se, portanto, que é impossível calcular que parcelas dos custos comuns devem ser imputadas aos diversos produtos de uma árvore de produção elementar.

Uma resposta lógica

— E se o gerente puder fazer variar a vazão de produção de *a* ou de *b*?

— Admite-se que, em alguns casos, possa haver um dispositivo de regulagem no analisador A que permita ao gerente fazer variar as vazões de *a* e de *b*, para uma mesma vazão de *ab*.

— Nesse caso, o gerente poderá estabelecer as curvas de variação do custo do processamento em A contra as vazões de cada produto... E aí?

— Embora o custo total de processamento em *ab* e A seja sempre a soma das parcelas de custo devidas a *a* e a *b*, permanecerá a impossibilidade lógica de somar as vazões dos produtos e, portanto, de calcular fatores de rateio para o custo de *ab* e de A, entre os produtos disponibilizados por A.

— Quer dizer que o gerente poderá eventualmente otimizar o resultado global da operação de um analisador, mas continuará impossibilitado de conhecer o custo unitário de qualquer de seus produtos.

— Isso aí! É o que ocorre, por exemplo, no refino de petróleo.

Teorema da irrelevância

É irrelevante conhecer o custo de produção de qualquer produto de uma árvore de produção elementar (para compará-lo com o valor de realização do produto).

Demonstração do Teorema da Irrelevância

Em uma árvore de produção elementar os custos comuns independem do elenco de produtos que o gerente decida aproveitar. O gerente terá que incorrer *compulsoriamente* nesses custos em qualquer hipótese:

❑ se desejar produzir tanto *a* quanto *b*;
❑ se pretender disponibilizar somente *a*;
❑ se quiser disponibilizar apenas *b*.

Portanto, é irrelevante saber que percentual do custo total do insumo e dos processos comuns deve ser imputado ao produto *a*, ou ao produto *b*, uma vez que a realização dos custos comuns é *compulsória*.

Os custos comuns são invariantes em relação à escolha do *mix* de produção. Os custos *associados exclusivamente* à disponibilização de cada produto são as informações relevantes para o gerente.

Custos e margens em árvores de produção

O aparecimento de cada um dos produtos de uma árvore de produção elementar não depende da decisão gerencial.

No gerenciamento de uma árvore de produção elementar, não é necessário tentar obter os custos unitários de produção para compará-los diretamente com os respectivos preços de realização, objetivando tomar decisões.

Dada uma árvore de produção elementar $[(ab), (a, b)]$, tudo o que o gerente tem que fazer é:

❑ minimizar o custo de internalização do insumo *ab* e o custo direto dos *processos comuns*, isto é, minimizar os custos comuns;
❑ minimizar o custo direto dos processos que servem com exclusividade a cada produto, isto é, os custos *necessários exclusivamente* à disponibilização do respectivo produto;

❑ maximizar o valor de realização de cada produto, por agregação de maior valor ao produto ou pela negociação de melhores preços de venda;
❑ se for negativa a margem de realização de um produto em relação aos custos *necessários exclusivamente* à sua disponibilização, então o produto deverá ser descartado, a menos que o custo de descarte represente um prejuízo maior que a referida margem de realização negativa;

Uma questão de impossibilidade

— Dê um exemplo, Beto!

— Um exemplo de descarte que ocorre com freqüência pode ser encontrado em campos de extração de óleo e gás natural, quando não é possível realizar o aproveitamento do gás natural obtido compulsoriamente em associação com o óleo.

- se o somatório das margens de realização dos produtos da árvore de produção elementar for menor que os custos do insumo e dos processos comuns, a operação da árvore estará dando prejuízo. Então ela deverá ser descartada, a menos que o custo de descarte seja maior do que o prejuízo causado pela operação da árvore.

Conclusão necessária

O que se depreende, necessariamente, da discussão apresentada é que todas as decisões gerenciais relacionadas com a otimização do resultado de uma árvore de produção elementar podem ser tomadas comparando-se as receitas de realização com os custos *necessários exclusivamente* à realização das respectivas receitas.

Conclusões importantes

Do estudo da árvore de produção elementar pode-se tirar as seguintes conclusões:

1. Convém que um sistema avançado de informações gerenciais identifique, em cada análise presente no sistema de produção do mundo real:
   - os processos *necessários exclusivamente* à disponibilização de cada produto;
   - os custos *necessários exclusivamente* à disponibilização de cada produto;
   - o valor de realização associado a cada produto;
   - a margem de realização associada a cada produto;
   - os custos comuns (custo da matéria-prima e dos processos comuns aos dois produtos);
   - o valor de realização associado à análise;
   - a margem de realização associada à análise.

2. É perda de tempo e de dinheiro, podendo ainda gerar distorção nos sistemas de informação gerencial, tentar apurar custos unitários de produção em árvores de produção elementares.

3. A decisão estratégica de produzir internamente *ou* adquirir externamente os bens ou serviços requeridos pelas operações e atividades da organização deve ser tomada — se somente o ponto de vista econômico for importante —, comparando-se o custo total de produzir e o custo total de internalização, custo este que pode ser obtido a partir da multiplicação do custo de adquirir no mercado pela quantidade a ser adquirida.

Uma estrutura para os preços

— Então, Beto, como se pode fazer uma oferta de preço para um produto se não se sabe seu custo unitário de produção?

Formatação de sistemas avançados de informações gerenciais 177

— Sua preocupação não tem procedência. Como é sabido, ofertar preço a partir do custo unitário de produção é perigoso. E muito mais perigoso quando se gerenciam árvores de produção.

O método de formação de uma lista de preços, conhecido como *cost plus pricing* pode colocar o gerente em posição vulnerável. A utilização desse método é prática que deve ser evitada, mesmo em linhas e feixes de produção, onde sempre é possível (embora irrelevante) saber o custo unitário de produção de qualquer produto.

O preço deve ser ofertado com base no método *net back pricing*, partindo-se do valor do produto no mercado, isto é, tomando como referência o preço efetivamente praticado pelas organizações co-irmãs, qualquer que tenha sido a maneira utilizada na formação deste último. A utilização do método *cost plus pricing* só deve ser invocada pelo comprador, e assim mesmo somente no caso de falta de competição.

A oferta de preços dos produtos de uma árvore de produção deve ser feita por intermédio do método *net back pricing*, utilizando-se uma estrutura de preços, isto é, um conjunto de regras de formação das ofertas de preço, que assegure um resultado global desejado para a árvore de produção.

Para facilitar a confecção de uma estrutura de preços é possível utilizar um parâmetro numérico, às vezes chamado de "valor médio de realização" (VMR). Calculado *a priori*, o VMR serve como média, ponderada segundo o volume de produção dos diversos produtos, média essa a que os diversos preços da lista a serem posteriormente determinados deverão necessariamente se submeter.

— Cáspite! Mas se você não sabe *a priori* que preços serão ofertados, como pode tirar essa média ponderada?

— Usa-se o método de tentativa e erro, até acertar. No computador, é uma barbada.

A utilização do VMR garante que os preços de realização ofertados para os diferentes produtos assegurarão a geração de uma receita exatamente igual — nem maior nem menor — ao montante necessário para cobrir os custos dos insumos, do processo de produção e da remuneração do capital e recuperação do capital.

— Porém, como dizia o Garrincha, primeiro é preciso acertar com o adversário...

— O adversário tem que concordar em pagar os preços ofertados. Então, é recomendável não salgar a conta. Não correr riscos. Como diz um amigo meu, há consumidor para tudo, mas, se o consumidor não pagar, o investidor pagará.

Uma reação psicológica

— Beto! Algumas pessoas...

— Uma intervenção após a outra? Estou brincando, Karol! Diga!

— Algumas pessoas podem reagir, num primeiro instante, quando lhes for apresentada a proposta de enterrar a idéia de determinar o custo unitário de produção para os produtos de uma árvore de produção.

— Já presenciei reações como essa. Esse posicionamento psicológico deriva quase sempre de conceitos de gerência de custos arraigados em sistemas de informação que não podem servir ao propósito de otimização dos sistemas de produção que os autores estão chamando de árvores de produção. As árvores de produção devem ser gerenciadas de olho nos custos totais de cada processo.

Uma pitada epistemológica

— As peculiaridades da análise, além de sua importância para o gerenciamento da produção e o aperfeiçoamento organizacional, por contrariarem a crença de que é sempre possível determinar o custo de cada produto de um sistema de produção, subvertem o conceito de *dumping* com base no custo unitário de produção, abalam a teoria do custo marginal do produto.

— Você está acrescentando uma pitada epistemológica. Mas não deixa de ser uma intervenção após a outra.

Generalização

Pode-se encontrar em grande quantidade, no mundo real, árvores de produção que produzem mais de dois produtos. Elas existem na indústria do petróleo, na petroquímica, na agricultura e na pecuária, para citar alguns casos.

O que se demonstrou anteriormente para uma árvore de produção elementar pode ser generalizado com facilidade para uma árvore de produção que produza um número qualquer de produtos. Deixa-se essa generalização a cargo do leitor.

Uma tarefa para dois

— Vamos nessa, Beto?

— É simples. Uma árvore de produção pode produzir mais de dois produtos nos seguintes casos:

a) se possuir mais de um analisador; ou

b) se possuir um ou mais analisadores múltiplos, do tipo focalizado no item "Representação de processos reais complexos", no capítulo 2, e na figura 12.

Ora, cada analisador está associado a uma árvore de produção elementar. E cada analisador múltiplo, como se viu, pode ser tratado como um conjunto de analisadores ligados por translações fictícias.

— Então é só procurar os analisadores que disponibilizam produtos para o exterior e aqueles que disponibilizam bens e serviços para o interior da organização. A economicidade dos primeiros é avaliada contra a receita real de realização, e a economicidade dos segundos contra a receita virtual, o tal não-desembolso.

— Isso mesmo.

Árvores de produção artificiais

É possível criar árvores de produção artificialmente. A metáfora dos parafusos & porcas mostra como um feixe de produção pode ser convertido, artificialmente, em árvore de produção.

Uma incredulidade normal

— Não acredito!

— Você vai ver!

METÁFORA DOS PARAFUSOS & PORCAS. Um fabricante F opera um feixe de produção [(aço, energia), (parafuso, porca)]. F chama um transportador T. Quer contratar T para transportar parafusos e porcas. F pede a T uma proposta para transportar 100 mil parafusos e 100 mil porcas.

❏ *Primeira especificação — feixe de produção*

F especifica que seus parafusos devem ser transportados de 1 para X e que suas porcas devem ser levadas de 2 para Y.

T compreende que essa especificação caracteriza o feixe de produção de serviços de transporte representado na figura 19. O ponto 1 está situado ao lado do ponto 2, e X ao lado de Y. T faz suas contas e propõe executar o serviço por $100 mil.

F solicita um *break down*, uma decomposição do custo. Deseja saber o que lhe será cobrado para transportar cada parafuso e cada porca.

T faz novas contas e informa a F que transportar cada parafuso lhe custará $0,7 e cada porca $0,3.

F solicita uma rebaixa na proposta para transportar porcas, alegando que tem uma oferta melhor.

Uma alternativa mais interessante
— Procura uma alternativa melhor.
— Deseja um método mais interessante.

A negociação segue normalmente até que F resolve alterar a especificação.

❏ *Segunda especificação — árvore de produção*

F chama T e lhe diz que, por questões que não deseja revelar, os parafusos e as porcas devem ser enroscados, em S, e transportados *compulsoriamente* enroscados para A, onde deverão ser desenroscados, para que os parafusos sejam colocados em X e as porcas em Y. Pede nova cotação de preço.

T compreende que, ao introduzir uma simples cláusula no contrato exigindo que as peças sejam transportadas *compulsoriamente* enroscadas, F acabará transformando o sistema de transporte de parafusos e porcas em uma árvore de produção, como mostra a figura 20. T refaz suas contas e informa que o serviço sairá para F ao custo de $1,2 por par devidamente enroscado. T justifica que o acréscimo de $0,2 deve-se ao fato de que será utilizado um rapaz, em S, para enroscar parafusos e porcas, e outro operador em A, para desenroscar as peças.

F solicita um *break down* do custo. Deseja saber quanto lhe custará transportar cada parafuso e cada porca.

T informa a F que não tem como fazer o *break down* solicitado e que F deve tentar obter uma proposta melhor que $1,2 para ver transportado cada par.

Figura 19
Feixe de transporte de parafusos e porcas

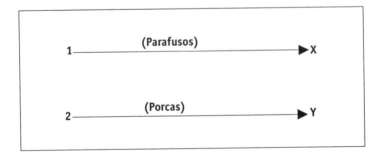

Figura 20
Árvore de transporte de parafusos e porcas

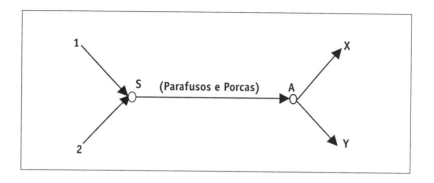

Uma questão quase intrigante

— Veja esse caso da conversão de um feixe de serviços em uma árvore de serviços. Observe que não há transformação "definitiva" de parafusos e porcas em outro objeto.

— Ocorre apenas um serviço que faz uma montagem "temporária", a partir de dois materiais, para efeito de transporte.

— Posteriormente, é prestado outro serviço no qual a montagem é desfeita, restaurando-se os materiais originais.

— Um jogo de palavras, ou seja, um contrato é capaz de fazer um sistema de prestação de serviço ser convertido de feixe de produção em árvore de produção.

— Bastou introduzir um serviço de síntese e um serviço de análise.

— No caso, tanto a síntese quanto a análise, devido à intervenção direta da mão-de-obra, são processos que envolvem atividades, ou seja, processos que produzem serviços.

— Embora também envolvam dois insumos tangíveis: parafusos e porcas.
— Não é interessante?
— É quase intrigante!

Custos em linhas de montagem ou de síntese

O conceito de *sintetizador elementar* pode ser usado para estudar os sistemas de produção que estão sendo chamados de linhas de montagem ou de síntese.

Sintetizador elementar é uma linha de produção que admite dois insumos e disponibiliza um único produto.

Usando como objeto de estudo um sintetizador elementar de configuração $[(i_1, i_2), (p)]$, ou seja, que admite dois insumos e disponibiliza um único produto, será abordada a seguir a questão do custo e das margens nas linhas de montagem ou de síntese.

Margem de realização

A *margem de realização* de um sintetizador elementar pode ser calculada como a diferença entre a receita de realização do produto e o custo total incorrido na operação do sistema, aí incluídos os custos de todos os processos envolvidos e os custos de aquisição dos insumos i_1 e i_2.

Abatendo-se da receita de realização do produto os custos do sintetizador e dos processos que servem exclusivamente ao produto, chega-se ao valor conjunto de realização dos insumos da síntese.

Seria interessante ratear, entre os dois insumos, o valor conjunto de realização. Desse modo, o valor de realização de cada insumo poderia ser determinado e comparado com seu custo de aquisição, o que permitiria calcular a margem de contribuição de cada insumo. No entanto, esse cálculo é impossível, como veremos a seguir.

Teorema da Impossibilidade

É impossível calcular a margem de contribuição de qualquer insumo de uma síntese.

Demonstração do Teorema da Impossibilidade

De fato, é impossível calcular a margem de contribuição de qualquer insumo de uma síntese porque é inviável ratear, entre os insumos, o valor conjunto de realização. O rateio exigiria o cálculo da soma das vazões dos dois insumos. Essa soma não se define, dado que não se pode somar quantidades heterogêneas e, por definição, os dois insumos são de naturezas distintas.

Uma demonstração certificada

— Isso parece verdade, Beto.

— Isso o quê?

— A demonstração.

— Como assim?

— Não se pode dizer que o valor de uma roda de automóvel deve-se X% ao aro e (100 – X)% ao pneu sem câmara.

— Você entendeu!

— Já o custo de aquisição do aro e o custo de aquisição do pneu...

— Aí é diferente. Esses são valores negociados no mercado.

Atuação gerencial

Dado um sintetizador elementar, tudo o que o gerente tem que fazer é: a) minimizar o custo de aquisição de cada insumo; b) minimizar o custo direto dos processos que servem com exclusividade a cada insumo; c) minimizar o custo direto dos processos que servem ao produto; d) maximizar o valor de realização do produto, e e) analisar a conveniência de terceirizar a obtenção do produto do sintetizador.

Generalização

As conclusões a que se chega com o estudo do sintetizador elementar podem ser generalizadas para o caso de linhas de montagem que processem mais de dois insumos, como a linha de montagem de um automóvel.

Quatro regras de ouro

A partir do estudo das árvores de produção e das linhas de montagem ou de síntese podem ser estabelecidas quatro regras gerais:

Regra nº 1 — É possível somar as margens de realização dos produtos de uma análise e comparar essa soma com os *custos comuns* aos dois produtos, para avaliar a economicidade da análise. Mas é impossível ratear os *custos comuns* entre os produtos da análise.

Regra nº 2 — Pode-se estabelecer a margem de realização de qualquer produto de uma árvore de produção, mas é impossível determinar o custo de produção de qualquer produto da árvore.

Regra nº 3 — É possível calcular a margem de realização de uma síntese e, assim, avaliar sua economicidade. Mas é impossível ratear a margem de realização de qualquer síntese entre seus insumos.

Regra nº 4 — Pode-se conhecer o custo de internalização de qualquer insumo de uma linha de montagem ou de síntese, mas é impossível determinar a margem de contribuição de qualquer insumo da linha de montagem ou de síntese.

Custo, preço e valor

Custo, preço e valor dos bens e serviços

Todo néscio confunde valor e preço.
Antonio Machado (poeta espanhol)

Qualquer incauto pode confundir custo, preço e valor.
— Pra que essa epígrafe? Tá me chamando de néscio?
— Não! Só quero que você não seja incauto.
— Aí, tudo bem.

— É inacreditável o número de pessoas que pensam, ainda hoje, que o gerente de um negócio precisa conhecer o custo unitário de cada produto para: a) estipular um "preço de lista" para o produto por meio da fórmula Preço = Custo + Despesa + Lucro, ou b) analisar a economicidade do produto comparando o custo unitário com o preço de venda.

Ora, a estipulação de um "preço de lista" pode ser feita com mais segurança consultando o mercado onde se comercializa o produto. Por seu turno, a análise da economicidade da produção de qualquer bem ou serviço pode ser feita, com vantagem, comparando-se o custo total imputável à produção e o valor total a preço de mercado que se pode associar a ela.

Em conseqüência, conclui-se que é desnecessário conhecer o custo unitário de qualquer produto. O que se faz necessário é otimizar os custos dos processos de produzir bens e serviços, assim como avaliar o resultado dos processos e o desempenho dos setores da organização.

São discutidos a seguir os seguintes tópicos relacionados a essa questão: a) alguns pressupostos equivocados sobre a necessidade de conhecer os custos unitários; b) a desnecessidade de conhecer o custo unitário; c) o papel do valor do produto na fixação do seu preço; d) os requisitos da otimização de custos; e) a avaliação de resultados dos processos e do desempenho setorial, e f) os requisitos para aumento do resultado do processo e melhoria do desempenho setorial. Ao final, são apresentadas g) algumas conclusões.

1. Pressupostos equivocados

Por trás da crença de que é necessário conhecer o custo unitário do produto estão dois pressupostos sem sustentação: a) a visão distorcida de que o preço de venda pode ser estipulado unilateralmente pelo vendedor, sem levar em conta o mercado, isto é, os clientes e os competidores; e b) a idéia gratuita de que é melhor comparar o preço com o custo unitário, em vez de comparar a receita total associável a uma determinada quantidade de produtos com o custo total de produzi-la.

Aceitar esses pressupostos implica ignorar dois fatos incontestáveis: a) o cliente potencial, além de ter sua própria percepção sobre o valor do produto, é livre para optar por outras fontes de abastecimento e para substituir o produto por um similar; e b) é mais fácil e mais lógico obter a receita total a partir do preço de mercado do que apurar o custo unitário a partir dos custos totais.

2. Apuração desnecessária

Apurar o custo unitário dos produtos é uma operação a) freqüentemente cara, b) imprecisa em alguns casos, c) impossível em muitos sistemas e d) sempre desnecessária. É cara se envolver grande variedade de produtos. É imprecisa quando abrange grande número de departamentos que transferem bens e prestam serviços entre si. É impossível nos sistemas de produção múltipla, em que os produtos compartilham compulsoriamente pelo menos um pro-

Formatação de sistemas avançados de informações gerenciais **185**

cesso de produção. Em sistemas desse tipo, nem mesmo o custo da matéria-prima pode ser diretamente imputado a qualquer produto.

Argumenta-se aqui que a apuração do custo unitário é sempre desnecessária, e existem várias maneiras de mostrar isso. Vejamos algumas delas.

2.1 Um caso de análise de projeto

Um empresário está pensando em comprar bezerros de um ano, tratar dos bezerros num pasto, abater os animais, vender o couro, os chifres, os ossos e o sebo diretamente no próprio matadouro e, finalmente, vender fígado, coração, filé, alcatra e outros tipos de vísceras e carnes num açougue.

A dúvida é a seguinte: primeira alternativa — você acha que é realmente necessário e sensato que o empresário calcule o custo unitário de cada um dos produtos que pretende produzir e vender, para então calcular os "preços de lista", embutindo nestes uma margem de lucro arbitrária capaz de tornar o negócio vantajoso? Segunda alternativa — você entende que é mais seguro o empresário verificar os preços pelos quais os produtos são normalmente comercializados no mercado e, a partir daí, calcular se as receitas que o negócio irá proporcionar serão suficientes para cobrir os custos de pessoal, de material e os demais gastos, bem como amortizar o investimento e remunerar o capital investido?

2.2 Um caso de gerência de produção

O empresário, agora, já está gerenciando a operação de seu negócio. A dúvida é a seguinte: você acha que é realmente necessário que o empresário apure o custo unitário de cada um de seus produtos para, depois, calcular os preços de venda e, finalmente, construir sua lista de preços? Ou você entende que é mais seguro o empresário verificar os preços pelos quais os produtos estão sendo normalmente comercializados no mercado à sua volta, para montar sua tabela de preços e, a partir daí, gerenciar seu negócio de modo a manter sempre menor que a receita global a soma dos custos de material e de pessoal com os demais gastos, a amortização desejada para o investimento e a remuneração desejada para o capital investido?

2.3 Um caso simplificado

Você acha necessário que o açougueiro apure o custo unitário dos produtos que vende para propor os respectivos "preços de lista"? Ou é mais seguro que o açougueiro monte sua tabela de preços de olho no mercado?

2.4 Um caso de pesquisa de mercado

Você está pensando em montar um restaurante na Lua. O que é melhor? Calcular os custos unitários dos diversos pratos para, a partir daí, montar uma lista de preços? Ou pesquisar no mercado quanto os habitantes da Lua estarão dispostos a pagar para comer cada tipo de prato que você está querendo incluir no cardápio?

3. Negociação de preço

Nesta parte discutiremos como se processa de fato, de maneira consciente ou inconsciente, a negociação entre vendedor e comprador(es), para a fixação do preço de um item qualquer, seja ele produzido em série para atender a uma demanda estabelecida, seja ele produzido fora de série para atender a uma encomenda.

Vejamos, para começar, o que realmente significa a palavra "preço". Um conceito importante para esta discussão estatui que "o preço é o resultado de uma negociação, tácita ou explícita, entre comprador e vendedor". Portanto, o preço não pode ser imposto, a não ser em circunstâncias especiais de monopólio, de monopsônio ou de preços administrados pela autoridade pública.

Em circunstâncias normais, numa negociação de preço, o vendedor tenta estabelecer um piso que lhe assegure uma receita igual ou maior do que os encargos cuja cobertura deseja atribuir ao produto. Por seu lado, o comprador tenta estabelecer um teto que lhe garanta um desembolso igual ou menor que o valor que ele subjetivamente atribui ao produto. Em qualquer negociação em que o piso do vendedor seja mais elevado do que o teto do comprador a transação será impossível.

A conveniência de consultar o mercado fica meridianamente evidente quando se consideram os seguintes fatos irrefutáveis: a) o valor de um bem ou serviço é um atributo subjetivamente estabelecido pelo comprador e, portanto, apenas este tem consciência dele; b) somente a partir da constatação de que um certo número de indivíduos está pagando uma determinada quantia por um item é que podemos ter certeza de que nenhum dos indivíduos atribui ao item um valor menor do que o preço que aceita pagar por ele; c) não há a menor possibilidade de que uma transação de compra e venda se complete, se o piso estabelecido pelo vendedor for mais elevado do que o teto fixado pelo comprador; d) é certo que o comprador não concordará em pagar ao vendedor uma quantia maior do que o preço oferecido pelo concorrente do vendedor se, em conjunto, as demais condições da operação de compra e venda forem equivalentes nos dois casos.

O vendedor tem uma maneira bastante segura de obter informação sobre o valor mínimo que os compradores estão subjetivamente atribuindo ao produto. Basta verificar no mercado quanto está sendo pago pelo bem ou serviço e, se possível, monitorar o volume de transações do item em questão no mercado.

Se uma oferta de preço for feita unilateralmente pelo fornecedor do bem ou pelo prestador do serviço sem levar em conta a expectativa dos clientes, o vendedor poderá incorrer em uma ou mais perdas. No caso de oferta de preço excessivamente elevado, poderá perder tempo em freqüentes negociações explícitas, e o volume de vendas poderá ficar abaixo do potencial do mercado. Se for feita uma oferta de preço excessivamente generosa, haverá perda no potencial de margem de realização do produto.

3.1 Produção continuada

No caso da produção continuada, o vendedor tem razoável noção a respeito da quantidade demandada, mas, em geral, não conhece individualmente os potenciais compradores. Desta situação resulta que é conveniente estabelecer um preço de lista, como base de negociação, implícita ou explícita.

3.2 Produção por encomenda

No caso do fornecimento de um bem fora de série ou de um lote especial de bens, ou ainda da prestação de um serviço por encomenda, o cliente potencial é identificado e a negociação de preço é, portanto, explícita.

A negociação geralmente inicia-se com uma demonstração dos encargos e da margem de lucro que o fornecedor do material ou o prestador do serviço pretende sejam cobertos pelo preço a ser acordado com a parte contratante. É mais adequado descrever tal demonstrativo como a estrutura de preço do item, em vez de entendê-lo como uma análise do custo de fornecer o produto ou prestar o serviço em questão.

É claro que o contratante tentará glosar aquelas parcelas da estrutura de preço que ele julgar fora da realidade do mercado. Por isso, mesmo na ausência de competição evidente, é mais seguro que o vendedor baseie sua proposta nas práticas e preços de mercado, mais que no total de seus próprios custos, despesas e expectativas de lucro.

A sugestão de basear a cotação de preço nas práticas e nos preços do mercado, defendida pela quase totalidade dos estudiosos do assunto, não desconhece que, ao fazer sua proposta, o vendedor deve considerar questões de oportunidade, como a eventual condição de ociosidade ou plena solicitação dos recursos indispensáveis à produção do item em foco, questões que certamente influenciarão sua proposta inicial.

4. Controle e otimização de custos

É costume classificar os custos em diretos e diretos transferíveis, variáveis e fixos, evitáveis e inevitáveis (também chamados enterrados).

Para o tomador de decisões o que interessa são os custos evitáveis, dos processos e de seus métodos. Sejam estes custos considerados na fase de concepção de um novo projeto, sejam eles contemplados na fase de operação de um sistema. Estes são os custos que interessam à contabilidade gerencial.

Diretos são os custos associados a recursos aplicados exclusivamente no subsistema em estudo. Variáveis são aqueles que dependem da quantidade de bens e serviços produzidos pelo subsistema, como, em geral, os custos de material, pessoal e energia. Fixos são custos associados a ativos permanentes que não podem ser desimobilizados. São evitáveis os custos variáveis e os custos associados a ativos que podem ser desimobilizados.

Os custos indiretos, conhecidos como *overhead*, só podem ser imputados aos produtos de um susbsistema mediante a aplicação de critérios de rateio bastante arbitrários, o que vicia qualquer tentativa de obter informação gerencial confiável a partir dessa prática. Ao contrário, todos os custos diretos podem ser imputados ao processo. Da mesma forma que podem ser alocados aos processos, os custos podem ser imputados aos diversos segmentos de uma organização, para efeito de controle e avaliação do desempenho setorial.

O objetivo do gerenciamento de custos é otimizar os custos, seja dos diversos departamentos, seja dos diferentes sistemas de produção. Porém, para otimizar custos não é necessário calcular custos unitários. Para controlar custos, convém conhecer a organização, entender o processo e melhorar os métodos de produção, aperfeiçoar o pessoal, comprar melhor, minimizar perdas no estoque, minimizar perdas no processo, aproveitar as sobras do processo e das vendas, entre outras ações.

5. Análise de resultado e desempenho

Em circunstâncias normais, é conveniente que: a) a receita efetiva atribuível a qualquer bem ou serviço cubra o custo direto evitável associado aos processos indispensáveis à sua produção, garantindo economicidade ao produto; b) a receita efetiva atribuível a qualquer conjunto de bens ou serviços que estejam compartilhando compulsoriamente pelo menos um processo cubra o custo direto evitável associado ao conjunto, garantindo economicidade a este; c) o total da receita efetiva atribuível a um dado setor, ou à organização como um todo, cubra o total dos custos diretos e diretos transferidos imputados ao referido setor ou à organização, o que é o mínimo necessário para avaliar o respectivo desempenho.

No entanto, partindo dos preços de mercado e das quantidades produzidas, pode-se fazer qualquer dessas análises de resultado e de desempenho sem conhecer o custo unitário de qualquer produto, seja ele consumido internamente ou vendido no mercado.

6. Otimização de resultado e desempenho

Para melhorar o resultado de um sistema e o desempenho setorial é conveniente a) otimizar os custos, b) terceirizar a produção antieconômica de bens e serviços ou de conjuntos de produtos produzidos e consumidos internamente, c) descontinuar a produção antieconômica de bens e serviços ou conjuntos de produtos vendidos externamente e d) procurar agregar maior valor aos produtos oferecidos ao mercado. Nenhuma dessas ações exige o conhecimento do custo unitário de qualquer produto.

7. Algumas conclusões

Do que acaba de ser discutido podem ser tiradas, entre outras, as seguintes conclusões: a) tabelas de preço não contêm preços, contêm apenas propostas de preços — o preço só se efetiva na hora em que o comprador fecha a transação de compra e venda com o vendedor; b) não convém ao vendedor basear uma oferta de preço no custo unitário do produto porque é mais seguro baseá-la na realidade do valor que o mercado atribui ao produto; c) para otimizar custos não é necessário conhecer os custos unitários, mas é indispensável conhecer a organização e o processo administrativo, assim como os processos e métodos de produzir os bens e serviços que são oferecidos ao mercado; d) para otimizar o resultado é conveniente, além de otimizar os custos, promover esforços para agregar maior valor aos produtos oferecidos ao mercado.

Um sistema de produção complexo

— Vamos imaginar que o gerente de um sistema de produção complexo deseja implementar um sistema avançado de informações gerenciais.

— Um sistema de informações gerenciais sobre um campo de petróleo.

— Vamos estudar aquele exemplo do sistema da Crescent.

— A Crescent Moon é uma organização afiliada à Petróleo Universal, que, por sua vez, é subsidiária da FlexNet.

— Você não vai acreditar! A Crescent opera um campo de petróleo na Lua. Este complexo chama-se Campo Geral.

— Na Lua? Lá tem petróleo?

— No outro lado da Lua.

Uma diferença sutil

— No outro lado da Lua!!! Isso é mentira ou metáfora?

— Metaforismo.

— Veja o esquema do sistema de produção de óleo e gás natural (GN) do Campo Geral da Crescent, esquematizado na figura 21.

— Denotaremos o gás natural por (GN), o gás natural associado por (GA) e o gás natural livre por (GL). A figura 21 mostra dois poços extraindo óleo e gás natural associado e dois outros poços extraindo gás natural livre.

— Existem quatro pontos de abastecimento.

— Então, temos quatro entradas e quatro saídas.

— Configuração física...

— Certo. O processo admite três insumos: (óleo + gás natural associado)$_1$, através de (en$_1$); (óleo + gás natural associado)$_2$, através de (en$_2$); e (gás natural livre), através de (en$_3$) e (en$_4$). Disponibiliza dois produtos: (óleo), nas saídas (sd$_1$) e (sd$_2$), e (gás natural), nas saídas (sd$_3$) e (sd$_4$).

— Configuração lógica.

Uma cromatografia gasosa

— Esclareça essa questão do gás, Beto. Fale baixo, por favor.

— Gás natural é qualquer mistura que, contendo basicamente compostos de hidrogênio e carbono, os tais hidrocarbonetos, tem propensão para se apresentar no estado gasoso.

Gás associado é aquele que é extraído juntamente com o óleo nos campos de petróleo. Gás livre é aquele que se apresenta isolado do óleo, no reservatório. Pode estar num reservatório de gás ou na capa de gás de um reservatório de óleo e gás.

Gás seco é aquele que contém maior proporção de hidrocarbonetos mais leves (C_1 e C_2), em oposição ao gás rico, que contém maior porcentagem de hidrocarbonetos mais pesados (C_3, C_4, C_5 etc.).

— Essa cromatografia gasosa está fora do contexto. Traduza, por favor.

— Os hidrocarbonetos mais leves são o C_1, o metano, e o C_2, o etano. São mais pesados o propano, o butano, o pentano e outros, ou seja C_3, C_4, C_5, C_{5+}.

— C_{5+}?

— C_{5+} são os "Outros", Karol, uma espécie de purê de tudo que sobrou.

Figura 21
**Sistema de produção de óleo e gás natural —
Campo Geral da Crescent Moon**

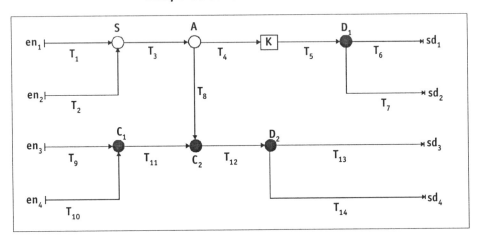

— Estude com atenção o sistema. Note que, além de 14 translatores — (T_1) a (T_{14}) —, ele tem um acumulador e seis metaprocessos ternários.

— O sintetizador (S) recebe, através dos translatores (T_1) e (T_2), o fluxo dos dois poços de (O + GA). O sintetizador despacha seu produto através do translator (T_3). Vale lembrar que esse produto também é denominado (O + GA). Porém, o produto da síntese tem uma relação entre a quantidade de gás e a quantidade de óleo diferente das relações encontradas nas correntes de entrada do sintetizador.

— O analisador (A) recebe e separa o óleo e o gás natural associado. O óleo segue através do translator (T_4) para um acumulador (K) e daí, por meio do translator (T_5), para o distribuidor (D_1). Este entrega óleo nas saídas (sd_1) e (sd_2), por intermédio dos translatores (T_6) e (T_7). O analisador despacha o gás associado (GA) por meio do translator (T_8).

— Os poços de gás livre (GL), representados por (T_9) e (T_{10}), dirigem seu fluxo para o coletor (C_1), cujo produto segue pelo translator (T_{11}).

— Os fluxos (T_8) e (T_{11}) juntam-se no coletor (C_2), que escoa seu produto, designado gás natural (GN), através de (T_{12}) até o distribuidor (D_2). Daí o (GN) segue, por meio de (T_{13}) e (T_{14}), para as saídas (sd_3) e (sd_4).

— A âncora universal deste processo é: (T_1), (T_2), (S), (T_3), (A); (T_4), (K), (T_5), (D_1), (T_6), (T_7); (T_8), (T_9), (T_{10}), (C_1), (T_{11}), (C_2), (T_{12}); (D_2), (T_{13}), (T_{14}) e outros metaprocessos.

— A análise fornece um produto para atender à demanda externa (óleo) e outro para atender à demanda interna (gás natural).

Uma pergunta à boca pequena

— Não entendo de produção de óleo e gás natural. Porém, vou arriscar uma pergunta.

— Diga, Karol.

— Não haveria necessidade de incluir um sintetizador entre (K) e (D_1), para representar a elevação de pressão por meio de uma bomba de óleo, necessária para fazer o óleo chegar até suas saídas? Da mesma forma, não lhe parece necessário incluir um sintetizador entre (A) e (C_2), representando uma compressão para elevação da pressão do (GA)?

— São duas perguntas! Porém, bastante pertinentes.

— Eu...

— De fato, parece necessário. Mas pode não ser. Um entendido poderia alegar que o óleo escoa do tanque (K) para as saídas "por gravidade", isto é, que existe uma diferença de nível suficiente para fazer escoar o óleo por efeito de gravidade...

— E o gás?

— O entendido poderia explicar que as pressões em T_8 e T_{11} são iguais, ou seja, que os poços de (O + GA) e de (GL) têm pressões assemelhadas...

— Então, as perguntas não são pertinentes...

192 Três estratégias para turbinar a inteligência organizacional

— São pertinentes porque permitem verificar um exemplo da compacidade que a linguagem dos metaprocessos estimula.

— Como assim?

— Agora eu lhe faço uma pergunta. Você acha que interessa ao gerente, em princípio, ver representados a bomba e o compressor, num sistema de informações gerenciais?

— Pensando bem, não parece que interesse.

— Não interessa, por duas razões: a) porque os custos da bomba e da energia necessária para acioná-la, do compressor e da energia que ele requer, podem ser incluídos nos itens (T_5) e (T_8) da âncora universal, como custos de ativos e de serviços (energia); b) porque, em ambos os casos, a energia de bombeamento ou de compressão realmente não altera permanentemente a natureza dos fluidos, de maneira a exigir, neste caso, a utilização de um novo nome para o produto da respectiva síntese.

— Se o cliente do sistema de informação for o gerente de manutenção...

— Aí os sistemas de interesse serão o compressor, com suas entradas e saídas, e a bomba, com suas entradas e saídas.

— Já em modelos e simuladores...

— Aí é outro caso. Não se dispensaria a inclusão das sínteses para representar a introdução de energia e a elevação de pressão.

— E, talvez, a inclusão de análises para representar perda de energia ao longo das translações.

— Cáspite!

— Então, o processo mostrado na figura 21 parece completo.

— Complexo, mas não completo. Nos campos de petróleo costuma existir um "sistema de teste", que tem capacidade para obter informações sobre importantes variáveis de controle dos poços, para as quais são preestabelecidos padrões. No sistema de teste entra mais de uma vez, implícita ou explicitamente, o metaprocesso de comparação. Geralmente são estabelecidos tetos para a quantidade de óleo, a quantidade de gás natural e a quantidade de água que podem ser extraídas do reservatório.

— Este campo tem sistema de teste?

— Tem.

— O exemplo vai incluir o sistema de teste?

— Só se der tempo. Está fora do escopo.

— (Dancei...).

— Quando o óleo vem misturado com água salgada, o que é muito comum, os campos incluem um sistema de "tratamento de óleo".

— Os campos de petróleo também costumam apresentar sistemas de "elevação artificial" e de "recuperação artificializada", por meio dos quais é injetada energia em poços e em reservatórios, respectivamente, para aumentar a capacidade que o operador tem de extrair, economicamente, maior quantidade de hidrocarbonetos.

— Vamos tratar desses três subsistemas?

— Parece que não vai dar tempo.

— O livro é sobre inteligência organizacional... Aceleração do processo de aperfeiçoamento organizacional...

— Não vai dar tempo.

— Vamos verificar como se pode formatar um sistema de informações capaz de dar suporte à análise de resultados econômicos e financeiros, em sistemas complexos como o deste Campo Geral.

Estrutura e âncora de um negócio

Estrutura do negócio é o complexo das relações espaço-temporais que existem entre os insumos, as entradas, os processos, os produtos e as saídas do sistema de produção associado a um negócio.

No quadro 25 faz-se a descrição da estrutura do negócio associado ao sistema de produção de óleo e gás natural do Campo Geral. A descrição inclui os metaprocessos utilizados para descrever o fluxo de processo principal de produção e os elementos que caracterizam as configurações do negócio, isto é, os insumos e produtos, suas entradas e saídas.

Âncora de informações gerenciais sobre o negócio é a lista dos nomes de insumos, entradas, metaprocessos, produtos e saídas necessários à descrição da estrutura de um negócio.

A âncora do negócio é uma expansão da âncora universal. Inclui entradas e saídas, insumos e produtos, ao lado dos metaprocessos.

Designando por AN a âncora do negócio associado ao sistema de produção de óleo e gás natural, pode-se escrever:

$$NA = (Entradas) + (Insumos) + (Metaprocessos) + (Produtos) + (Saídas) =$$
$$= (O + GA)_1/(en_1), (O + GA)_2/(en_2) +$$
$$+ (GL)/(en_3), (GL)/(en_4) +$$
$$+ (T_1), (T_2), (S), (T_3), (A) +$$
$$+ (T_4), (K), (T_5), (D_1), (T_6), (T_7) +$$
$$+ (T_8), (T_9), (T_{10}), (C_1), (T_{11}), (C_2), (T_{12}); (D_2), (T_{13}), (T_{14}) +$$
$$+ (sd_1)/(Óleo), (sd_2)/(Óleo) +$$
$$+ (sd_3)/(GN), (sd_4)/(GN) +$$
$$+ (Outros\ elementos).$$

Vale observar que uma lista não precisa obedecer necessariamente a qualquer ordenação. Assim, os elementos que integram a âncora podem ser citados em qualquer ordem.

Quadro 25
Descrição da estrutura do negócio de produção de óleo e gás natural

Processo de produção de óleo e gás natural				
Antecessor(es)		Âncora universal	Sucessor(es)	
$(O + GNA)_1$	(en_1)	T_1	S	
$(O + GNA)_2$	(en_2)	T_2		
T_1 / T_2		S	T_3	
S		T_3	A	
T_3		A	T_4 / T_8	
A		T_4	K	
T_4		K	T_5	
K		T_5	D_1	
T_5		D_1	T_6 / T_7	
D_1		T_6	(Óleo)	(sd_1)
D_1		T_7	(Óleo)	(sd_2)
(GNL)	(en_3)	T_9	C_1	
(GNL)	(en_4)	T_{10}		
T_9 / T_{10}		C_1	T_{11}	
A		T_8	C_2	
C_1		T_{11}		
T_8 / T_{11}		C_2	T_{12}	
C_2		T_{12}	D_2	
T_{12}		D_2	T_{13} / T_{14}	
D_2		T_{13}	(GN)	(sd_3)
D_2		T_{14}	(GN)	(sd_4)

— Vamos mostrar como é possível utilizar elementos da âncora do negócio para especificar arquiteturas especiais de informação capazes de suportar análises avançadas de sistemas de produção complexos, em sistemas de informações gerenciais.

— Para tanto, utilizaremos os conceitos de *exclusividade* e de *comunidade* nos sistemas de produção complexos. A aplicação desses conceitos é essencial para que se obtenham informações mais ricas para o tomador de decisão sobre o negócio.

— No quadro 26 os elementos da âncora universal do sistema de produção de óleo e gás natural estão divididos em três seções: a) elementos comuns aos produtos óleo e gás associado; b) elementos associados exclusivamente ao óleo; e c) elementos associados exclusivamente ao gás natural.

— A apresentação do quadro 26 dá uma indicação quase pictórica do negócio, com os insumos entrando pela esquerda e os produtos saindo pela direita de cada subsistema.

— O gerente vai gostar desse quadro.

Quadro 26
Visão da comunidade e da exclusividade no sistema de produção de óleo e gás natural

Negócio de produção de óleo e gás natural				
Elementos comuns aos dois produtos				
Antecessor(es)		Âncora universal	Sucessor(es)	
(en_1)	$(0 + GNA)_1$	T_1	S	
(en_2)	$(0 + GNA)_2$	T_2		
T_1		S	T_3	
T_2				
S		T_3	A	
T_3		A	$\{T_4\}$	
			$\{T_8\}$	
Elementos associados exclusivamente ao óleo				
Antecessor(es)		Âncora universal	Sucessor(es)	
$\{A\}$		T_4	K	
T_4		K	T_5	
K		T_5	D_1	
T_5		D_1	T_6	
			T_7	
D_1		T_6	(Óleo)	(sd_1)
		T_7	(Óleo)	(sd_2)
Elementos associados exclusivamente ao gás natural				
Antecessor(es)		Âncora universal	Sucessor(es)	
(en_3)	(GNL)	T_9	C_1	
(en_4)	(GNL)	T_{10}		
T_9		C_1	T_{11}	
T_{10}				
$\{A\}$		T_8	C_2	
C_1		T_{11}		
T_8		C_2	T_{12}	
T_{11}				
C_2		T_{12}	D_2	
T_{12}		D_2	T_{13}	
			T_{14}	
D_2		T_{13}	(GN)	(sd_3)
		T_{14}	(GN)	(sd_4)

— A seção "Elementos associados exclusivamente ao óleo" está levemente sombreada, para distingui-la das demais.

— Noto cinco metaprocessos na primeira seção — "Elementos comuns aos dois produtos": (T_1), (T_2), (S), (T_3) e (A).

— Também fazem parte dessa seção as entradas (en_1) e (en_2), responsáveis pelo suprimento dos insumos $(O + GNA)_1$ e $(O + GNA)_2$. Não existem saídas de produtos nessa seção. Os metaprocessos de saída do analisador (A), ou seja, $\{T_4\}$ e $\{T_8\}$, não são elementos comuns. Por isso estão destacados entre chaves.

— Este é um setor típico de apoio.

— De apoio?!

— Sim! Note que ele não disponibiliza produtos para atender a clientes externos ao sistema de produção. Se quiser avaliar a economicidade desse setor você tem que calcular a margem de contribuição dos produtos disponibilizados a preços de mercado do óleo e do gás natural, como foi ressaltado por Beto Gil, na seção "Custo, preço e valor dos bens e serviços".

— Existem seis metaprocessos na segunda seção, "Elementos associados exclusivamente ao óleo": (T_4), (K), (T_5), (D_1), (T_6) e (T_7).

— A segunda seção tem uma única entrada, o metaprocesso $\{A\}$, cujo sucessor é o translator (T_4). A entrada $\{A\}$ está destacada entre chaves porque não pertence à segunda seção.

— O produto único da seção é o óleo, que é disponibilizado através de duas saídas, (sd_1) e (sd_2), correspondentes aos canais (T_6) e (T_7).

— À terceira seção, "Elementos associados exclusivamente ao gás natural", servem 10 metaprocessos: (T_8), (T_9), (T_{10}), (C_1), (T_{11}), (C_2), (T_{12}), (D_2), (T_{13}) e (T_{14}).

— A terceira seção tem duas entradas verdadeiras, (en_3) e (en_4), e uma entrada falsa, $\{A\}$, esta destacada entre chaves.

— Falsa em relação ao sistema de produção como um todo. Porém verdadeira em relação ao setor de gás natural...

— Bem observado.

— Essa é a única seção que possui, simultaneamente, entradas e saídas. O produto único, (GN), é disponibilizado em dois pontos distintos, (sd_3) e (sd_4), as saídas dos translatores (T_{13}) e (T_{14}).

— Se o sistema de informações for computadorizado, devemos acrescentar a categoria "Outros" em cada seção.

— Certíssimo! Ao todo, seis dentre os sete metaprocessos estão representados no sistema.

— Só faltou o metaprocesso de comparação.

— Faltou.

— Preciso me ausentar um segundo. Por favor.

— Aguardaremos.

Uma retirada estratégica

— Por favor, Beto! Rápido! Por que eles estão falando em "suprimento" e "abastecimento"?

— Os autores entendem que se uma organização associar sempre o termo "suprimento" às "entradas" e o termo "abastecimento" às "saídas", com o tempo a comunicação dentro da própria organização começará a ficar mais clara.

— Faz sentido.

— Faz?

— Pronto. Já estou de volta. Podemos continuar?

Informações relevantes sobre o negócio

A âncora do negócio pode ser utilizada para contextualizar informações relevantes sobre o negócio. Estas, entre outras, são informações que relacionam:

- ❏ o custo de aquisição de um insumo à sua entrada;
- ❏ a cada canal de entrada, os custos do insumo e dos processos associados exclusivamente ao canal;
- ❏ a cada canal de saída, os custos dos insumos e dos processos associados exclusivamente ao próprio canal de saída do produto;
- ❏ a cada canal de saída, o valor de realização associado ao canal;
- ❏ o benefício gerado pela disponibilização de um produto aos custos associados exclusivamente ao canal de saída do produto;
- ❏ os custos totais de um sistema aos benefícios totais dele.

— Como se pode ver, essas informações relevantes sobre o negócio refletem relações entre elementos de entidades do campo das informações de mercado e do campo das informações internas.

— O estabelecimento dessas relações não é trivial na hipótese de sistemas que envolvem metaprocessos ternários de síntese e análise.

— Nesse caso, mostra-se útil o emprego de uma linguagem especializada, como a linguagem dos metaprocessos.

Arquiteturas de informações sobre o negócio

Um sistema avançado de informações gerenciais é capaz de fornecer informações relevantes sobre negócios que envolvem sistemas de produção complexos, por meio de *arquiteturas de informações* sobre o negócio. Nesta seção ilustraremos como criar algumas dessas matrizes.

Arquitetura de informações gerenciais sobre o negócio é qualquer banco de dados relacional que contenha, como coluna das chaves, elementos da âncora do negócio e, como tuplas, informações relevantes sobre o negócio.

O quadro 27 indica como são os esquemas de suprimento e de abastecimento no sistema de produção de óleo e gás natural:

❑ o poço (T_1) contribui com 42% e o poço (T_2) com 58% do suprimento de óleo, que é disponibilizado à razão de 37% em (sd_1) e 63% em (sd_2);

❑ (T_1) contribui com 4% e (T_2) com 6% do gás natural produzido pelo sistema;

❑ 58,5% do gás natural procedem da entrada (en_3) e 31,5% da entrada (en_4);

❑ 80% do gás natural são disponibilizados na saída (sd_3) e os restantes 20% na saída (sd_4).

Quadro 27

Esquemas de suprimento e de abastecimento do sistema de produção de óleo e gás natural

© Petróleo Universal — Crescent Moon — Campo Geral					
Suprimento			Abastecimento		
Entrada	Vazão (%)		Saída	Vazão (%)	
	Óleo	GN		Óleo	GN
en_1	42	4	sd_1	37	—
en_2	58	6	sd_2	63	—
$(en_1 + en_2)$	100	10	$(sd_1 + sd_2)$	100	—
en_3	—	58,5	sd_3	—	80
en_4	—	31,5	sd_4	—	20
$(en_3 + en_4)$	—	90	$(sd_3 + sd_4)$	—	100
Total	—	100	—	—	—

— Vamos focalizar nossa atenção, agora, nas tabelas 1 a 3, que contextualizam informações relevantes sobre o negócio associado ao sistema de produção de óleo e gás natural.

— Neste exemplo, vamos considerar que os preços de aquisição dos insumos não variam de entrada para entrada. Se o preço de um insumo variar de uma entrada para outra, então devemos associar cada preço de aquisição a uma entrada diferente, isto é, a um fornecedor diferente.

— Por que não são mostrados os custos dos insumos, mas apenas os custos dos processos nas tabelas 1 a 3?

— Porque, no negócio de extração de óleo e gás natural, o custo do insumo equivale ao *royalty*. Na Lua existe uma lei que fixa o *royalty*, tanto do óleo quanto do gás natural, em 10% do valor agregado. Então, só poderemos calcular o *royalty* quando apurarmos o valor agregado pelo respectivo produto.

Uma questão de estímulo à produção

— Beto! O *royalty* é sempre calculado sobre o lucro?

— Depende da legislação. O que os autores estão querendo dizer é que, na Lua, a legislação estipula que o *royalty* deve ser calculado sobre o resultado, para estimular o esgotamento de reservas. Entendeu?

— Entendi. Se o *royalty* incidisse sobre o faturamento haveria desestímulo à produção em campos maduros, de altos custos e baixa produção.

— Isso! Campos de baixa produtividade.

— A tabela 1 refere-se ao sistema de elementos comuns aos produtos óleo e gás natural.

— O custo dos processos totaliza $100.

— Para que foi chamada a atenção para os custos comuns aos produtos do sistema, o óleo e o gás natural?

Tabela 1
Sistema de itens comuns aos produtos óleo e gás natural

© Petróleo Universal — Crescent Moon — Campo Geral			
Análise do sistema de extração de óleo e gás natural			
Esquema de custos de processos ($)			
Itens da âncora do negócio	Sistema de síntese		Metaprocessos comuns aos produtos do sistema de análise (não-rateáveis)
	Metaprocessos exclusivos do canal de entrada	Metaprocessos do sistema	
T_1	25	25	25
T_2	50	50	50
S	—	5	5
T_3	—	5	5
A	—	—	15
Outros	—	—	0
Todos	—	85	100
Esquema de suprimento de óleo e gás natural			
Entradas	Óleo (%)		Gás Natural (%)
en_1	42		4
en_2	58		6
Todas	100		10

— Só para lhe dar a oportunidade de lembrar que eles não podem ser rateados porque, segundo a regra de ouro nº 1, "é impossível ratear os custos comuns entre os produtos da análise".

— O gerente tem que viver com essa limitação. Não vai conhecer jamais os custos dos produtos da análise.

— A saída é negociar melhores preços de venda para os produtos e gerenciar os custos dos processos do sistema de análise.

— Por que os custos dos canais de entrada foram destacados dos demais custos?

— Para lembrar que, segundo a regra de ouro nº 4, "pode-se conhecer o custo de internalização de qualquer insumo de uma linha de montagem ou de síntese, mas é impossível determinar a margem de contribuição de qualquer insumo da linha de montagem ou de síntese".

— Outra limitação.

— A solução é promover o desenvolvimento de melhores fornecedores de insumos e gerenciar o custo dos processos da síntese.

— Por que destacar os custos totais do sistema de síntese — $85?

— Para lembrar que a avaliação de um sistema de apoio, como é este sistema de síntese, que fornece seu produto para cliente interno, tem que ser feita a partir da comparação de seu custo total com o custo de aquisição, no mercado, de igual quantidade de produto da mesma qualidade.

— Uai! Existe mercado para a mistura de óleo e gás natural sintetizada nesse processo?

— Em geral não existe mercado para a compra e venda de misturas de óleo e gás natural. Porém, a mistura sintetizada nos "campos de petróleo" é, em seguida, submetida a uma análise que fornecerá dois produtos cotados no mercado, o óleo e o gás natural.

— Ora, o sistema de teste consegue determinar a contribuição física de cada poço para o suprimento de cada insumo. Então, é possível estimar aproximadamente até mesmo a margem de contribuição de qualquer poço, calculando o impacto direto de seu fechamento sobre o valor de realização e sobre os custos evitáveis.

— Nada a comentar. Podemos ir à tabela 2?

Tabela 2
Sistema de itens associados exclusivamente ao óleo

© Petróleo Universal — Crescent Moon — Campo Geral					
Análise de custos no sistema de óleo					
Itens da âncora do negócio	Custos de processos ($)				
	Por item	Comuns aos canais de saída	Por canal de saída		
			Exclusivos	Rateados	Total
T_4	5	5	—	—	—
K	16	16	—	—	—
T_5	5	5	—	—	—
D_1	5	5	—	—	—

continua

© Petróleo Universal — Crescent Moon — Campo Geral					
Análise de custos no sistema de óleo					
Itens da âncora do negócio	Custos de processos ($)				
	Por item	Comuns aos canais de saída	Por canal de saída		
			Exclusivos	Rateados	Total
T_6	20	—	20	11	31
T_7	49	—	49	20	69
Outros	0	—	0	0	0
Todos	100	31	69	31	100
Esquema de suprimento de óleo					
Entrada	Contribuição (%)				
{A}	100				
Análise do sistema de abastecimento de óleo					
Saídas	Retiradas (%)	Custos de processos ($)			
		Exclusivos	Rateados		Total
sd_1	37	20	11		31
sd_2	63	49	20		69
Total	100	69	31		100

— A tabela 2 refere-se ao setor que só lida com óleo, o sistema de elementos associados exclusivamente ao óleo.

— É um sistema simples. O suprimento de óleo vem de {A}. A distribuição faz-se através de duas saídas.

— O custo de todos os metaprocessos comuns aos canais de saída atinge $31, que devem ser rateados entre os canais segundo sua participação na retirada de óleo: 37% para (sd_1) e 63% para (sd_2).

— O custo total dos processos é $31 para a saída ($sd_1$) e $69 para ($sd_2$).

— Vamos à tabela 3?

Tabela 3

Sistema de itens associados exclusivamente ao gás natural

© Petróleo Universal — Crescent Moon — Campo Geral					
Análise do sistema de gás natural					
Itens da âncora do negócio	Custos de processos ($)				
	Por item	Sistema de coleta		Sistema de distribuição	
		Exclusivos do canal de entrada	Comuns aos canais	Exclusivo do canal de saída	Comuns aos canais
T_9	35	35	—	—	35
T_{10}	26	26	—	—	26
C_1	2	—	2	—	2
T_8	5	5	—	—	5
T_{11}	3	—	3	—	3

continua

© Petróleo Universal — Crescent Moon — Campo Geral					
Análise do sistema de gás natural					
Itens da âncora do negócio	Custos de processos ($)				
	Por item	Sistema de coleta		Sistema de distribuição	
		Exclusivos do canal de entrada	Comuns aos canais	Exclusivo do canal de saída	Comuns aos canais
C_2	4	—	4	—	4
T_{12}	5	—	5	—	5
D_2	5	—	5	—	5
T_{13}	55	—	55	55	—
T_{14}	10	—	10	10	—
Outros	0	0	0	0	—
Todos	150	66	84	65	85
Análise do sistema de coleta de gás natural					
Entrada	Contribuição (%)	Custos por canal de entrada ($)			
		Exclusivos	Rateados	Total	
{A}	10	5	8	13	
en_3	58	35	49	84	
en_4	32	26	27	53	
Total	100	66	84	150	
Análise do sistema de distribuição de gás natural					
Saídas	Retiradas (%)	Custos por canal de saída ($)			
		Exclusivos	Rateados	Total	
sd_3	80	53	68	121	
sd_4	20	12	17	29	
Total	100	65	85	150	

— A tabela 3 refere-se ao sistema de gás natural, que inclui, ao mesmo tempo, um sistema de coleta, com três entradas, e um sistema de distribuição, com duas saídas.

— O custo dos processos deste sistema atinge $150.

— No sistema de coleta, os custos dos processos comuns podem ser rateados entre as entradas e, no sistema de distribuição, os custos dos processos comuns podem ser rateados entre as saídas.

— No sistema de coleta, o custo de processo atinge $13 para {A}, $84 para (en_3) e $53 para (en_4).

— No sistema de distribuição, os custos de processo são $121 e $29 para (sd_3) e (sd_4), respectivamente.

— Vamos verificar como se pode utilizar informações da âncora do negócio para fazer uma análise da economia e das finanças do negócio.

— Vamos logo!

— (Ele está ansioso...).

— Então, passemos à tabela 4.

— Ela mostra a análise do resultado econômico do negócio e das finanças de cada contrato do Campo Geral da Crescent Moon.

— Como assim?

— Você vai ver: O resultado do negócio é aderente à economia real, enquanto a apuração do resultado de cada um dos quatro contratos obedece aos ditames das leis fiscais da Lua. Aguarde e você verá.

— Os valores de "Receita de realização", coluna A, foram fornecidos pela Crescent, embora não tenha declinado nem o preço, nem a vazão de qualquer contrato de abastecimento.

— De modo que não podemos saber se, na Lua, os preços são altos e as vazões de fornecimento baixas ou se os preços são baixos e as vazões altas! Nem podemos saber se há variação de preços entre diferentes contratos...

— Cáspite!

— A receita de realização de cada saída, cada produto, cada subsistema, e do sistema de produção como um todo, está indicada na coluna A, que mostra um total de $1.670.

Tabela 4
Análise do negócio

© Petróleo Universal — Crescent Moon — Campo Geral							
		Quantidades monetárias expressas em $					
Produto	Saída	Receita de realização	Custos de processos de distribuição	Quota de *overhead*, transferida do sistema (O + GA)	Realização bruta da operação	Valor agregado bruto	Custo de insumo (*royalty*)
		A = (q)(p)	B	C*	D = A - B - C = E + F	E = D/1,1	F = 0,1(D/1,1)
Óleo	sd$_1$	265	31	33	201	183	18
Óleo	sd$_2$	450	69	55	326	296	30
Óleo	**Sist. distr.**	**715**	**100**	**88**	**527**	**479**	**48**
GN	(sd$_3$)	764	121	10	633	575	58
GN	(sd$_4$)	191	29	2	160	145	14
GN	**Sist. distr.**	**955**	**150**	**12**	**793**	**721**	**72**
O + GN	**Total**	**1.670**	**250**	**100**	**1.320**	**1.200**	**120**

* Os custos indiretos do sistema (O + GA) foram arbitrariamente transferidos para o sistema de distribuição de óleo e para o sistema de distribuição de gás natural, proporcionalmente à contribuição do sistema (O + GA) para a realização da receita do óleo, $715, e para a realização da receita do gás natural, $95, ou seja, 10% de $955. Observe-se que os valores transferidos ($88 e $12) não representam custos de produção de óleo e gás associado, nem custos de distribuição de óleo e de gás natural. São transferências arbitrárias para os diversos contratos. Não são aderentes à realidade. Obedecem à lei.

— Os valores indicados na coluna A foram obtidos a partir de uma análise estatística desses contratos de abastecimento ao longo do tempo e estão agora sendo utilizados para fazer uma previsão do comportamento do contrato no próximo período.

— Vamos inicialmente trabalhar com a última linha da tabela 4. Primeiramente, você abate do valor total da "Receita de realização" — $1.670 — o total dos custos próprios dos processos de distribuição — coluna B, $100 + $150 = $250 —, e o total do custo de *overhead* — $100 — do sistema de apoio, isto é, do sistema de extração de óleo e gás natural, coluna C.

— Você obtém um valor intermediário — $1.320 —, que está sendo designado "Realização bruta da operação", coluna D. Esse valor tem que pagar o *royalty* e deixar o "valor agregado bruto" do negócio, $1.200.

— Já sabemos que lá na Lua o *royalty* estabelecido por lei corresponde a 10% do valor agregado bruto, ou seja, a "realização bruta da operação" é igual a 110% do "valor agregado bruto".

— Portanto, dividindo a "realização bruta da operação" por (1,1), obtemos o "valor agregado bruto" de $1.200, também designado pela expressão "valor agregado bruto antes do imposto".

— "Valor agregado bruto antes do imposto" é aquele que será oferecido à tributação. É um valor que interessa à Crescent e ao Fisco.

— O *royalty* é $0,1 \times \$1.200 = \$120$.

— O que vocês acham desse royalty? É justo?

— Não dá para dizer, porque não conhecemos o direito consuetudinário da Lua.

— !

— !

— É a sociedade, por intermédio de suas leis e costumes, que estabelece isso.

— E a partição do royalty? Como fica?

Uma lei universal

— O *royalty* é recolhido dos compradores e pago aos fornecedores de óleo e gás natural. Os compradores de óleo e gás natural repassam o *royalty* aos consumidores dos derivados de óleo e gás natural, do outro lado.

— Quer dizer, o consumidor é quem paga tudo...

— É uma lei universal! Se o consumidor não pagar, o investidor é quem paga!

— Pelo quadro 27, sabemos como as vazões de óleo se distribuem pelas saídas e entradas e como as vazões de gás natural são distribuídas pelas saídas e entradas. Nesse quadro, os valores relativos a "Saída" vêm dos contratos e os valores referentes a "Entrada" foram obtidos a partir dos testes dos poços.

— Precisamos, pois, calcular o *royalty* por saída para chegar ao *royalty* por entrada, segundo as participações que o quadro 27 indica.

— Como se faz para se chegar ao royalty devido a cada entrada?

— Uma segunda lei da Lua *arbitra* que o *overhead* do sistema (O + GA) deve ser transferido para os sistemas de abastecimento de forma proporcional à contribuição do sistema (O + GA) para a realização das receitas dos setores apoiados. No caso, proporcionalmente a $715 de receita de óleo e a $95 de receita de gás natural, equivalentes a 10% de $955.

Uma arbitragem necessária

— Por que os autores estão dizendo que a lei arbitra a transferência do *overhead*?

— Uai! Nós já sabemos que não existe relação necessária de causa e efeito entre custo e valor agregado!

— Sim, mas...

— Você quer ver? Suponha que o gás natural esteja contaminado com gás sulfídrico (H_2S). Então, o custo de manusear o gás contaminado, no sistema (O + G), será maior do que o "custo normal" de manusear o gás natural. Agora, imagine que o óleo esteja em emulsão com água. Nesse caso, o custo de manusear o óleo salgado, no sistema (O + G), será muito maior do que o "custo normal" de manusear o óleo.

— No entanto, em qualquer caso, a lei arbitra um critério único de rateio do *overhead*.

— Pois, então!

— Portanto, as quotas de transferência são ($715/$810) × $100 = $88 para o abastecimento de óleo e ($95/$810) × $100 = $12 para o abastecimento de gás natural. Dividindo-se, agora, $88 proporcionalmente às vazões dos contratos de óleo, chega-se a $33 e a $55 para as quotas de *overhead* impostas ao primeiro e ao segundo contrato de abastecimento de óleo. Da mesma forma, obtém-se $10 e $2 para as quotas que devem ser alocadas aos contratos de abastecimento de gás natural. O cálculo dessas transferências é mostrado na coluna C.

— Observe, Reader, que as quotas de *overhead* transferidas para os contratos não representam custos de produção. São transferências arbitrárias para os diversos contratos. Não aderem, necessariamente, à realidade; obedecem à lei.

— Já sabia.

— É importante, Reader, que você verifique que todos os valores referidos na última linha aderem à realidade. Portanto, refletem a economia real do negócio.

206 Três estratégias para turbinar a inteligência organizacional

— Analisemos detidamente a primeira linha da tabela 4. A receita de realização é \$265 (coluna A). Abatendo os custos de processos de distribuição, \$31 (coluna B), e a quota de *overhead*, \$33 (coluna C), obtém-se \$201 para a realização bruta da operação (coluna D). Dividindo-se a realização bruta da operação por (1,1), chega-se a \$183, para o valor agregado bruto do contrato (coluna E). Para se obter o valor do *royalty*, multiplica-se a margem de realização por (0,1), chegando a \$18 (coluna F).

— Seguindo essa marcha de cálculo, obtém-se os valores de *royalty* de \$18 e \$30 para as saídas (sd_1) e (sd_2), totalizando \$48 para os contratos de óleo, e de \$58 e \$14 para as saídas (sd_3) e (sd_4), levando ao total de \$72 para os contratos de gás natural.

— O total de *royalty* pode agora ser distribuído segundo os percentuais das vazões de suprimento mostradas no quadro 27:
— A entrada (en_1) recebe $0,42 \times \$48 + 0,04 \times \$72 = \$23$.
— A (en_2) fica com $0,58 \times \$48 + 0,06 \times \$72 = \$32$.
— O *royalty* devido a (en_3) é $0,585 \times \$72 = \$42$.
— O quinhão de (en_4) é $0,315 \times \$72 = \$23$.
— Esses são os valores de *royalty* devidos aos fornecedores dos insumos.

Uma fina sutileza

— A tabela 4 ajuda a entender precisamente a diferença entre estrutura de preços e estrutura de custos.

— Explique o que você quer dizer, por favor.

— Se fosse uma estrutura de preços, a Crescent teria arbitrado um valor agregado bruto para o negócio. Esse valor, ou lucro bruto, seria um dado de entrada do problema. Depois, o valor agregado bruto teria sido arbitrariamente rateado entre os produtos e entre os contratos. A partir do valor de realização arbitrado para um determinado contrato, andar-se-ia "de frente para trás", segundo o processo chamado *netback pricing*, até determinar a receita de realização do contrato e, conhecida a quantidade a ser transacionada, calcular o preço unitário do produto em cada contrato.

— E o que foi feito na tabela 4?

— Foi dada a receita de realização de cada contrato, indicando que os preços dos diversos produtos são dados de entrada, são preços preestabelecidos. Somando os quatro contratos, os autores chegaram à receita de realização do negócio, ao total do valor agregado bruto e ao total do *royalty*.

— A partir da receita de realização de cada contrato, calcularam "para frente", segundo o processo conhecido como *cost plus pricing*, embutindo a quota de *overhead* que a lei manda, só para determinar o *royalty* por saída!

— Sem conhecer o *royalty* por saída os autores não teriam sido capazes de chegar, com o auxílio do quadro 27, ao *royalty* por poço.

— É sutil, porque para calcular o valor agregado bruto do negócio, $1.200, a ser oferecido à tributação, nem é necessário fazer a distribuição da carga de *overhead* pelos diversos contratos.

— Na resolução de um problema de estrutura de preços, o valor de realização é um dado de entrada e os preços são as incógnitas. Na análise da estrutura de custos, os preços são dados e, a partir dos custos, determina-se o valor de realização.

— (...) Já estudei tudo das tabelas 1 a 4.

— Já?!

— Por que vocês não dão outro exemplo?

— Você já sabe, o *royalty* é uma despesa para quem extrai petróleo. E o valor agregado bruto é o resultado que será oferecido à tributação.

— Você vê que foi preciso apelar para duas leis para determinar a margem de realização de cada saída dos sistemas de abastecimento nesse sistema complexo, que contém um subsistema de síntese e um subsistema de análise.

— Não é possível chegar às entradas que ficam a montante do sintetizador do sistema de óleo e gás associado! É uma regra de ouro...

— Você está certíssimo, Karol. Quero dizer, mais ou menos certo. Até regra de ouro tem exceção...

— !?

— No caso de campos de extração de óleo e gás associado é possível determinar aproximadamente a margem de contribuição de qualquer poço afluente de um "*manifold* de coleta da produção", ou seja, de qualquer afluente do sistema de síntese.

— Como assim?

— Deixe o Beto explicar para ele.

— Beto, explique! Você é jeitoso...

Uma minifilosofada

— É o seguinte, Karol. Nos sistemas de produção de óleo e gás associado existem duas condições, muito peculiares, que permitem dar uma volta na regra de ouro nº 3 e determinar a margem aproximada de contribuição de cada produto de qualquer poço, mesmo que vários deles pertençam a uma mesma linha de síntese.

— Como assim? Quero dizer, cáspite!

— Primeira condição: no sistema de teste, existe um analisador, chamado no jargão petrolês de "separador de teste", que separa o óleo e o gás

208 Três estratégias para turbinar a inteligência organizacional

associado contidos na mistura de hidrocarbonetos proveniente de um determinado poço, permitindo que seja medida a vazão de cada um desses componentes.

— Certo.

— Segunda condição: no sistema de processo, depois da linha de síntese, existe um analisador, chamado de "separador de produção". É esse analisador que confere a cada um de seus dois efluentes a individualidade própria de "óleo" e de "gás natural". Esses elementos passam a ser, após o analisador, identificados como produtos, objetos passíveis de transações de compra e venda nas saídas do sistema de produção.

— Já saquei! No sistema de processo, antes da linha de síntese, o que existe são diferentes misturas de hidrocarbonetos provenientes dos diversos poços. Depois da linha de síntese, o que se tem é uma única mistura de hidrocarbonetos. O analisador do processo é que transforma a mistura única em dois produtos, óleo e gás natural. Não havia produto do sistema antes do analisador de processo.

— Você está filosofando, Karol?

— Não! Eu apenas saquei que a mistura efluente do sintetizador só é produto se considerado isoladamente o subsistema de síntese. Porém, não é produto no sentido econômico do termo. Não é coisa que se vá vender e comprar. Quero dizer, em geral não se compra nem se vende... (Porém, nada impede que seja criado um mercado para o produto dessa síntese...). No entanto, para o sistema de produção como um todo, os produtos são, verdadeiramente, o óleo e o gás natural. Estes já têm mercado estabelecido. Podemos então dizer que esta é uma síntese efêmera, semelhante em natureza àquela síntese da metáfora dos parafusos e das porcas?

— É! Guarda semelhança.

No caso de poços de petróleo, pode-se entender essa síntese como um mero recurso para reduzir a variedade de correntes (O + GA) a serem separadas em (O) e (GN) no analisador. No jargão do petróleo, a síntese é chamada de "coleta" e a análise é denominada "separação".

— Então podemos calcular o custo de produção do óleo e do gás!

— Não! Tenha cuidado, Reader! Determinar a margem aproximada de contribuição de cada poço afluente da síntese não implica determinar o custo de produção de cada produto da análise. Cuidado!

— Isso é muito sutil. Explique, por favor.

— Expliquem para ele, por favor.

— Resumindo, Karol. No caso dos campos de óleo e gás natural, existe uma maneira simples de determinar aproximadamente a margem de contribuição de cada poço. Verifica-se primeiramente a queda de valor agregado que o fechamento do poço provocaria. Depois, avalia-se a redução de custos evitáveis que tal fe-

Formatação de sistemas avançados de informações gerenciais 209

chamento acarretaria. A diferença entre a queda no valor agregado e a redução nos custos evitáveis é uma aproximação da margem de contribuição do poço, positiva ou negativa.

— Com esse fechamento virtual é possível identificar as entradas que apresentam margem aproximada de contribuição negativa, as quais passam a ser candidatas a uma investigação mais profunda.

— E o outro exemplo?

— Para que, Karol? É tudo a mesma coisa...

— Mas, que ajuda, ajuda!

— Você se lembra do Stafford Beer: "Quando compreendemos o todo, os detalhes deixam de importar muito".

— Sim, mas...

— Vamos então dar aquele exemplo da BelaBrita Indústria e Comércio...

— Bem lembrado! A BelaBrita, outra subsidiária da FlexNet, tem quatro contratos de fornecimento de brita. Dois contratos de brita de qualidade A, dois de brita de qualidade B. O negócio da BelaBrita é o seguinte:

1. A organização recebe uma certa quantidade de Mistura 1, contendo Brita A e Brita B, de um Fornecedor F1 e uma outra quantidade de Mistura 2, que também contém britas A e B, do Fornecedor F2. As percentagens de A e B nas duas misturas são diferentes.

2. Então BritaBela decide...

    — BritaBela ou BelaBrita?

    — BelaBrita.

3. Então, BelaBrita decide submeter primeiramente as duas misturas originais a uma síntese, produzindo uma Mistura 3. Posteriormente, a Mistura 3 passa por um classificador, ou melhor, passa por um analisador, que produz Brita A e Brita B. BelaBrita estudou e viu que, por causa de escala de produção, é melhor fazer a análise em um único analisador, depois da síntese.

4. Porém, a produção de Brita B do analisador é insuficiente para atender aos dois contratos de abastecimento desse produto.

5. Assim, BelaBrita precisa complementar a oferta de Brita B. Existem dois fornecedores, F3 e F4, cada qual incapaz de atender à necessidade total de complementação.

6. BritaBela adquire, então, parte da complementação do fornecedor F3 e a parte restante do fornecedor F4.

    — BelaBrita ou BritaBela? São duas organizações?

    — Uma organização. BelaBrita. Você tem razão. Descuido na linguagem... ruído na comunicação.

7. Por questão de logística de suprimento, BelaBrita manda seu transportador apanhar a partida de F3, passar em F4 e coletar a partida desse fornecedor e

trazer tudo para a sede de BelaBrita, onde é coletada a corrente de Brita B que vem do analisador.

8. Aqui já se pode falar em logística de abastecimento, que prefere despachar de um único ponto as duas correntes de Brita B. A carga de Brita A é também despachada a seus contratantes por meio de duas distintas linhas de transporte.

— Você é capaz de desenhar o fluxograma desse processo utilizando os símbolos gráficos dos metaprocessos, Karol?

— (...). Mas não é igual ao fluxograma do processo do "campo de petróleo"?

— Pois é... Quando se compreende o todo, os detalhes...

— O que interessa é dominar os conceitos que não variam entre sistemas análogos...

Recomendações e princípios para formatar sistemas avançados de informação gerencial

— Agora estamos em condições de redefinir *sistema avançado de informações gerenciais* e, daí, apresentar recomendações e princípios para especificar sistemas desse tipo.

Sistema avançado de informações gerenciais (SIG-A) é aquele que utiliza bancos de dados relacionais, ou seja, arquiteturas especiais de informação, nas quais a coluna das chaves é uma âncora, universal, administrativa ou de negócio, e as demais colunas contêm elementos do campo das informações gerenciais relevantes.

Pode-se alinhar as seguintes sugestões para especificar e desenvolver um sistema avançado de informações gerenciais:

- fazer com que o SIG-A incorpore os achados da teoria dos metaprocessos;
- fazer com que o SIG-A incorpore, entre outras, facilidades para a normalização, a datação e a correção de informações monetárias;
- fazer com que o SIG-A reconheça os seguintes princípios:

Princípio da Pertinência. Um SIG-A deve explicitar e representar tão-somente os processos (operações e atividades) concernentes a correntes de insumos, objetos em processo e produtos que apresentem interesse para o nível de gerência para o qual o sistema de informações está sendo desenvolvido.

Princípio da Estruturação de Arquiteturas de Informação. Um SIG-A deve ser capaz de utilizar âncoras, universais, administrativas e do negócio, para estruturar, em arquiteturas especiais, informações de interesse gerencial sobre elementos do campo das informações internas, do campo das informações de mercado e do campo das informações externas.

Princípio do Endereçamento. Um SIG-A deve utilizar âncoras administrativas para endereçar aos gerentes as informações que são de seu interesse.

Princípio da Identificação do Provedor. Um SIG-A deve conter, além de outros recursos de segurança, um dispositivo para emitir sinal de alerta ou registrar a identidade de qualquer indivíduo que insira dados no sistema, visto que informações relevantes têm o mesmo aspecto físico que desinformações e contra-informações, destas diferindo apenas pela qualidade dos dados.

Conclusões

Os benefícios vêm dos produtos e os custos vão para os processos. Mais especificamente, os custos vão para os métodos. Acontece que, em geral, os sistemas convencionais de informação não estabelecem relação entre cada produto e os processos associados *exclusivamente* à sua disponibilização. Se essa relação não for estabelecida, não será possível avaliar a economicidade de cada produto, seja em sistemas simples, seja em sistemas complexos.

Se os sistemas convencionais de informação não estabelecerem, com a necessária aderência à realidade, a relação entre o processo e o método que este utiliza não será possível avaliar a economicidade de cada método.

Essas são razões suficientes para dar suporte à proposta de desenvolvimento de sistemas avançados de informações gerenciais.

Capítulo 5

Implementação das estratégias de aperfeiçoamento organizacional

Aperfeiçoamentos no sistema real e melhorias no sistema de informação andam lado a lado.

O principal objetivo deste capítulo é apresentar um conjunto não necessariamente ordenado de atividades destinadas a facilitar a implementação das estratégias de desenvolvimento da inteligência organizacional. Este capítulo interessa diretamente a membros da comunidade da inteligência organizacional, assim como a consultores, pesquisadores, professores e estudantes das áreas de administração, planejamento, projeto e operação de sistemas de produção, gerenciamento do conhecimento, reestruturação organizacional, sistematização da informação e teoria da organização.

A habilidade de identificar motivações, definir iniciativas e coordenar ações que promovam aperfeiçoamentos no sistema real, em sinergia com melhorias do sistema de informações gerenciais, é uma importante competência distintiva.

As organizações estão sempre sujeitas a experimentar modificações. Isto porque, devido a pressões internas e externas, o pensamento dominante na organização vai sofrendo ajustamentos que, por sua vez, imprimem modificações à organização.

Tais modificações são freqüentes na dimensão administrativa da organização, sendo retratadas em alterações no organograma. Na dimensão dos processos de produção, são mais freqüentes mudanças nas atividades das pessoas e mais visíveis as modificações que ocorrem nas operações que envolvem máquinas e equipamentos. Os dois últimos tipos de alterações são representados nos fluxogramas.

À medida que o sistema real sofre alterações, o sistema de informações gerenciais tem que ser mudado para aderir à nova realidade. Existe uma dependência recíproca entre o sistema real e o sistema de informações. É por isso que, em muitas organizações de médio e grande porte, existem órgãos especializados em realizar mudanças nos sistemas computadorizados, com rapidez e segurança.

Para facilitar a exposição das idéias veiculadas neste capítulo, as três estratégias propostas neste livro — enriquecimento da linguagem organizacional, modelagem de arquiteturas especiais de informação e formatação de sistemas avançados de informação gerencial — serão referidas conjuntamente como a "Grande Estratégia", uma vez que são intimamente concatenadas.

Objetivo permanente e política de desenvolvimento da inteligência organizacional

Se houver na organização um plano estratégico previamente elaborado, a implementação da Grande Estratégia deve ser orientada por esse plano. Se não houver, o desdobramento do programa de teste e implementação da Grande Estratégia em projetos e ações pode constituir-se, ele próprio, no delineamento do plano de implementação das estratégias para turbinar a inteligência organizacional.

No planejamento da implementação, pode-se identificar o objetivo temporário de "testar e implementar as estratégias de desenvolvimento da inteligência organizacional". Esse objetivo, por ter duração definida, justifica um projeto estratégico. Por seu turno, "desenvolver a inteligência organizacional" é uma questão estratégica que deve ser associada a um objetivo permanente e pode determinar o estabelecimento de uma política para a organização.

A política orientará a revisão da concepção dos futuros planos, programas, projetos e ações necessários para manter a organização sempre orientada para o objetivo permanente de desenvolver a inteligência organizacional.

É fácil perceber que, uma vez testada com sucesso a Grande Estratégia, uma política que vise buscar o permanente desenvolvimento da inteligência organizacional não seja considerada de grande interesse para o aprimoramento da organização e para a constante expansão de sua capacidade de competir.

Estratégia auxiliar de implementação

Vale lembrar que a adoção de uma estratégia assegura direção, foco e integração de decisões e ações, com vistas a atingir os objetivos fixados pela organização. Convém, pois, desenhar uma estratégia auxiliar de implementação com a finalidade de orientar as ações requeridas para levar a cabo as tarefas de testar e, eventualmente, implementar a Grande Estratégia na organização.

Uma profusão de interjeições

— Puxa vida! É necessário traçar uma estratégia auxiliar de implementação para introduzir a Grande Estratégia na organização?!

— Não é necessário, mas é conveniente. Não se perca! Os autores estão falando em cinco estratégias... Cuidado!

— Cáspite!

Estratégias que provocam sensíveis alterações na organização requerem a execução, em paralelo, de dois tipos de tarefas:

- ❑ atividades técnicas desenvolvidas na esfera do pensamento racional; e
- ❑ atividades de comunicação, cuja finalidade é anular ou reduzir a tensão emocional que pode estar associada a mudanças estratégicas.

Nas seções que se seguem serão abordados inicialmente projetos orientados para a razão e, posteriormente, atividades direcionadas à emoção. No final do capítulo será mostrado, mediante uma metáfora, como o sucesso na implementação da Grande Estratégia em uma de suas afiliadas balizou o processo de aperfeiçoamento da InflexJaw.

As recomendações feitas neste capítulo para a implementação da Grande Estratégia inspiram-se em práticas propostas e testadas com sucesso em várias organizações complexas.[43]

A estratégia auxiliar de implementação estrutura-se em quatro etapas:

- ❑ estágio de apresentação;
- ❑ estágio de teste;
- ❑ estágio de difusão; e
- ❑ estágio de mudança.

Pode-se interromper a qualquer instante a execução da estratégia auxiliar, sem grandes perdas pecuniárias. É de se esperar que somente a execução do último estágio apresente custos significativos.

A utilização de quatro estágios na estratégia de implementação pressupõe que a organização onde a Grande Estratégia será testada e eventualmente implementada é de grande porte. Numa organização de médio ou pequeno porte, a estratégia de implementação pode ser simplificada.

---

[43] Ver Macedo-Soares e Neves, 2001.

Estágio de apresentação

No estágio de apresentação, a Grande Estratégia é exposta à alta administração (AA) da organização cuja inteligência organizacional se deseja desenvolver, para que seja avaliada a conveniência de testá-la. Sempre que possível, da audiência desta sessão de apresentação deve fazer parte um colégio formado por representantes dos demais agentes do processo de aperfeiçoamento organizacional, planejadores, projetistas e gerentes. Recomenda-se que participem desse colégio atores das fases de concepção, implementação e operação das iniciativas de aperfeiçoamento.

Se deliberar que a Grande Estratégia deve ser testada, a AA indicará duas de suas unidades administrativas de mesmo nível para sediar um teste piloto. É preferível que as unidades indicadas sejam espécies ínfimas do atual organograma da organização.

A indicação de duas unidades de mesmo nível para o teste piloto permite que se estabeleça uma âncora administrativa formada por três elementos: as duas unidades escolhidas e a organização de nível imediatamente superior, à qual as duas primeiras estão subordinadas. Isso possibilitará definir três âncoras administrativas e simular três arquiteturas administrativas, sem que seja necessário propor qualquer alteração no organograma da organização.

Uma vez tomada a decisão e indicadas as unidades pilotos, os públicos de interesse deverão ser amplamente informados dos objetivos a serem alcançados. Para tanto, convém utilizar todas as formas de comunicação compatíveis com o porte da organização, como palestras, comunicados, revistas, jornais, órgãos internos, intranet etc. Passa-se, então, ao estágio de teste.

Estágio de teste

O teste inclui a simulação da implementação das três estratégias que constituem a Grande Estratégia — enriquecimento da linguagem, modelagem de *arquiteturas especiais de informação* e formatação de *sistemas avançados de informação gerencial.*

São sugeridos os seguintes procedimentos para o estágio de teste:

- ❑ a AA designa um Comitê Executivo do Teste (CET);
- ❑ o CET desenvolve um esquema de avaliação dos resultados a serem alcançados com o teste;
- ❑ o CET define os projetos pilotos necessários aos trabalhos de teste e designa os responsáveis por seu desenvolvimento;
- ❑ durante todo o estágio, o CET mantém comunicação de duas vias com os públicos interessados;
- ❑ durante a realização do teste, o CET se reporta à AA toda vez que algum fato relevante é registrado;

- ao final do teste, o CET avalia os resultados obtidos e apresenta relatório com recomendações à AA.

Se a AA assim determinar, passa-se ao estágio de difusão. A AA designa, então, um Comitê de Administração da Difusão (CAD) para coordenar o processo de difusão da Grande Estratégia nos demais órgãos da organização.

Estágio de difusão

Para o estágio de difusão, recomendam-se os seguintes procedimentos:
- o CAD prepara um plano geral de difusão, prevendo ampla comunicação dos objetivos pretendidos aos diversos públicos interessados;
- o CAD realiza uma ou mais rodadas de treinamento de multiplicadores, nas quais é feita a apresentação da Grande Estratégia aos representantes da administração e da comunidade dos agentes do processo de aperfeiçoamento dos órgãos a serem alcançados pelo estágio de difusão;
- o CAD desenvolve um esquema de avaliação dos resultados a serem alcançados com a difusão;
- o CAD designa comitês executivos locais (CELs), cujos elementos são recrutados entre os multiplicadores previamente treinados, para executar a difusão da Grande Estratégia nos órgãos locais;
- cada CEL reporta periodicamente ao CAD;
- durante todo o processo, mantêm-se amplamente informados os diversos públicos interessados;
- o CAD mantém a AA informada, periodicamente ou quando ocorrer fato relevante;
- o CAD avalia o resultado dos trabalhos executados em cada CEL e apresenta relatório final à AA;
- a AA delibera sobre a conveniência de aprovar o estágio de mudança.

Estágio de mudança

Terminado o estágio de difusão, a AA delibera sobre a conveniência de dar início ao estágio de mudança, durante o qual as mudanças serão efetivamente desenvolvidas e implementadas nos sistemas de informação gerencial.

Neste quarto estágio já se pode falar que as atividades, anteriormente agrupadas em projetos pilotos na fase de teste, passarão a ser desenvolvidas dentro de projetos estratégicos.

O quarto estágio requer um planejamento especial, que está fora do escopo deste livro, porque exige investimento no desenvolvimento de *software*, na implementação de novos sistemas de informação, no treinamento de pessoal para operá-los e, eventualmente, na aquisição de *hardware*.

Recomenda-se que, neste caso, seja adotada uma solução integrada, para diminuir interfaces e acelerar a implementação bem-sucedida dos novos sistemas de informação.

Avaliação de resultados

Tanto no estágio de teste quanto no de difusão devem ser feitas avaliações dos resultados alcançados. Para tanto, convém lembrar que os resultados das estratégias de desenvolvimento da inteligência organizacional assumem a forma de abstrações.

Uma avaliação abstrata

— As alterações que vierem a ser propostas na forma de explicitação dos conhecimentos sobre os processos (operações e atividades) desenvolvidos pela organização e nas arquiteturas de informação, por serem de natureza abstrata, não são sujeitas a quantificação numérica.

Nesses casos, recomenda-se que a avaliação seja feita por meio de atributos semânticos, utilizando questionários ou entrevistas, aos quais serão submetidos os indivíduos de um grupo escolhido para integrar uma equipe de avaliadores.

Nos instrumentos de avaliação, podem ser utilizados comparadores do tipo a) "melhor que", b) "igual a" e c) "pior que", ou ainda, d) "a compreensão foi facilitada", e) "a compreensão não foi alterada" ou f) "a compreensão ficou mais difícil", para comparar a situação anterior com a situação proposta no teste.

Atividades dirigidas pela razão

Em poucas palavras: o que se deseja é implementar na organização uma mudança estratégica capaz de promover o desenvolvimento da inteligência organizacional e facilitar a aceleração do processo de aperfeiçoamento. Para isso, convém enriquecer a linguagem organizacional, de modo a proceder à modelagem de arquiteturas especiais que sirvam de suporte à formatação de sistemas avançados de informação gerencial.[44]

A implementação da mudança estratégica requer a realização das atividades resumidas nos projetos esquematizados a seguir.

---

[44] Recorde-se que um sistema avançado de informações gerenciais (SIG-A) utiliza bancos de dados relacionais (ou seja, arquiteturas especiais de informação) nos quais a coluna das chaves é uma âncora, universal, administrativa ou de negócio. As demais colunas contêm itens de elementos do campo das informações gerenciais relevantes sobre os quais se deseja disponibilizar informações relevantes.

Enriquecimento da linguagem organizacional

A linguagem é um sistema de símbolos que permite descrever a realidade, articular raciocínios abstratos, formular visões e realizar a comunicação entre as pessoas que dominam este sistema de representação.

A análise desse sistema permite erradicar deficiências de linguagem, o que beneficia o acervo de conhecimentos e permite o aperfeiçoamento dos sistemas de informação, notadamente os sistemas de informação gerencial.

Dois projetos podem ser associados ao enriquecimento da linguagem organizacional: o estudo da linguagem específica da organização e o estudo da linguagem geral, questões tratadas no capítulo 2.

Enriquecimento da linguagem específica

O projeto piloto de estudo da linguagem específica prevê a análise de exposições orais e escritas e de documentos produzidos dentro da organização, incluindo modelos de organização e gestão, descrições de operações e atividades executadas nos processos, unidades de processo ou unidades administrativas.

Muitas dessas questões são objeto de atenção especial no segmento "Questões básicas", do capítulo 2, enquanto a análise do organograma é tratada no segmento "Estudo das organizações produtoras", do mesmo capítulo.

Enriquecimento da linguagem geral

O projeto de estudo da linguagem geral busca adaptar e incorporar ao acervo de conhecimentos dos agentes do processo de aperfeiçoamento organizacional conceitos e visões que lhes permitam descrever — com mais precisão, clareza e simplicidade, e segundo o interesse gerencial — as operações e atividades desenvolvidas pela organização produtora.

A compreensão mais clara dos processos que a organização executa facilita a comunicação entre os agentes do aperfeiçoamento organizacional. A explicitação dos conhecimentos sobre os processos é facilitada, por sua vez, pelo uso da linguagem dos metaprocessos, que foi objeto de especial atenção no segmento "Estudo das organizações produtoras", do capítulo 2.

Modelagem de arquiteturas especiais de informação

Nesta seção serão esboçados os projetos pilotos necessários à modelagem das matrizes de saída dos sistemas de informação gerencial, isto é, a modelagem de arquiteturas especiais de informação. Tais arquiteturas devem destacar os elementos que realmente têm potencial para apoiar a tomada de decisões e facilitar a obtenção do acordo majoritário necessário à formulação de decisões colegiadas. A modelagem de arquiteturas especiais de informações gerenciais foi objeto do capítulo 3.

Projetos de âncoras especiais

O primeiro passo para especificar uma arquitetura especial de informações gerenciais é criar sua âncora de informações. Os três primeiros projetos pilotos serão dedicados ao desenvolvimento de âncoras, universais, administrativas e de negócio, como mostrado resumidamente a seguir.

Projeto da âncora universal. Cabe lembrar que a âncora universal faz referência a um processo de produção, seja ele processo principal ou de apoio. É a lista dos metaprocessos utilizados para descrever a estrutura do sistema de produção.

Este projeto contempla as seguintes atividades:

❑ descrição do fluxograma do processo executado pela unidade, utilizando símbolos de metaprocessos;

❑ proposição da âncora universal do processo, por acordo entre representantes das fases de concepção, implementação e operação da seção piloto.

Para cada processo só pode haver uma única âncora universal.

PROJETO DA ÂNCORA ADMINISTRATIVA. Definiu-se anteriormente âncora administrativa como a lista constituída pelos nomes das unidades administrativas sob a responsabilidade do gerente de uma organização.

O projeto de desenvolvimento da âncora administrativa prevê a análise do organograma da organização, objetivando definir uma âncora administrativa provisória, para dar suporte ao exercício de especificação de arquiteturas administrativas de informações.

Para cada organização pode haver tantas âncoras administrativas quantos sejam os gerentes alocados nos diferentes níveis administrativos.

PROJETO DA ÂNCORA DO NEGÓCIO. Definida anteriormente, âncora do negócio é a lista dos nomes dos insumos, entradas, metaprocessos, produtos e saídas necessários à descrição da arquitetura de um negócio. É uma ampliação da âncora universal associada ao negócio.

Este projeto prevê:

❑ o estabelecimento da relação entre cada insumo e suas entradas;

❑ o estabelecimento da relação entre cada saída e seu produto;

❑ a descrição da estrutura do processo principal do negócio.

Projetos de arquiteturas especiais de informação

Três projetos pilotos estão voltados para a especificação de arquiteturas especiais de informação, universais, administrativas e de negócio, a partir das respectivas âncoras. Esses projetos dizem respeito à escolha criteriosa dos itens do conjunto de informações relevantes que constituirão as demais colunas de uma matriz de informações gerenciais, ao lado da respectiva âncora.

PROJETO DE ARQUITETURAS UNIVERSAIS. Vale lembrar que a arquitetura universal de informações gerenciais é um banco de dados relacional que contém os elementos da âncora universal como coluna das chaves e, nas demais colunas, um ou mais elementos do campo das informações relevantes.

O número de possíveis arquiteturas universais depende da quantidade de informações relevantes para os agentes do processo de aperfeiçoamento. A quantidade de colunas de cada matriz é uma questão de bom senso.

Em princípio, cada matriz deve conter colunas que sejam afins. Se existir um número elevado de colunas afins, o número de colunas da matriz pode ser mantido sob controle, por meio da utilização do recurso "Outros(as)".

É certo que não podem faltar matrizes para uniformizar a linguagem de previsão e controle de custos, de investimento e de operação, nas fases de concepção, implementação e operação das unidades administrativas e dos sistemas de produção.

Para especificar arquiteturas universais que atendam a interesses da organização é necessário levar em conta que os agentes do processo de aperfeiçoamento devem operar com a lógica de comparar custos e benefícios, econômicos, políticos e sociais, tangíveis e intangíveis, das diversas alternativas disponíveis para configurar as diferentes unidades de processo.

Portanto, para especificar uma arquitetura universal de informação gerencial é necessário identificar os objetos lógicos de decisão que interessam àquele gerente para o qual a arquitetura de informações está sendo desenvolvida.

O projeto de especificação de arquiteturas universais compreende as seguintes atividades:

❑ seleção de elementos que pertencem a entidades do campo das informações internas e eventual categorização desses elementos em itens de interesse;
❑ seleção de elementos que pertencem a entidades do campo das informações de mercado e eventual categorização desses elementos em itens de interesse;
❑ seleção de elementos que pertencem ao campo das informações externas e eventual categorização desses elementos em itens de interesse;
❑ preenchimento de algumas matrizes, ainda que com dados ficcionais, para efeito de demonstração.

PROJETO DE ARQUITETURAS ADMINISTRATIVAS. A arquitetura administrativa de informações gerenciais é um banco de dados relacional que contém os elementos de uma âncora administrativa como coluna das chaves e, nas demais colunas, um ou mais elementos do campo das informações gerenciais relevantes.

O número de arquiteturas administrativas possíveis para uma organização de grande porte pode ser muito grande, porque é grande o número de gerentes e grande o número de informações relevantes para cada um deles.

As matrizes que interessam aos diversos gerentes devem ser convenientemente endereçadas a eles, o que requer uma arquitetura administrativa para cadastrar os interessados em receber tais informações.

O projeto piloto deve considerar:

- especificação de arquiteturas administrativas para o gerente da organização de nível superior;
- especificação de arquiteturas administrativas para cada um dos dois gerentes das unidades de nível inferior;
- preparação de matrizes de arquiteturas administrativas, para efeito de demonstração, ainda que com dados ficcionais.

PROJETO DE ARQUITETURAS DE INFORMAÇÃO SOBRE O NEGÓCIO. Esse projeto piloto prevê a especificação de matrizes que disponibilizem informações sobre custos e benefícios no negócio.

Arquitetura de informações sobre um negócio é um banco de dados relacional que contém, como coluna das chaves, elementos da âncora do negócio e, como tuplas, informações relevantes sobre o negócio. Na seção "Informações relevantes sobre o negócio", do capítulo 4, estão relacionados os principais itens do conjunto de informações relevantes sobre o negócio.

Para atender ao interesse dos gerentes de sistemas de apoio, tais sistemas devem ser considerados negócios que disponibilizam bens ou serviços para clientes internos, a preços equivalentes aos menores preços de iguais produtos no mercado, gerando margens de realização que correspondam a não-desembolsos de igual montante.

Premissas de aceleração

Para acelerar o processo de teste e difusão da Grande Estratégia são admitidas duas premissas. A aceleração é importante para que seja possível demonstrar, rapidamente, que os resultados prometidos no estágio de apresentação e esperados do estágio de mudança podem de fato ser alcançados.

Premissa do desenvolvimento em paralelo

O desenvolvimento de atividades em paralelo pode acelerar a implementação das estratégias de desenvolvimento da inteligência organizacional.

Admite-se como premissa que podem ser desenvolvidas em paralelo algumas atividades contempladas em projetos associados às estratégias de enriquecimento da linguagem organizacional e de especificação de arquiteturas especiais de informação, nos estágios de teste e difusão.

Esses projetos têm alta probabilidade de sucesso e são de baixo custo, comparativamente à implementação de alterações no atual sistema de informações gerenciais, atividade prevista para o estágio de mudança.

Premissa da disponibilidade de dados

Para acelerar o desenvolvimento dos projetos pilotos de especificação de arquiteturas especiais de informação convém admitir como premissa que os dados que integrarão as informações estão disponíveis na organização.

Na prática, esse postulado implica a possibilidade de utilizar dados ficcionais nos estágios de teste e de difusão para simular a geração de novas informações, que poderão ser disponibilizadas por sistemas avançados de informações gerenciais, principalmente no que concerne a custo e valor de insumos e produtos em processos cuja descrição envolva metaprocessos ternários. Caso contrário, seria impossível fazer a demonstração de algumas arquiteturas especiais de informação, quando tais arquiteturas fizessem previsão para incorporar informações não disponíveis no sistema convencional de informações correntemente em uso. O emprego de dados ficcionais permite acelerar o teste e a difusão das estratégias. Somente a implementação implicará o uso de dados da realidade.

Como primeiro ensaio — nos estágios de apresentação e de teste, assim como no treinamento dos multiplicadores necessários ao estágio de difusão — podem ser utilizados os próprios exemplos desenvolvidos neste livro, sem prejuízo da realização de outros exercícios, quando se julgue necessário.

Atividades dirigidas para a emoção

Nos capítulos 2, 3 e 4 foram apresentadas ações apropriadas para executar a implementação de cada uma das três estratégias que constituem a Grande Estratégia, sem levar em conta a interação com os interesses das demais pessoas que se relacionam direta ou indiretamente com a organização, entre as quais se destaca o público interno. Essas ações foram incorporadas em projetos pilotos esboçados na seção "Atividades dirigidas pela razão" deste capítulo 5.

Este livro postula que a aceleração do processo de aperfeiçoamento das organizações produtoras é uma conseqüência natural do desenvolvimento da inteligência organizacional.

As três estratégias de desenvolvimento da inteligência organizacional são desenhadas para promover o enriquecimento da linguagem organizacional, a explicitação do conhecimento sobre a administração e os processos da organização e o desenvolvimento de sistemas avançados de informações gerenciais que reflitam esses ganhos.

Como salientado, o passo mais importante para o desenvolvimento da inteligência organizacional é o enriquecimento da linguagem organizacional.

O sucesso na implementação de qualquer estratégia que interaja com valores básicos da cultura de uma organização requer atenção especial. Ora, talvez não exista valor maior para um grupo social que sua própria linguagem, uma das manifestações mais genuínas de sua cultura.

Pode-se admitir como postulado que o enriquecimento da capacidade de expressão é desejo consciente ou inconsciente da maioria das pessoas. Também se pode admitir que a maioria das pessoas deseja aumentar seu cabedal de conhecimentos e ter maior capacidade para compreender e julgar o valor das informações que recebe, ganhos estes que advêm necessariamente do enriquecimento da linguagem.

Não obstante, tais desejos, conscientes e inconscientes, não constituem, *per se*, base suficiente para garantir que não haja reações à utilização das ferramentas de enriquecimento da linguagem organizacional. Podem ocorrer reações, principalmente se os ruídos de linguagem tiverem sido propositadamente introduzidos, como conseqüência de posicionamento incapaz de se autocriticar.[45]

Uma consulta extremamente reservada

— Como é isso de ruídos propositadamente induzidos, Beto?

— Ao lado de distorções causadas por conhecimento pouco desenvolvido, ruídos podem ser induzidos em conseqüência de posicionamento político ou ideológico. O primeiro é racional e o segundo essencialmente emocional.

Os ruídos que esses posicionamentos provocam geralmente se refletem diretamente nos organogramas, que retratam a distribuição do poder, e indiretamente na descrição dos processos. Daí são repassados para os sistemas de informações gerenciais, principalmente para aqueles que planejam e controlam orçamentos de custos e de receitas, apuram resultados e, por via de conseqüência, subsidiam a avaliação do desempenho e influenciam os sistemas de recompensa, quando estes existem.

O posicionamento político deve ser atacado com argumentos dirigidos para a razão, e o posicionamento ideológico, com argumentos lógicos que apelem também para os valores cultivados pela organização. Em qualquer caso, devem ser mostrados os ganhos que as mudanças propiciarão e as razões pelas quais estão sendo propostas as mudanças na linguagem (que podem ser meramente auxiliares).

Os dois projetos indicados para efetuar o enriquecimento da linguagem são de baixo custo. O primeiro diz respeito à remoção de deficiências de linguagem por meio da análise da linguagem específica. O segundo refere-se à incorporação da linguagem dos metaprocessos.

O primeiro projeto pode desembocar no realinhamento da estrutura do organograma da organização, com o objetivo de separar as unidades que produzem para evitar desembolso, daquelas que produzem para gerar receita.

---

[45] Consultar a esse respeito "Linguagem e ideologia", em Marcondes, 2000.

O projeto de incorporação de uma linguagem auxiliar não exige que os usuários de outras linguagens profissionais abram mão de seu jargão. As pessoas sentirão maior facilidade e mesmo necessidade de continuar utilizando sua língua vernácula, isto é, seu próprio jargão profissional.

Essas pessoas jamais deverão ser impedidas de utilizar seu jogo de linguagem original, que lhes permite melhor comunicação com seus pares. Elas serão chamadas a utilizar, em paralelo com sua linguagem-mãe, a linguagem auxiliar dos metaprocessos que servirá de linguagem de comunicação com os demais membros da comunidade dos agentes do processo de aperfeiçoamento.

Pelo fato de ambos os projetos interferirem com valores culturais básicos, a recomendação mais importante que se pode fazer em relação à introdução da Grande Estratégia diz respeito à preparação do clima organizacional, para que este seja favorável ou, pelo menos, não seja hostil à utilização, ainda que em paralelo, da linguagem enriquecida, conforme se propõe.

Uma solicitação indeclinável

— Vocês poderiam ilustrar as recomendações para orientar a tarefa de levar avante a estratégia de implementação?

— Vamos tentar.

— Fale você.

— Não! Fale você.

— Deixemos bem claro, inicialmente, que vamos falar do estágio de teste da estratégia de implementação. Se, depois de testada, a Grande Estratégia vier a ser aprovada, então será necessário contemplar os demais estágios, que seguirão o padrão desenvolvido para o estágio de teste.

Deve-se inicialmente identificar os atributos que a estratégia de implementação precisa possuir. Distinguir os cuidados indispensáveis e as atividades necessárias para implementar uma estratégia, isto é, tudo o que é recomendável para aumentar a probabilidade de sucesso da implementação da Grande Estratégia.

Não há uma fórmula mágica, uma seqüência única de passos. Tudo depende do porte, do clima reinante e da complexidade da organização.

— Descreva uma seqüência "mais provável"...

— É claro que tudo começa com a decisão de implementar a estratégia. Essa decisão cabe ao mais alto nível executivo da organização. Para tanto, a estratégia deve ser antes apresentada ao executivo e ao corpo de dirigentes, para que a AA da organização possa fazer uma avaliação inicial da potencialidade da proposta.[46]

---

[46] O modelo proposto em Macedo-Soares e Neves (2001), que inspirou em parte as sugestões aqui discutidas, é uma evolução da proposta contida no relatório *Putting the t in health care TQM, Goal/QPC*, do Health Care Application Research Committee (1992). Prevê as principais atividades a se-

226 Três estratégias para turbinar a inteligência organizacional

— Suponhamos que eles aprovem uma iniciativa para testar a Grande Estratégia. E aí?

— Se a organização de que estamos falando for de médio a grande porte, torna-se aconselhável eleger dois de seus órgãos menores para testar a Grande Estratégia.

— Os órgãos a ser eleitos devem produzir bens ou serviços para a clientela externa ou interna?

— Tanto faz. Porém, é mais indicado escolher unidades que estejam em melhores condições de obter sucesso rapidamente, de modo que o teste se torne um *showcase* e ajude a mostrar ao restante da organização que vale a pena comprar a idéia e adotar a estratégia. São candidatas à escolha unidades para as quais não se preveja alteração de métodos do processo real no curto prazo. Assim, o teste da Grande Estratégia não sofrerá influência de atividades paralelas para introduzir aperfeiçoamentos no sistema real.

— Faz sentido. Se a qualidade das informações for melhorada, os próximos sistemas da mesma espécie poderão ser definidos com informações mais aderentes à realidade. *Ipso facto*, esses novos sistemas terão maior probabilidade de apresentar melhor desempenho.

— Porém, tudo vai depender das condições específicas da organização. Se houver algum processo de apoio que se revele crucial no início do teste da Grande Estratégia ele poderá ser escolhido para iniciar a experimentação.

O importante é que a escolha de órgãos pequenos para servir como *showcase* diminui o risco de resistência à mudança, o temor do impacto sobre a grande organização. Possibilita mostrar resultados com maior rapidez e ganhar maior número de adeptos, se os resultados forem satisfatórios.

— Se os resultados forem satisfatórios? Como assim?

— Claro! Se a coisa for mal conduzida pode fracassar. Todo processo de mudança envolve risco.

— Alguns condicionantes são considerados necessários para o sucesso da implementação de uma estratégia de mudança: a) compatibilidade com a cultura e as condições socioeconômicas da organização; b) compatibilidade com o nível de educação do pessoal; c) treinamento específico para o pessoal que lidará com os novos procedimentos, se a estratégia for efetivamente incorporada pela organização; d) exposição dos líderes a uma fundamentação

---

rem realizadas a partir da decisão de submeter a teste a estratégia proposta, visando sua eventual implementação: a) avaliação inicial; b) planejamento estratégico; c) criação de um comitê dirigente; d) planejamento do teste; e) designação de equipes para desenvolvimento de projetos pilotos; f) desenvolvimento do sistema de avaliação; g) capacitação de pessoal; h) desenvolvimento dos projetos pilotos; i) avaliação do estágio de teste; j) realimentação do planejamento estratégico. Essas atividades podem ser executadas em paralelo, ou podem ter sua ordem alterada, dependendo das condições e das conveniências que se apresentarem.

Implementação das estratégias de aperfeiçoamento organizacional 227

sobre as bases teóricas da estratégia, seus padrões e modelos, para que possam liderar pelo exemplo; e) incorporação de um sistema de avaliação e medição de resultados, prevendo recompensas para as pessoas, a fim de sinalizar novos rumos e alavancar mudanças comportamentais.

— A partir daí é uma barbada.

— Calma, Reader! Essas são as condições necessárias. Passemos agora às principais condições desejáveis para facilitar o sucesso da estratégia que se quer testar e eventualmente implementar:

a) alinhar todas as ações com os objetivos estratégicos;
b) para tanto, preparar um plano de implementação;
c) criar uma estrutura *ad hoc*, para gerenciar o teste da Grande Estratégia no órgão escolhido e adaptar a metodologia às condições específicas encontradas na organização.

O comitê deve preparar um plano de implementação que preveja canais efetivos de comunicação com a alta administração, com a gerência média e com o restante do pessoal, antes, durante e depois do teste.

— Comunicação nos dois sentidos!

— Claro! Deve-se fazer ainda uma avaliação inicial da situação dos órgãos selecionados, para facilitar o planejamento estratégico das ações a serem desenvolvidas. Esse planejamento deve ser orientado por um comitê designado pela AA para trabalhar *ad hoc*.

Estabelecidos os programas e planos, os projetos e as ações passam a ser implementados, devendo ser divulgados os resultados obtidos.

Para dar sustentação à divulgação, é recomendável o emprego de um esquema de avaliação periódica dos resultados e de adequação das mudanças, contemplando eventuais impactos sobre o ambiente do órgão e sobre a organização, tudo com o objetivo de aumentar a conscientização das pessoas envolvidas e seu comprometimento com a implementação. Os interesses de sindicatos e associações de classe devem ser levados em consideração.

Deve-se também levar em conta qualquer política oficial porventura existente para o setor ao qual a organização pertence, e a comunicação deve ser clara e transparente, para que possa ocorrer nos dois sentidos.

O caso da InflexJaw

— Nesta seção vamos mostrar, através de um caso, como se podem conduzir as atividades dirigidas à emoção, necessárias para levar a bom termo a implementação de uma estratégia de mudança.

— Explique ao Reader, Beto.

Uma exemplificação metafórica

— Beto, você poderia me dizer como se deu a implementação da Grande Estratégia na FlexNet?

— Há um engano na formulação de sua pergunta. A estratégia foi implementada na InflexJaw e não na FlexNet.

— Desculpe! Como foi a implementação da Grande Estratégia, que transformou a InflexJaw na FlexNet?

— A InflexJaw era muito grande... Na verdade, o processo de aperfeiçoamento da InflexJaw só foi iniciado em decorrência do sucesso alcançado na mudança estratégica efetuada em uma de suas afiliadas. Quer saber como foi essa história?

— Faça o favor de detalhar.

— Posso resumir. Detalhar demandaria muito tempo. A estratégia de implementação seguiu, *grosso modo*, a abordagem proposta pelos autores neste capítulo 5. As particularidades de execução dos projetos estratégicos seguiram as propostas detalhadamente apresentadas nos capítulos 2, 3 e 4.

O importante é mostrar a você por que e como foi iniciada a mudança na tal afiliada. Quer saber?

— Conte logo! Estou ficando ansioso.

— Certo! Então vamos com calma, para você entender.

Nessa metáfora vamos identificar as três organizações envolvidas pelos seus nomes verdadeiros: Urbi et Orbi, InflexJaw e Petróleos Terra.

A Urbi et Orbi é um retrato metafórico do sistema universal de produção, uma rede constituída por uma grande quantidade de empresas e entidades. Muitas destas são megacorporações. Observada como um todo, a rede utiliza uma linguagem geral. Muitos conceitos dessa linguagem apresentam ruídos, que refletem pressões de diversas ordens, principalmente pressões econômicas e políticas.

A InflexJaw, produto da cultura da Urbi et Orbi, utilizava uma linguagem bastante deficiente, tanto nas expressões de uso geral quanto na terminologia de uso específico. A extinta InflexJaw era o paradigma de todas as organizações que utilizam, sem autocrítica, uma linguagem descuidada.

Petróleos Terra era uma organização voltada para a exploração e a extração de petróleo, para a produção de óleo e gás natural, para a produção de derivados de óleo e de gás natural nos quatro cantos da Terra. Posteriormente, a Petróleos Terra foi transformada em Petróleo Universal. Uma das subsidiárias desta é a Crescent Moon, que teve o Campo Geral estudado na seção "Um sistema de produção complexo", do capítulo 4.

— Lembro-me bem.

— Quando resolveu entrar no negócio do petróleo, a InflexJaw decidiu incorporar a Petróleos Terra.

Implementação das estratégias de aperfeiçoamento organizacional 229

— Até aqui estou entendendo.

— Dois fatores foram decisivos para disparar a implementação da mudança na Petróleos Terra: a) dificuldades de comunicação, que minavam a integração entre a Petróleos Terra e a InflexJaw; b) a decisão, resultante do planejamento estratégico da InflexJaw, de ampliar a atuação da Petróleos Terra para o resto do universo.

— !

— Esses dois fatores colocaram a administração da InflexJaw frente a frente com a questão: "como ampliar a atuação de uma afiliada com a qual estamos tendo problemas de integração causados por dificuldades de comunicação?"

— O que eles fizeram?

— A alta administração da InflexJaw decidiu atacar os dois problemas ao mesmo tempo.

— Como foi?

— Na parte técnica, uma equipe foi encarregada de estudar e propor uma nova linguagem, que facilitasse a comunicação e pudesse ser utilizada no negócio do petróleo em qualquer parte do mundo. A partir do relatório da equipe de estudo, ficou claro que seria necessário reestruturar a Petróleos Terra.

— E na parte comportamental?

— Você não vai querer dar uma olhada no relatório da equipe técnica?

— Você tem uma cópia?

— Tenho. Veja abaixo.

Um sistema de linguagem forte, para o negócio do petróleo

É costume dividir a indústria do petróleo em dois segmentos: o setor *upstream* e o setor *downstream*. Essa dicotomia não permite descrever — com a clareza exigida hoje em dia pela sociedade e com a precisão requerida pelos modernos sistemas de informação que dão apoio à decisão — como o negócio do petróleo efetivamente se organiza ou deve ser organizado.

Tradicionalmente, as operações e atividades de exploração e produção são englobadas no ramo *upstream*, assim como as operações e atividades de perfuração de poços e de intervenção em poços, que disponibilizam serviços às duas primeiras. Mas, se assim é, a dicotomia força-nos a colocar no ramo *downstream* todas as demais operações e atividades principais desse negócio, ou seja, o refino, o processamento de gás natural, o transporte e a comercialização, além da distribuição.

É exatamente aí que reside um importante foco gerador de problemas de comunicação. Colocar o transporte e a comercialização no setor *downstream* provoca grande ruído nesse sistema de linguagem, porque também existe transporte *upstream* e comercialização *upstream*. O negócio do petróleo necessita de uma nomenclatura mais forte, que sirva a um sistema de comunicação mais claro.

Os administradores que pertencem à cúpula da corporação devem convencionar entre si o uso sistemático e consistente de expressões-chave que descrevam as funções básicas da organização, como forma de melhorar o entendimento colegiado sobre os negócios de interesse, facilitando a especificação de informações que efetivamente subsidiem a tomada de decisões estratégicas.

Ora, o significado que as palavras assumem em um determinado contexto social é um acordo, tácito ou explícito, uma construção cultural. Assim sendo, propõe-se que seja construído um sistema de comunicação mais eficiente, com base nas 10 convenções que se seguem:

1. A palavra "petróleo" designará, individual ou coletivamente, tanto o "óleo" quanto o "gás natural".

2. A expressão "derivados de petróleo", ou simplesmente a palavra "derivados", designará, individual ou coletivamente, tanto os derivados do óleo quanto os derivados do gás natural.

3. O negócio do petróleo será particionado segundo a trilogia definida abaixo:

3.1 A palavra "suprimento" será sempre associada à palavra "petróleo", para definir a entidade Suprimento de Petróleo necessário à operação de produção de derivados do óleo e do gás natural.

3.2 A palavra "processamento" será sempre associada à palavra "petróleo", para designar coletivamente o refino de óleo e o processamento de gás natural, de modo a definir a entidade Processamento de Petróleo.

3.3 A palavra "abastecimento" será sempre associada à expressão "derivados", de maneira a definir a entidade Abastecimento de Derivados ao mercado consumidor.

4. O conjunto das atividades de transporte de petróleo e de transporte de derivados define a entidade Transporte de Petróleo e Derivados, incluindo o transporte de óleo, de gás natural e de seus respectivos derivados.

5. O conjunto das atividades de compra e venda de petróleo e de compra e venda de derivados define a entidade Comercialização de Petróleo e Derivados, uma atividade de apoio crucial ao negócio do petróleo.

6. O conjunto das atividades de compra de óleo ou gás natural no exterior do sistema e de transporte desses insumos para o interior do sistema define a entidade Importação de Petróleo, enquanto o conjunto das atividades de compra de derivados no exterior do sistema e de transporte desses insumos para o interior do sistema define a entidade Importação de Derivados.

7. O conjunto das atividades de venda de óleo ou gás natural para o exterior do sistema e de transporte desses produtos para o exterior do sistema define a entidade Exportação de Petróleo, ao passo que o conjunto das atividades de venda de derivados de óleo ou gás natural para o exterior do sistema e de

transporte desses produtos para o exterior do sistema define a entidade Exportação de Derivados.

8. O Suprimento de Petróleo ao parque de Processamento de Petróleo faz-se através da produção interna de petróleo e da importação de petróleo.

9. O Abastecimento de Derivados ao mercado interno faz-se através da produção interna de derivados (resultante do processamento de petróleo) e da importação de derivados.

10. A exploração de petróleo ocorre a montante da extração de petróleo, assim como a distribuição de derivados ocorre a jusante do abastecimento de derivados ao mercado interno.

O conjunto de convenções consubstanciadas nas definições anteriores permite caracterizar, descrever, representar, definir, com a necessária clareza, um sistema cujas fronteiras podem ser as de uma corporação ou de um país.

Portanto, estamos tratando de uma linguagem que serve para descrever organizações nacionais ou transnacionais, e para dar suporte às respectivas arquiteturas de informação.

A figura 22 mostra uma aplicação desse sistema de linguagem para representar graficamente a movimentação quantitativa de petróleo e derivados em uma organização que contenha um parque de processamento de petróleo.

Figura 22
Representação gráfica da movimentação de petróleo e derivados no negócio do petróleo

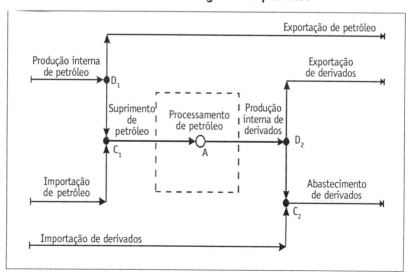

O distribuidor D_1 representa o centro responsável pela decisão de processar no mercado interno ou exportar o petróleo produzido internamente (óleo ou gás natural). O distribuidor D_2 representa o pólo que deve responder pela decisão de fornecer ao mercado interno ou exportar os derivados produzidos no interior do sistema.

O coletor C_1 representa o centro que responde pela decisão que se deve tomar de suprir o parque de processamento com petróleo produzido internamente ou com petróleo importado. O coletor C_2 representa o centro responsável pela decisão de abastecer o mercado interno com derivados produzidos internamente ou com derivados importados.

O analisador A representa o conjunto de refinarias e unidades de processamento de gás natural das quais são obtidos todos os derivados que constituem o *mix* de produção de derivados.

Ele é o pólo responsável pela implantação das unidades industriais necessárias para compatibilizar o suprimento de petróleo (óleo e gás natural) com a produção interna de derivados (de óleo e de gás natural), segundo a estratégia geral de marketing estabelecida para o negócio.

Se for feita a indexação das variáveis incluídas nesse sistema de linguagem, será possível expressar quantitativamente os numerosos fluxos de interesse do negócio do petróleo.

Se indexarmos a variável A, poderemos representar cada refinaria e cada unidade de processamento de gás natural existente no parque de processamento de petróleo. Da mesma forma, se atribuirmos um índice à variável "produção interna de derivados" poderemos representar cada derivado produzido. As demais variáveis do modelo podem igualmente ser indexadas. Portanto, o modelo é extremamente geral.

Os administradores responsáveis pelas decisões estratégicas, que se concentram em D_1, D_2, C_1, C_2 e A, precisam de informações que sejam aderentes à realidade, para suportar suas deliberações.

A força do sistema de linguagem que está sendo proposto é vista por inteiro, quando se compreende que ele facilita substancialmente o redesenho do sistema de informações sobre as atividades de importação, produção interna e exportação, de óleo, de gás natural e de todos os seus derivados.

É necessário utilizar uma linguagem um pouco mais geral, se desejarmos descrever: a) os detalhes dos subsistemas; b) a movimentação qualitativa e quantitativa dos componentes do *blend* de petróleos que constitui o *feedstock* do sistema de processamento; c) as atividades de utilização interna de gás natural e residual nas operações de injeção de gás em reservatórios de petróleo, e d) a movimentação de outros combustíveis líquidos, como o álcool anidro e o *gasohol*, eventualmente utilizados no negócio.

Em resumo, pode-se afirmar que a nomenclatura proposta permite representar a arquitetura básica de um grande sistema de informações gerenciais, cuja lógica foi construída a partir das definições de petróleo e de derivados de petróleo, assim como das definições da trilogia "suprimento de petróleo, processamento de petróleo, abastecimento de derivados".

— Interessante. Quero dizer, bastante interessante! E na parte comportamental?

— Ao aprovar a implementação da reestruturação da Petróleos Terra nos termos indicados pelo relatório técnico, a alta administração da InflexJaw comunicou ao público interno da própria InflexJaw e da afiliada que a reestruturação da Petróleos Terra seria seguida pela implantação de um esquema de avaliação da contribuição de cada unidade administrativa para o atingimento dos objetivos estratégicos da organização. Com base nesse sistema de avaliação seria implementado um sistema de recompensas proporcionais à contribuição de cada unidade administrativa.

A InflexJaw informou também que a área de atuação da nova organização seria ampliada para levar sua presença a mais três corpos celestes. Isso abriria oportunidades de ascensão a um grande número de colaboradores da InflexJaw e da afiliada. Esses profissionais encontravam-se, principalmente no nível da gerência intermediária, sem oportunidade de progressão em suas respectivas carreiras.

Tudo isso foi feito com os ajustes que o próprio processo de mudança ia recomendando. A Petróleos Terra, uma vez reestruturada, passou a se chamar Petróleo Universal.

— A InflexJaw empregou duas estratégias bem concatenadas!

— Duas, não! Três estratégias.

— Como assim?

— Três estratégias, porque a InflexJaw havia decidido que a reestruturação da Petróleos Terra seria usada como teste. Depois de acompanhar de perto os resultados das medições de desempenho nos níveis estratégico e operacional na organização reestruturada, agora denominada Petróleo Universal, a InflexJaw resolveu empreender uma grande mudança em sua própria organização, que, em seguida, passou a se chamar FlexNet. Essa história você já conhece.

— E tudo começou com uma revisão na linguagem organizacional da Petróleos Terra ...

Capítulo 6

Considerações finais

Este capítulo final está estruturado em três seções. A primeira apresenta um resumo executivo do livro. A segunda relaciona uma série de idéias que podem ser desenvolvidas em futuros estudos ou projetos, por empreendedores, acadêmicos ou organizações interessadas. A terceira contém uma mensagem aos executivos e gerentes, exortando-os a colocar o desenvolvimento da linguagem como prioridade em suas organizações.

Resumo executivo

> *A linguagem é, então, como a lança de*
> *Telephus, a origem e a solução do problema.*[47]
> Danilo Marcondes

Analise atentamente os seguintes vetores dos cenários em que serão desenvolvidos os trabalhos nos diferentes segmentos da atividade econômica daqui por diante:

- ❑ afluência acelerada de novos entrantes nos diferentes campos de atividade, ampliando a arena da competição;
- ❑ utilização cada vez mais intensa da tecnologia da informação nas transações cooperativas, em redes de alianças e outros relacionamentos estratégicos tradicionais e virtuais;

---

[47] Télefo teve a perna ferida pela lança de Aquiles, resultado de uma luta entre eles. O ferimento manteve-se aberto por oito anos. Depois desse tempo, em troca de um favor, Aquiles colocou um pouco de ferrugem da lança sobre a ferida, que foi assim curada. Realizou-se então um prenúncio de Apolo, segundo o qual o que ferira Télefo haveria de curá-lo.

- pressão crescente da sociedade sobre as organizações por mais transparência e mais produtividade;
- maior responsabilização quanto a direitos de acionistas, fornecedores de materiais, prestadores de serviços, clientes, consumidores, usuários e cidadãos;
- exigência de maior respeito para com os empregados, o ecossistema e as comunidades locais.

Em cenários influenciados por tais vetores, forçoso será reconhecer a importância estratégica de desenvolver a inteligência organizacional, para capacitá-la a acelerar o processo de aperfeiçoamento organizacional.

Linguagem — problema e diagnóstico

— Usuários de alto nível da comunicação organizacional não dispõem de tempo, nem de treinamento, para descobrir a causa do desconforto que podem experimentar quando lhes são passadas informações pouco claras. Já senti esse desconforto. É muito desagradável.

— O problema é da linguagem, mas cada usuário tenderá a atribuí-lo a uma possível deficiência de conhecimento que só ele próprio possui, e não a uma limitação da organização como um todo. Assim, o desconforto pode provocar ansiedade, que irá potencializar o decréscimo do desempenho, este já prejudicado pela baixa qualidade das informações.

As organizações produtoras utilizam *recursos intelectuais, financeiros e materiais* para desenvolver visões e objetivos estratégicos que irão guiar os trabalhos necessários para receber insumos, executar processos (operações ou atividades) e disponibilizar bens ou serviços.

Os *recursos intelectuais* em questão são os seguintes: a) informações gerenciais relevantes, necessárias à tomada de decisões adequadamente fundamentadas; b) conhecimentos de interesse sobre as operações e atividades que a organização precisa realizar, indispensáveis à definição das informações relevantes para gerenciá-la, e c) a linguagem organizacional, que descreve a realidade da organização, reflete os conhecimentos por ela dominados, permite definir que informações são relevantes e dá suporte à comunicação com os *stakeholders*.

Inteligência organizacional é a capacidade coletiva disponível na organização para, de maneira proativa, identificar situações problemáticas, tomar iniciativas de aperfeiçoamento, implementá-las e operá-las, utilizando seus *recursos intelectuais*.

Este livro condensa o esforço desenvolvido, com base nessas visões, em três diferentes eixos:

1. Estuda as formas de utilização das informações, dos conhecimentos e da linguagem, segundo um processo geral de aperfeiçoamento organizacional que facilita a introdução de melhorias nas empresas e entidades do mundo da produção.
2. A partir da identificação de características que não variam em relação aos diferentes tipos de organizações produtoras, desenha três estratégias para desenvolver a inteligência organizacional e acelerar o processo de aperfeiçoamento organizacional.
3. Apresenta idéias e propõe diretrizes para implementar as três estratégias propostas.

O motor do desempenho das organizações é o entendimento coletivo que resulta das diferentes percepções que as pessoas têm sobre os papéis que cada uma deve desempenhar para que a organização execute suas operações e atividades.

Para que se possa entender como as pessoas organizam suas idéias e tomam decisões sobre ações futuras, deve-se ter em mente que conhecimentos e informações são interpretações, isto é, são representações mentais que as pessoas fazem a respeito dos objetos, concretos ou abstratos, que lhes interessam.

Por isso, a utilização da linguagem adequada é indispensável para desenvolver e compartilhar essas interpretações, ou seja, comunicá-las adequadamente, de modo a garantir a eficácia e eficiência das ações que serão tomadas com base nelas.

O primeiro capítulo dedica-se a formular, e justificar, as três estratégias de desenvolvimento da inteligência organizacional e aceleração do aperfeiçoamento organizacional. Para tanto, discute-se inicialmente um processo geral de aperfeiçoamento organizacional. A partir do estudo desse modelo de ação é possível identificar:

❑ a natureza eminentemente intelectual das principais atividades que integram o processo de aperfeiçoamento;
❑ os principais líderes e agentes do processo de aperfeiçoamento organizacional: executivos, gerentes, planejadores e projetistas;
❑ as três ferramentas básicas que esses agentes utilizam: a linguagem organizacional, os conhecimentos de interesse e as informações relevantes para a decisão.

O livro faz corresponder a cada ferramenta básica uma estratégia especificamente concebida para beneficiá-la. A ação conjunta das três estratégias desenvolverá a inteligência organizacional e facilitará a aceleração do aperfeiçoamento organizacional.

O segundo capítulo expõe, a partir do estudo comparado dos conceitos de "processo" e "método", um conjunto de idéias para aumentar o poder da linguagem das organizações. Discute como os responsáveis pelo aperfeiçoamento organizacional devem raciocinar, quando tomam decisões baseadas na racionalidade administrativa. A análise desse *modus operandi* desemboca no conceito de *objeto lógico de decisão*.[48]

A partir desse conceito é estabelecido um princípio que facilita a identificação das informações relevantes para a tomada de decisões.

É proposta uma linguagem compacta para descrever sistemas de produção, composta de apenas sete símbolos, que possibilitam aos gerentes fazer representações adequadas de quaisquer sistemas de produção encontrados no mundo real, com a extensão e a profundidade que desejarem. A utilização dessa nova linguagem força a identificação de imprecisões e omissões porventura existentes no acervo de conhecimentos de interesse para a organização e, conseqüentemente, de imprecisões e omissões presentes nos sistemas de informações gerenciais.

No terceiro capítulo são tratados os problemas de seleção, aquisição, contextualização, indexação, estruturação e rápida localização das informações no campo das informações relevantes. Tais dificuldades são resolvidas por meio da construção de *arquiteturas especiais de informações*, que são de três tipos: *arquiteturas universais, arquiteturas administrativas* e *arquiteturas do negócio*.

No quarto capítulo, discute-se como *sistemas avançados de informações gerenciais* podem ser formatados por meio da incorporação dos ganhos da linguagem organizacional enriquecida e das arquiteturas especiais de informações. Incorporando esses ganhos, os sistemas avançados de apoio à decisão passam a fornecer novas informações de interesse para o gerente e antigas informações, estas de forma mais clara e mais aderente à realidade.

O quinto capítulo apresenta uma estratégia auxiliar para dar foco e integração aos projetos e às ações que se recomendam para coordenar a implementação das três estratégias de desenvolvimento da inteligência organizacional e a aceleração do processo de aperfeiçoamento. Destaque especial é conferido às ações de comunicação com o público interno e com os demais interessados.

Toda organização é *sempre* um sistema de duas ou mais pessoas, que, atuando em redes de alianças ou outros relacionamentos tradicionais e virtuais, desenvolvem visões, estratégias e projetos, com base em seus conhecimentos e informações. Antes que suas idéias possam ser adequadamente implementadas sob a forma de ações, as pessoas precisam compartilhá-las com seus pares e com os

---

[48] Conforme se viu na seção "Gerenciamento por objetos lógicos de decisão", do capítulo 2, *objeto lógico de decisão* é qualquer elemento constitutivo da organização para o qual exista pelo menos uma alternativa de escolha que justifique uma decisão. Os objetos lógicos de decisão são os elementos constitutivos das unidades administrativas ou das unidades de processo.

demais *stakeholders*. Para isso é necessário dominar uma linguagem que lhes permita realizar uma comunicação clara, transparente e dialógica.

Não existe comunicação efetiva sem informação inteligível que reflita um conhecimento explícito, o qual precisa se apoiar, por sua vez, num sistema de linguagem coerente.

Portanto, estratégias para enriquecer a linguagem, explicitar o conhecimento e disponibilizar informações aderentes à realidade constituem o tripé sobre o qual deve se apoiar o esforço para iluminar a comunicação e turbinar a inteligência organizacional.

Pontos para futuro desenvolvimento

Numerosas questões de interesse podem ser tratadas a partir dos achados deste livro, todas elas direta ou indiretamente relacionadas a problemas de linguagem ou conhecimento impreciso.

São assuntos que podem interessar a empreendedores, pesquisadores e a organizações que entendam o valor da linguagem organizacional para explicitar o conhecimento e dar suporte ao desenvolvimento de inovações.[49]

A seguir, alguns desses temas estão relacionados em dois grupos:

1. Idéias que podem interessar a empresas ou empreendedores:
   - ❏ gerador de sistemas computadorizados para avaliar e otimizar os projetos ou a operação de sistemas de produção complexos (que contenham análises), com base na linguagem dos metaprocessos;
   - ❏ sistemas de informação gerencial, modelos ou simuladores, desenvolvidos com base na linguagem dos metaprocessos;
   - ❏ estudos de problemas de linguagem em organizações, com base na linguagem dos metaprocessos;
   - ❏ *customização* da proposta do livro para o caso de uma organização interessada, em parceria com a própria organização.

2. Temas que podem estimular pesquisas ou projetos de interesse acadêmico em parceria com empresas:
   - ❏ gerenciamento de carteiras de contratos ou orçamentos em tempo de inflação ou de deflação, cobrindo as atividades de planejamento e controle das realizações, revisões, aditamentos para cortes ou acréscimos em cada contrato ou orçamento;
   - ❏ problemas de linguagem e conhecimentos imprecisos encontrados na legislação e na execução de licitações e sua solução;

---

[49] As pessoas interessadas no desenvolvimento dessas idéias podem entrar em contato com os autores para obter informações mais detalhadas, receber orientação ou estabelecer parcerias.

- sistema de linguagem para apoiar um mercado eletrônico de transações de materiais e serviços requeridos por grandes complexos industriais, como a indústria do petróleo;
- sistema de planejamento e controle dos fluxos de aquisição de materiais e contratação de serviços para gerenciar a evolução de uma população de instalações duráveis, como o parque de poços num conjunto de campos de petróleo;
- estudo comparado da teoria dos sistemas de produção complexos (árvores de produção) e da *theory of constraints*;
- linguagem computacional baseada na simbologia dos metaprocessos, para resolver sistemas de produção complexos;
- estrutura geral de planejamento e controle, com visibilidade total: antes, durante e depois do período coberto pelo plano;
- linguagem para planejamento e controle de macroatividades no setor petrolífero corporativo ou nacional;
- princípios para classificar e codificar um universo "infinitamente grande" de itens de material, visando otimizar sistemas computadorizados de gerenciamento de materiais;
- método para levantamento determinístico do índice de inflação de custos de uma organização;
- nova linguagem para descrever ações de planejamento e controle contínuos;
- proposta para incubadora de tecnologia: desenvolvimento de um gerador de sistemas de planejamento e controle baseado na estrutura geral de planejamento e controle com visibilidade total;
- análise estruturada do processo de concepção, implantação e operação de sistemas muito complexos — o caso das operações e atividades de exploração e extração de óleo e gás natural;
- gerenciamento dinâmico ininterrupto de carteiras de projetos — planejamento e controle "não-gregoriano" de carteiras de projetos em andamento;
- jogo compacto de linguagem para descrever os fluxos nacionais de importação e exportação, suprimento e abastecimento, produção e consumo de petróleo, derivados de petróleo, alcoóis combustíveis e *gasohol*;
- análise de erros de linguagem incorporados à nova Lei do Petróleo;
- sistema de linguagem para dar suporte a um sistema computadorizado de controle de fluxos e perdas nas operações de extração, injeção e movimentação de fluidos em campos produtores de petróleo.

Mensagem a executivos e gerentes

Um método infalível para aumentar a criatividade, a produtividade e a competitividade

Uma linguagem forte e coerente é a ferramenta mais poderosa de que podem dispor as organizações para aumentar a criatividade, a produtividade, a eficácia e a eficiência nos níveis de direção, gerência, planejamento, projeto e controle.

O emprego de linguagem inadequada pode causar acentuada redução do desempenho individual, principalmente nos escalões mais elevados das organizações. Apesar disso, não é comum ver as organizações maiores e mais poderosas, aquelas que desenvolvem as operações mais complexas, cuidarem do desenvolvimento de uma linguagem estruturada, capaz de aumentar a competência verbal dos indivíduos que determinam o seu futuro.

A utilização de linguagem inadequada leva à produção de um sem-número de estudos, projetos, planos e relatórios que não são utilizáveis por serem ininteligíveis ou que são mal utilizados por veicularem mensagens distorcidas.

O uso de linguagem incoerente e confusa provoca freqüentes pedidos de esclarecimentos e informações complementares. Às vezes dá origem a mal-entendidos, que acabam sendo executados porque nem chegam a ser detectados.

Em contraposição, a desmitificação da linguagem, que equivale à clarificação da estrutura do sistema de idéias, reduz a probabilidade de que as pessoas façam de maneira diferenciada coisas que são semelhantes, multiplicando procedimentos de planejamento e controle. Reduz também a probabilidade de que sejam feitas de maneira assemelhada coisas que são diferentes, o que acarreta má utilização das rotinas de planejamento e controle.

Em outra dimensão, o emprego de linguagem dúbia pode causar distorção de comportamento do lado da direção e da parte da execução.

Dirigentes bem intencionados que não conseguirem definir com clareza os objetivos da organização sentir-se-ão frustrados. Outros, menos comprometidos, tenderão a exorbitar, favorecidos pela linguagem obscura.

Executivos bem intencionados que não lograrem traduzir em metas claras os objetivos setoriais não obterão aprovação efetiva para seus planos de ação e, portanto, trabalharão em regime de ansiedade. Aqueles menos comprometidos tenderão à falta de colaboração e à sonegação de informações, protegidos pela obscuridade da linguagem.

Num ambiente onde falta a clareza é difícil descentralizar. Não há uma linguagem comum que permita irradiar diretrizes inteligíveis do topo para a base. No sentido inverso, as proposições emitidas da base para o topo dificilmente podem ser somadas e consolidadas.

Clarificar a linguagem é facilitar o fluxo de informações, criar um clima de entendimento, aperfeiçoar a comunicação.

O desenvolvimento de um sistema de linguagem forte serve ao propósito de estabelecer um "jogo de comunicação"[50] capaz de facilitar o entendimento entre as pessoas envolvidas com os diferentes negócios da organização.

Os sinais a seguir são evidências claras de que um ambiente organizacional está utilizando um jogo de comunicação eficaz, apoiado num sistema de linguagem adequadamente convencionado:

- os sistemas de informação utilizados pela organização são eficientes; todos ou quase todos os interessados em um determinado sistema entendem as informações por ele disponibilizadas;
- os planos e os relatórios de acompanhamento são inteligíveis; a linguagem, os quadros, as tabelas e os formatos utilizados para expedir as instruções são exatamente aqueles usados para informar a execução.

Um jogo de comunicação eficaz traz para a organização, a custos praticamente desprezíveis, os seguintes benefícios de valor inestimável:

- o ensino e a aprendizagem são extremamente facilitados, aumentando a velocidade de transmissão do conhecimento, o que é muito conveniente à preparação dos novos quadros requeridos para a substituição da força de trabalho que se retira e, principalmente, para a ampliação do quadro de pessoal nos períodos em que a organização está expandindo suas atividades;
- a criatividade é grandemente estimulada, levando à identificação de novos insumos, ao desenvolvimento de novos processos e à conseqüente oferta de novos produtos, com aumento da produtividade efetiva e do poder de competição da organização;
- o aumento da transparência é incentivado, criando condições para melhorar a confiabilidade dos documentos e das informações, e conferindo, em conseqüência, maior credibilidade aos indivíduos.

Não se pense que essa afirmação sobre a importância da transparência é ingênua. Martin Shubki,[51] em magistral reflexão sobre o problema do controle nas organizações, assim se expressou sobre essa questão:

> Na teoria, assim como na prática, a seleção do tipo de mensagem a remeter para o tomador de decisões é também uma decisão. Dá ao indivíduo um grau de poder que varia com a diferença entre o seu conhecimento e o conhecimento

---

[50] A expressão "jogo de comunicação" inspira-se na conhecida expressão "jogo de linguagem", criada pelo filósofo Ludwig Wittgenstein.

[51] Shubki, 1962.

Considerações finais 243

de seu superior e, também, com a importância dessa diferença para a decisão. A centralização completa e efetiva requer que o escritório central esteja completamente informado e use o restante da organização meramente como um instrumento para a execução e não para a coleta de informações. Ou, então, requer que todos os indivíduos sejam considerados fornecedores isentos de informações.

As sessões e os seminários de criatividade são exercícios verbais. Neles, o grupo geralmente não desenvolve ícones, como maquetes ou modelos reduzidos. Antes, procura fazer representações simbólicas, utilizando apenas palavras para descrever a realidade, imaginar e experimentar conceitualmente os efeitos de possíveis soluções chamadas de alternativas de projeto. O exercício do planejamento é o exercício da dialética.

Então, é preciso, para começar, definir coerentemente as partes que compõem o sistema físico que se deseja otimizar, como base mínima de apoio para as tarefas de bem planejá-lo e adequadamente controlá-lo. Ora, isso é uma questão de fluência verbal. Então, por que as organizações raramente cuidam de desenvolver uma linguagem forte para ser utilizada pelos indivíduos que integram o seu corpo pensante?

O que se vê em muitas organizações é que as pessoas, estejam em posição de linha ou de assessoramento, encontram-se quase sempre em conflito com um ou outro sistema de informações, que não está correspondendo às suas necessidades e expectativas.

O sistema não funciona, acreditam alguns, porque os recursos de *hardware* não estão à altura. O sistema não funciona, crêem outros, porque o usuário não falou a mesma linguagem que o projetista durante o seu desenvolvimento.

Tudo isso pode ser verdade. Porém, o mais importante é compreender que os sistemas de informação não funcionarão se os interessados não conseguirem entender e descrever o sistema físico que pretendem planejar e controlar. Se não forem capazes de atender a essa condição básica, eles não conseguirão criar um sistema de linguagem eficaz, que lhes permita comunicar-se entre si. Daí resulta, logicamente, que também não poderão desenvolver e colocar num computador as instruções altamente estruturadas que são requeridas quando convém usar um procedimento mecanizado para adquirir, tratar, armazenar, processar e expedir informações.

Aristóteles disse que as coisas têm que ter nomes, pois se as coisas não tiverem nomes arruinar-se-á toda a comunicação entre os homens.

Wittgenstein mostrou que as pessoas de uma mesma comunidade utilizam um "jogo de linguagem" para se comunicar. É conveniente, portanto, escolher o sistema de palavras que, uma vez aceitas pelo grupo, fará parte do jogo de comunicação. Isso explica a necessidade de criar jargões, como o economês, o petrolês e tantos outros "ês".

Cada sistema de linguagem deve ser suficientemente simples para ser entendido por todos os indivíduos que desejam ou necessitam fazer parte do sistema de comunicação. Mas também deve ser abrangente, para evitar a proliferação de subsistemas cada vez mais exclusivos, que servem a comunidades cada vez mais reduzidas, cujos membros passam a ser chamados "especialistas".

Ao se tentar atingir os objetivos antagônicos de abrangência e simplicidade no desenvolvimento de um sistema de linguagem, constata-se freqüentemente que:

- algumas palavras têm diferentes acepções na linguagem corrente; portanto, é absolutamente necessário que o sistema opte por uma delas, dentro do contexto semântico de seu interesse específico;
- algumas entidades ou objetos que têm importância no mundo real e nas decisões gerenciais ainda não possuem designação apropriada na linguagem organizacional; portanto, é preciso criar palavras ou expressões adequadas para designar tais entidades.

Compreendida a estrutura de um negócio ou sistema, pode-se trabalhar no desenvolvimento de uma linguagem coerente capaz de evitar ruídos semânticos que dificultam a comunicação, distorcem a informação, inibem a criatividade, reduzem a eficácia do projeto e diminuem a eficiência da operação.

Qualquer organização que deseje adotar uma política clara para estimular a criatividade, aumentar a produtividade e garantir a competitividade pode resumir seu posicionamento estratégico no lema: *Esta organização promove o desenvolvimento da linguagem que utiliza.*

Bibliografia

ANAND, B. N.; KHANNA T. Do firms learn to create value? The case of alliances. *Strategic Management Journal*, v. 21, p. 295-316, 2000. (Special Issue.)

ANSOFF, Igor; McDONNELL, Edward (eds.). *Implanting strategic management.* New York: Prentice Hall, 1990.

ATKINSON, A. A.; WATERHOUSE, J. H.; WELLS, R. B. A stakeholder approach to strategic performance management. *Sloan Management Review*, v. 38, n. 3, p. 25-37, [1996?].

AUSTIN, J. E. *Managing in developing countries: strategic analysis and operating techniques.* New York: The Free Press, 1990.

BARNEY, J. B. Firm resources and sustained competitive advantage. *Journal of Management*, v. 17, p. 99-102, 1991.

———. *Gaining and sustaining competitive advantage.* Ohio: Addison-Wesley, 1996.

BRANDENBURGER, A. M.; NALEBUFF, B. J. *Co-opetition.* New York: Doubleday, 1997.

CAMP, B. C. *Benchmarking: the search for industry best practices that lead to superior performance.* Wisconsin: ASQC Quality Press, 1989.

CHAVES, E. C. O. Filosofia analítica: a filosofia como análise lógica da linguagem. Disponível em: <http://www.chaves.com.br>. Acesso em: 15 dez. 2003.

CHERNS, A. B. The principles of socio-technical design. *Human Relations*, v. 29, p. 783-92, 1976.

CHOO, C. W. *The knowing organization: how organizations use information to construct meaning, create knowledge, and make decisions.* New York: Oxford University Press, 1997.

COLLIS, D. J.; MONTGOMERY, C. A. Creating corporate advantage. *Harvard Business Review*, v. 76, p. 71-83, May/June 1998.

COUTINHO, Renata; MACEDO-SOARES, T. D. L. v. A. de. Gestão estratégica com responsabilidade social: arcabouço analítico para auxiliar sua implementação em empresas no Brasil. *Revista de Administração Contemporânea – RAC*. Curitiba, PR, 2002.

COUTO, Luiz-Evanio D. *Como usar o conceito de árvore de produção para gerir custos de produção de petróleo.* Rio de Janeiro: Petrobras, 1982a. dat.

——. *Gerência de custos em árvores de produção e em campos de petróleo.* Rio de Janeiro: Petrobras, 1982b. dat.

——. *Linguagem compacta para descrever métodos, sistemas e processos de recuperação e elevação artificial.* Rio de Janeiro: Petrobras, 1983. dat.

——. *Grandes funções do processo de explotação de petróleo e gás natural.* Rio de Janeiro: Petrobras, 1984. dat.

——. Contribuição ao esforço de institucionalização da indústria do gás. In: CONGRESSO LATINO-AMERICANO DE HIDROCARBONETOS. Anais... Rio de Janeiro, 1988a.

——. Um método infalível para aumentar a criatividade e a produtividade. *Revista PETRO&GAS.* Rio de Janeiro: McKlausen, p. 6-9, out. 1988b.

——. *Aditamento e controle de contratos antigos na era do cruzado novo.* Rio de Janeiro: Petrobras, 1989a. dat.

——. *Gerenciamento de contratos e orçamentos a preços correntes.* Rio de Janeiro: Petrobras, 1989b.

——. O vírus nosso da informação. *Revista PETRO&GAS.* Rio de Janeiro: McKlausen, p. 2-5, jul. 1989c.

——. Gerenciamento de contratos. *Revista PETRO&GAS.* Rio de Janeiro: McKlausen, p. 6-13, ago. 1990a.

——. Sabes qual é o preço? *Revista PETRO&GAS.* Rio de Janeiro: McKlausen, p. 5-7, jun. 1990b.

——. Ninguém sabe quanto custa produzir um litro de gasolina. *Revista PETRO&GAS.* Rio de Janeiro: McKlausen, p. 6-14, out. 1992.

CYERT, R. M.; MARCH, J. G. *A behavioral theory of the firm.* 2 ed. Oxford, UK: Blackwell, 1992.

DAFT, R. L.; LENGEL, R. H. Organizational information requirements: media richness and structural design. *Management Science*, v. 32, n. 5, p. 554-71, 1986.

DAXBACHER, Egon; MACEDO-SOARES, T. D. L. v. A. de. Alianças estratégicas com empresas internacionais: resultados de uma pesquisa no setor de exploração de petróleo e gás no Brasil. *Revista Técnica de Energia Petróleo e Gás.* Rio de Janeiro, v. 1, n. 2, p. 15-27, 2002.

DAY, G. S.; REIBSTEIN, David J.; GUNTHER, Robert. *Wharton on dynamic competitive strategy.* New York: John Wiley & Sons, 1997.

DE GEUS, A. P. Planning as learning. *Harvard Business Review*, v. 66, n. 2, p. 70-4, 1988.

DELOITTE TOUCHE TOHMATSU. *As empresas que mais crescem no Brasil.* Rio de Janeiro, 2002.

DOUMA, M. V.; BILDERBEEK, J.; IDENBURG, P. J.; LOOISE, J. K. Strategic alliances: managing the dynamics of fit. *Long Range Planning*, v. 33, p. 579-98, 2000.

DOZ, Y. L.; HAMEL, Gary. *Alliance advantage*. Boston, Mass.: Harvard Business School Press, 1998.

DRUCKER, P. F. *Post-capitalist society*. New York: Harper Collins, 1993.

DYER, J. H.; NOBEOKA, K. Creating and managing a high-performance knowledge-sharing network: the Toyata case. *Strategic Management Journal*, v. 21, p. 345-67, 2000. (Special Issue.)

———; SINGH, H. The relational view: cooperative strategy and sources of interorganizational competitive advantage. *Academy of Management Review*, v. 23, n. 4, 1998.

FAHEY, L.; RANDALL, R. M. (Eds.). *Learning from the future – competitive foresight scenarios*. New York: John Wiley & Sons, 1998.

FERREIRA, A. B. H. Dicionário Aurélio eletrônico — Século XXI. 1999.

FPNQ. *Fundação para o Prêmio Nacional da Qualidade;* critérios de excelência. São Paulo: [s.n.] 2001.

GALASKIEWICZ, J.; ZAHEER, A. Networks of competitive advantage. *Research in the Sociology of Organizations*. Jai Press, v. 16, p. 237-61, 1999.

GOAL/QPC RESEARCH COMMITTEE. *Total quality management master plan: an implementation strategy*. [S.l.]: Goal/QPC Research Committee, 1990. (Research Report, 90.)

GOMES-CASSERES, Benjamin. *The alliance revolution*. London: Harvard University Press, 1996.

GRANT, R. M. *Contemporary strategy analysis — concepts, techniques, applications*. 3 ed. Cornwall: Blackwell, 1999.

GRIMAL, P. *Dicionário da mitologia grega e romana*. Rio de Janeiro: Bertrand Brasil, 1997.

GULATI, R.; NOHRIA, N.; ZAHEER, A. Strategic networks. *Strategic Management Journal*, v. 21, p. 203-15, 2000.

HAMEL, G.; PRAHALAD, C. K. *Competing for the future*. Boston, Mass.: Harvard Business School Press, 1994.

HARRINGTON, H. J. *Aperfeiçoando processos empresariais: estratégia revolucionária para o aperfeiçoamento da qualidade, da produtividade e da competitividade*. Rio de Janeiro: Makron Books, 1993.

HEIJDEN, K. van der. *Scenarios: the art of strategic conversation*. New York: John Wiley & Sons, 1996.

HENDERSON, B. D. The origin of strategy. In: MONTGOMERY, C. A.; PORTER, M. E. (Eds.). *Strategy: seeking and securing competitive advantage*. Boston: Harvard Business School, 1995.

HEUSDEN, B. van; JORNA, R. Toward a semiotic theory of cognitive dynamics in organizations. In: *Castor Project*. Groningen: University of Groningen/Faculty of Management and Organization, 2000.

HOFER, C.; SCHENDEL, D. E. *Strategy formulation: analytical concepts*. St. Paul: MN, 1978.

HOPE, T.; HOPE, J. *Transforming the bottom line*. Boston: Harvard Business School Press, 1995.

KAPLAN, R. S.; NORTON, D. P. *Organização orientada para a estratégia: como as empresas que adotam o balanced scorecard prosperam no novo ambiente de negócios*. Rio de Janeiro: Campus, 2001.

———. Using the balanced scorecard as a strategic management system. *Harvard Business Review*, v. 74, p. 75-85, Jan./Feb. 1996.

KELADA, J. *Integrating reengineering with total quality*. Milwaukee, Wisconsin: ASQC Quality Press, 1996.

KNOKE, D. Changing organizations. In: *Business networks in the new political economy*. [s.l.]: Westview, 2001.

KOTTER, J. P. Leading change: why transformation efforts fail. *Harvard Business Review*, v. 73, n. 2, p. 59-67, 1995.

LAWRENCE, P. R.; LORSCH, J. W. *Organization and environment: managing differentiation and integration*. Homewood, Ill.: Business One Irwin, 1967.

MACEDO-SOARES, T. D. L. v. A. de. Strategic alliances and networks: conceptual tools for strategic assessments. In: GBATA INTERNATIONAL CONFERENCE. 2002, Rome. *Proceedings...* St. John's University, 2002. v. 1, p. 292-305.

———; CHAMONE, S. G. R. The Brazilian National Quality Award: sharing some best practices of the winner in 1993. *Technovation: The International Journal of Technological Innovation and Entrepreneurship*. Oxford, U.K.: Elsevier Advanced Technology, v. 14, n. 10, p. 657-78, 1994a.

———; ———. Total quality strategies in industry: the experience of two multinationals in Brazil. *Quality Management Journal*, v. 1, p. 57-9, Apr. 1994b.

———; NEVES, J. A. S. Implementação de estratégias orientadas para o cliente nos hospitais do Brasil: um instrumento para avaliar sua eficácia. *Revista de Administração Pública*. Rio de Janeiro: FGV, v. 34, n. 1, p. 165-208, jan./fev. 2000.

———; ———. Gestão da mudança estratégica na saúde no Brasil: um modelo para iniciar a implementação de estratégias de qualidade orientadas para o cliente. *Revista de Administração Pública*.. Rio de Janeiro: FGV, v. 35, n. 1, p. 7-27, jan./fev. 2001.

———; ———. Implementing quality improvement strategies in Brazilian hospitals: a model for guidance of the initial stage of implementation. *International Transactions in Operational Research*, v. 9, n. 1, p. 3-17, 2002.

———; LUCAS, Débora C. *Práticas gerenciais de qualidade das empresas líderes no Brasil*. Rio de Janeiro: Qualitymark, 1996.

———; RATTON, C. A. Medição de desempenho e estratégias orientadas para o cliente. In: PARENTE, J.; WOOD, T.; JONES, V. (Orgs.). *Gestão empresarial: estratégias de marketing*. São Paulo: Atlas, 2003. p. 65-88.

———; TAUHATA, T. L. Ferramental para análise estratégica pela ótica relacional: resultados do seu teste piloto na Companhia Vale do Rio Doce (CVRD). In: CON-

GRESSO DA ANPAD, XXVI. 2002, Salvador. *Anais...* 2002. (CD ROM, seção Estratégia em Organizações.)

MAHONEY, J. T.; PANDIAN, J. R. The resource-based view within the conversation of strategic management. *Strategic Management Journal*, v. 13, p. 363-80, 1992.

MARCH, J. G. Exploration and exploitation in organizational learning. *Organization Science*, v. 2, n. 1, p. 71-87, 1994.

MARCONDES, D. *Filosofia, linguagem e comunicação.* São Paulo: Cortez, 2000.

McADAM, R.; BANNISTER, C. Business performance measurement and change management within a TQM framework. *International Journal of Operations & Production Management*, v. 21, n. 1/2, p. 88-107, 2001.

McCALMAN, J.; PATON, R. A. *Change management: a guide to effective implementation.* London: Paul Chapman, 1992.

MINTZBERG, H. Generic strategies toward a comprehensive framework: advances in strategic management. *Research in the Sociology of Organizations.* JAI Press, v. 5, p. 1-67, 1988.

————; AHLSTRAND, B.; LAMPEL, J. *Strategy safari.* New York: The Free Press, 1998.

————; QUINN, J. B.; GHOSHAL, S. (Eds.). *The strategy process.* London: Prentice-Hall, 1998.

NADLER, D. A.; GERSTEIN, M. S.; SHAW, R. B. et al. *Organizational architecture: designs for changing organizations.* San Francisco: Jossey-Bass, 1992.

NOHRIA, N.; GARCIA-PONT, C. Global strategic linkages and industry structure. *Strategic Management Journal*, v. 12, p. 105-24, 1991.

NONAKA, I.; TAKEUSHI, H. *The knowledge-creating company: how Japanese companies create the dynamics of innovation.* New York: Oxford University Press, 1995.

OSTRENGA, M. R. et al. *Guia da Ernst & Young para gestão total dos custos.* 12 ed. Rio de Janeiro: Record, [s.d.].

OWEN, K.; MUNDY, R.; GUILD, W.; GUILD, R. Creating and sustaining the high performance organizational. *Management Service Quality*, v. 11, n. 1, p. 10-21, 2001.

PITASSI, C.; MACEDO-SOARES, T. D. L. v. A. de. O papel estratégico da tecnologia de informação para as organizações B2B tradicionais. *Revista Brasileira de Administração Pública.* Rio de Janeiro: FGV, v. 36, n. 1, p. 23-50, jan./fev. 2002.

————. Redes estratégicas virtuais: fatores críticos de sucesso. *Revista de Administração Contemporânea.* Curitiba, PR: Anpad, v. 7, p. 75-99, 2003.

PORTER, M. *Competitive strategy.* New York: The Free Press, 1980.

PRAHALAD, C. K.; HAMEL, G. The core competence of the corporation. *Harvard Business Review*, May/June 1990. Reprinted in: *The state of strategy.* Boston, Mass.: Harvard Business School Press, 1990. p. 3-15.

RABAÇA, C. A.; BARBOSA, G. *Dicionário de comunicação*. Rio de Janeiro: Codecri, 1978.

RÓNAI, P. *Não perca o seu latim*. Rio de Janeiro: Nova Fronteira, 1980.

RUMELT, R. P. Towards a strategic theory of the firm. In: LAMB, R. B. (Ed.). *Competitive strategic management*. Englewood Cliffs, NJ: Prentice-Hall, 1984. p. 556-71.

———; SCHENDEL, D.; TEECE, D. Strategic management and economics. *Strategic Management Journal*, v. 12, p. 5-30, 1991.

RUMMLER, G. A.; BRACHE, A. P. *Melhores desempenhos das empresas*. São Paulo: Makron Books, 1992.

SANTOS, J. J. *Análise de custos – um enfoque gerencial com ênfase para custeamento marginal*. São Paulo: Atlas, 1990.

SENGE, P. M. *The fifth discipline: the art & practice of the learning organization*. New York: Doubleday Currency, 1990.

SHON, D. A. *The reflective practioners: how professionals think in action*. Aldershot: Avebury, 1990.

SHUBKI, M. Incentives, descentralized control, the assignment of joint costs and internal prices. *Management Science*, v. 8, n. 3, Apr. 1962.

SINK, D. S. The role of measurement in achieving world class quality and productivity management. *Industrial Engineering*, v. 21, n. 6, p. 23-8, June 1991.

———; CLARK, L. A. Visible measurement systems improve performance. In: ANNUAL QUALITY CONGRESS, 49. *Proceedings...* [s.l.]: ASQC, 1995. p. 310-20.

———; MORRIS, W. T. *By what method?* Atlanta, Georgia: Institute of Industrial Engineers Press, 1995.

———; TUTTLE, T. C. *Planejamento e medição para a performance*. Rio de Janeiro: Qualitymark, 1993.

SLATER, S. F.; OLSON, E. M.; REDDY, V. K. Strategy-based performance measurement. *Business Horizons*, v. 40, n. 4, p. 37-44, July/Aug. 1997.

STEWART, T. A. *Capital intelectual*. Rio de Janeiro: Campus, 1998.

THOR, C. G. *The measures of success*. New York: John Wiley & Sons, 1994.

TROCCOLI, I. R.; MACEDO-SOARES, T. D. L. v. A. de. Gestão de empresas em grupos estratégicos: os blocos de relacionamentos estratégicos. *RAUSP*, v. 38, n. 3, p. 181-91, 2003.

VANSUCH, G. M. Achieving alignment and improvement through integrated business planning. In: ANNUAL QUALITY CONGRESS, 49. *Proceedings...* [s.l.]: ASQC, 1995. p. 856-63.

VOINOVA, N.; STARETS, S.; VERKUCHA, V.; ZDITOVETSKI, A. *Dicionário russo-português*. Moscou: Russki Yazik, 1989.

VOLLMANN, T. E. *The transformation imperative*. Boston, Mass.: Harvard Business School Press, 1996.

VOSS, C. A.; AHLSTRÖM, P.; BLACKMON, K. Benchmarking and operational performance: some empirical results. *International Journal of Operations & Production Management*, v. 17, n. 10, p. 1.046-58, 1997.

WEICK, K. E. *Sensemaking in organizations*. Thousand Oaks, CA: Sage, 1996.

WERNERFELT, B. A. A resource-based view of the firm. *Strategic Management Journal*, v. 5, n. 2, p. 171-80, 1984.

ZAJAC, E. J.; KRAATZ, M. S.; BRESSER, R. K. F. Modeling the dynamics of strategic fit: a normative approach to strategic change. *Strategic Management Journal*, v. 21, p. 429-53, 2000.

Glossário

Acumulação (K). Metaprocesso que permite representar os processos de estocagem e armazenamento, necessários para conectar um processo contínuo a um processo descontínuo, ou dois processos descontínuos que operem em diferentes regimes de batelada. É um metaprocesso de duas portas, no qual o objeto mantém todas as suas características e sua posição (x, y, z), desde o início (in) até o fim (fi). Portanto, em uma acumulação, o objeto em processo deve manter seu nome do início até o fim. O elemento no qual se opera a acumulação é graficamente representado por um retângulo branco. Sem a acumulação, a operação do sistema de produção torna-se inflexível, sem margem para flutuação no fluxo de processamento de quaisquer objetos, fato que evidencia a importância desse metaprocesso (cap. 2, p. 94).

Análise (A). Metaprocesso divergente, no qual as duas saídas conduzem produtos (p_1) e (p_2), que diferem pelo menos em uma propriedade, e a entrada conduz um insumo (i), que é, necessariamente, de uma terceira natureza. Portanto, na análise, é aconselhável que os produtos tenham nomes diferentes entre si e diferentes do nome do insumo. O elemento ativo desse metaprocesso, designado analisador (A), é graficamente representado por um círculo branco do qual divergem os dois produtos. A análise implica aumento na variedade de objetos em processo. *Na análise não faz sentido definir a operação de soma das vazões nas duas saídas, uma vez que essas vazões se referem a objetos distintos.* O conceito de análise aqui desenvolvido deve ser entendido como qualquer disjunção de um único objeto em dois objetos distintos, materiais ou imateriais (cap. 2, p. 96).

Âncora administrativa de informações gerenciais. Lista constituída pelos nomes das unidades administrativas que estão sob a responsabilidade de um gerente (cap. 3, p. 154).

Âncora de informações gerenciais sobre o negócio. Lista dos nomes de insumos, entradas, metaprocessos, produtos e saídas necessários à descrição da estrutura de um negócio (cap. 4, p. 193).

Âncora universal de informações gerenciais. Lista dos metaprocessos que integram a descrição da estrutura de um sistema de produção (cap. 3, p. 136).

Aplicações da arquitetura universal no gerenciamento de custos e benefícios. *A arquitetura universal tem aplicação nos seguintes campos:*

1. No gerenciamento do ciclo de vida dos empreendimentos, às fases de concepção, implementação e operação, nas atividades de:

   ❑ planejamento: preparação de orçamentos de investimentos e de custos de operação;

   ❑ controle: acompanhamento da realização de investimentos e de custos de operação.

2. No gerenciamento de benefícios (receitas reais e virtuais), às atividades de planejamento e controle (cap. 3, p. 142).

Arquitetura administrativa de informações gerenciais. Qualquer banco de dados relacional que contenha os elementos de uma âncora administrativa como coluna das chaves e, nas demais colunas, um ou mais elementos do campo das informações gerenciais relevantes (cap. 3, p. 154).

Arquitetura de informações gerenciais sobre o negócio. Qualquer banco de dados relacional que contenha, como coluna das chaves, elementos da âncora do negócio e, como tuplas, informações relevantes sobre o negócio (cap. 4, p. 198).

Arquitetura universal de informações gerenciais. Expressão que, neste livro, designa uma forma *necessária* de contextualizar, nos sistemas de informações gerenciais, determinados fatos e dados sobre qualquer configuração, qualquer estrutura e qualquer conjuntura que uma organização possa assumir, sem que seja necessário alterar o projeto do sistema de informações gerenciais (cap. 3, p. 132); qualquer banco de dados relacional que contenha os elementos da âncora universal como coluna das chaves e, nas demais colunas, um ou mais elementos do campo das informações gerenciais relevantes (cap. 3, p. 138).

Árvore de produção. Sistema de múltipla produção no qual cada produto compartilha, *compulsoriamente*, pelo menos uma análise com pelo menos um outro produto (cap. 2, p. 116).

Árvore de produção elementar. Sistema de produção que contém tão-somente uma única análise (cap. 4, p. 172).

Bem cultural. Aquele para cuja disponibilização é insumo indispensável a energia intelectual ou artística (cap. 2, p. 61).

Bem material. Aquele cuja configuração é impressa em uma matéria-prima (cap. 2, p. 61).

Glossário   255

Bens. Produtos que têm duração e que, portanto, podem ser guardados, armazenados ou estocados (cap. 2, p. 61).

Campo das informações de mercado. Conjunto das informações sobre elementos em relação aos quais o gerente deve levar em conta o interesse de seus fregueses, ao tomar suas decisões (cap. 2, p. 118).

Campo das informações externas. Conjunto das informações sobre bens ou serviços, nomeadamente conhecimentos e capital, disponíveis em entidades físicas ou jurídicas situadas no âmbito externo e com as quais o gerente pode tentar alianças estratégicas, objetivando melhorar o resultado da organização (cap. 2, p. 118).

Campo das informações gerenciais relevantes. União do campo das informações internas, do campo das informações de mercado e do campo das informações externas (cap. 2, p. 118).

Campo das informações internas. Conjunto das informações sobre elementos em relação aos quais o gerente pode tomar decisões exclusivamente no âmbito da organização (cap. 2, p. 118).

Canal de entrada de um sistema. Conjunto de translações e eventuais acumulações que se situam entre a entrada e o metaprocesso ternário que sucede à própria entrada (cap. 4, p. 168).

Canal de saída de um sistema. Conjunto de translações e eventuais acumulações que se situam entre a saída e o metaprocesso ternário que antecede à própria saída (cap. 4, p. 161).

Chave de um banco de dados. Conjunto de um ou mais domínios cujos atributos, contidos em uma mesma linha, identificam inequivocamente aquela linha (cap. 3, p. 139).

Coleta (C). Metaprocesso convergente no qual as duas entradas e a saída conduzem o mesmo tipo de objeto em processo (op). Esse objeto mantém seu nome desde as entradas até a saída. O elemento ativo desse metaprocesso, designado coletor (C), é graficamente representado por um círculo negro para o qual convergem as duas entradas. A coleta implica redução na quantidade de translações. Seja o fluxo contínuo ou intermitente, a vazão na saída do coletor é igual à soma das vazões nas entradas (cap. 2, p. 95).

Comparação (Y). Metaprocesso especial, de natureza lógica. O elemento ativo — o comparador — é representado por dois triângulos retângulos justapostos, um negro e um claro. A entrada (en) recebe uma "informação a ser testada". O comparador contém um "padrão desejado" para a informação a ser testada. Esse padrão está implicitamente contido no comparador, isto é, o comparador "sabe"

Três estratégias para turbinar a inteligência organizacional

o que é desejado. Se a informação a ser testada *for compatível* com o padrão desejado, então será encaminhada através da saída "sim" (sd_{sim}), indicada pelo triângulo retângulo negro, para dar continuidade ao fluxo normal do processo. Porém, se a informação a ser testada *não for compatível* com o padrão desejado, ela será encaminhada, através da saída "não" ($sd_{não}$), indicada pelo triângulo retângulo claro, para correção ou descarte (cap. 2, p. 97).

Conclusão necessária. Todas as decisões gerenciais relacionadas com a otimização do resultado de uma árvore de produção podem ser tomadas comparando-se as receitas de realização e os custos *necessários exclusivamente* à realização da respectiva receita (cap. 4, p. 176).

Conclusões importantes (cap. 4, p. 176):

1. Convém que um sistema avançado de informações gerenciais identifique, em cada análise presente no sistema de produção do mundo real:

   ❑ os processos *necessários exclusivamente* à disponibilização de cada produto;
   ❑ os custos *necessários exclusivamente* à disponibilização de cada produto;
   ❑ o valor de realização associado a cada produto;
   ❑ a margem de realização associada a cada produto;
   ❑ os custos comuns (custo da matéria-prima e dos processos comuns aos dois produtos);
   ❑ o valor de realização associado à análise;
   ❑ a margem de realização associada à análise.

2. É perda de tempo e de dinheiro, podendo ainda gerar distorção nos sistemas de informação gerencial, tentar apurar custos unitários de produção em árvores de produção elementares;

3. A decisão estratégica de produzir internamente *ou* adquirir externamente os bens ou serviços requeridos pelas operações e atividades da organização deve ser tomada — se somente o ponto de vista econômico for importante —, comparando-se o custo total de produzir e o custo total de internalização, custo este que pode ser obtido a partir da multiplicação do custo de adquirir no mercado pela quantidade a ser adquirida.

Configuração do negócio. Conjunto formado pelo elenco de insumos e pelo elenco de produtos de uma organização produtora (cap. 2, p. 86).

Configuração física. Conjunto formado pelo elenco de entradas e pelo elenco de saídas de uma organização produtora (cap. 2, p. 86).

Conhecimento. Produto da cultura humana, é a *apercepção* (apropriação de uma percepção pela consciência, quer ao conferir-lhe maior clareza e distinção, quer ao privilegiar alguns dos seus aspectos, quer ao associá-la a outros conteúdos) de um objeto, a que o sujeito chega mediante experimentação, abstração ou estudo, que pode ser repetidamente utilizada, porque tem valor tido como permanente, e que pode ser transmitida a terceiros, se submetida a uma clara *representação* (reprodução, geralmente escrita ou oral, daquilo que se pensa), por meio de qualquer linguagem capaz de permitir uma comunicação efetiva entre emissor e receptor (cap. 1, p. 40).

Conjuntura organizacional. Expressão usada neste livro para designar coletivamente uma dada seleção de métodos escolhidos para realizar os processos que integram uma determinada estrutura organizacional (cap. 2, p. 87).

Contra-informação. É o significado de uma afirmação logicamente válida, codificada em qualquer linguagem adequada a uma comunicação efetiva, que o emissor sabe que é falsa, referente a um objeto sobre o qual o receptor tem conhecimento prévio e que, por isso, faz sentido para ele (cap. 1, p. 40).

Desinformação. É o significado de uma afirmação logicamente válida, codificada em qualquer linguagem adequada a uma comunicação efetiva, necessariamente falsa, referente a um objeto sobre o qual o receptor tem conhecimento prévio e que, por isso, faz sentido para ele (cap. 1, p. 40).

Disponibilização. Ato ou efeito de tornar disponíveis bens ou serviços a que pelo menos um parceiro, cliente, consumidor ou usuário atribui valor (cap. 2, p. 58).

Distribuição (D). Metaprocesso divergente, no qual a entrada e as duas saídas conduzem o mesmo tipo de objeto em processo, o qual deve, *ipso facto*, manter seu nome desde a entrada até as saídas. O elemento ativo desse metaprocesso, designado distribuidor (D), é graficamente representado por um círculo negro do qual divergem as saídas. A distribuição implica aumento na quantidade de translações. A soma das vazões nas saídas do distribuidor é igual à vazão na saída, sejam os fluxos contínuos ou intermitentes (cap. 2, p. 96).

Efeito torre de Babel. Conjunto de pelo menos quatro desdobramentos prejudiciais, que resultam dos problemas causados pelo uso de múltiplas linguagens (cap. 3, p. 131):

❑ a aprendizagem organizacional fica prejudicada, porque é diminuta a capacidade de os agentes do ciclo de vida das iniciativas de aperfeiçoamento e de implantação de novos projetos aprenderem uns com os outros a melhorar sua capacidade de preparar orçamentos;

❑ fica limitada a indução de novos conhecimentos sobre custos, mediante a análise de séries históricas, o que dificulta o crescimento da base de conhecimentos da organização;

- o processo de aperfeiçoamento organizacional sofre prejuízo, porque fica vedada a possibilidade de comparar os custos evitáveis de métodos que concorram entre si;
- o processo de avaliação econômica de árvores de produção fica prejudicado, porque é impossível estabelecer uma relação de causa e efeito entre um produto e os custos dos processos *necessários exclusivamente* à sua disponibilização, um requisito indispensável para a apuração da margem de realização do produto nessa classe de sistemas de produção.

Estratégias para turbinar a inteligência organizacional (cap. 1, p. 51):

Primeira estratégia — enriquecer a linguagem organizacional para: a) aumentar sua capacidade de descrever as maneiras pelas quais estão dispostos ou podem vir a ser alocados os recursos necessários à produção; b) dar suporte de melhor qualidade ao conhecimento, à informação gerencial e à comunicação organizacional, e c) desenvolver a inteligência organizacional e facilitar a aceleração do processo de aperfeiçoamento organizacional.

Segunda estratégia — modelar *arquiteturas especiais de informação*, mediante a explicitação do conhecimento sobre a realidade da organização, que: a) sirvam à formatação de sistemas avançados de informações gerenciais; b) permitam a indução, a preservação e a difusão de novos conhecimentos a partir da análise de iniciativas anteriores de aperfeiçoamento; c) favoreçam a aprendizagem organizacional; d) desenvolvam a inteligência organizacional e facilitem a agilização do processo de aperfeiçoamento da organização.

Terceira estratégia — formatar *sistemas avançados de informação gerencial*, a partir da incorporação dos ganhos da linguagem organizacional enriquecida e do conceito de arquiteturas especiais de informações, para que possam: a) fornecer antigas informações de forma mais aderente à realidade; b) disponibilizar informações de apoio à decisão que sistemas convencionais de informação gerencial ainda não reconheçam; c) desenvolver a inteligência organizacional e facilitar a aceleração do processo de aperfeiçoamento organizacional.

Estrutura administrativa. Expressão utilizada neste livro para designar o arranjo segundo o qual estão dispostos os núcleos, segmentos, divisões, departamentos, setores ou áreas que constituem uma organização produtora (cap. 2, p. 79).

Estrutura do negócio. Complexo das relações espaço-temporais que existem entre os insumos, as entradas, os processos, os produtos e as saídas do sistema de produção associado a um negócio (cap. 4, p. 193).

Estrutura organizacional. Expressão usada neste livro para designar o arranjo segundo o qual estão dispostos os processos (operações ou atividades) que uma organização produtora utiliza. (cap. 2, p. 86).

Exclusividade e comunidade nas convergências. Em qualquer processo de convergência (síntese ou coleta) identificam-se: a) o insumo e os processos *associados exclusivamente* a cada canal de entrada; b) os *elementos comuns ao produto da convergência*, isto é, o processador (sintetizador ou coletor) e os processos associados ao canal de saída e, portanto, ao produto da convergência (cap. 4, p. 170).

Exclusividade e comunidade nas divergências. Em qualquer processo de divergência (análise ou distribuição) distinguem-se: 1) os processos *associados exclusivamente* a cada canal de saída e, *ipso facto*, ao produto que cada canal disponibiliza; 2) os *elementos comuns* aos produtos da divergência, ou seja, o insumo, os processos associados ao canal de entrada e o processador (analisador ou coletor) (cap. 4, p. 169).

Feixe de produção. Sistema de múltipla produção no qual nenhum produto compartilha qualquer análise com outro produto (cap. 2, p. 116).

Fluxograma. Nome que se costuma associar a uma representação gráfica da estrutura organizacional (cap. 2, p. 86).

Gerenciamento por objetos lógicos de decisão (Gold). Designação proposta para a prática gerencial que focaliza a atenção nos objetos lógicos de decisão (cap. 2, p. 119).

Indicador de versatilidade conjuntural. Número que resulta do produto dos números de métodos disponíveis para realizar os diferentes processos (cap. 2, p. 113).

Indicador de versatilidade da configuração física. Número de possíveis configurações físicas (cap. 2, p. 113).

Indicador de versatilidade de abastecimento de um produto. Número de clientes do produto (cap. 2, p. 113).

Indicador de versatilidade de suprimento de um insumo. Número de fornecedores do insumo (cap. 2, p. 113).

Indicador de versatilidade do elenco de insumos. Número de insumos (cap. 2, p. 113).

Indicador de versatilidade do elenco de produtos. Número de produtos (cap. 2, p. 113).

Indicador de versatilidade estrutural. Número de possíveis estruturas organizacionais (cap. 2, p. 113).

Informação. É o significado de uma afirmação logicamente válida, codificada em qualquer linguagem adequada a uma comunicação efetiva, necessariamente verdadeira, de valor transitório, referente a objeto sobre o qual o receptor tem conhecimento prévio e que, por isso, faz sentido para ele (cap. 1, p. 41).

Informação gerencial relevante. Aquela que tem potencial para afetar uma decisão gerencial. No campo das informações internas, são muito importantes as informações sobre custos, tangíveis ou intangíveis, dos processos *associados exclusivamente* à disponibilização de cada produto, de cada conjunto de produtos, dos métodos associados a cada processo. São igualmente importantes as informações sobre custos e benefícios *associados exclusivamente* a cada insumo. No campo das informações de mercado, são muito importantes as informações sobre custos dos insumos e sobre os benefícios proporcionados pelos produtos, sejam tais custos ou benefícios tangíveis ou intangíveis. No campo das informações externas, são muito importantes as informações sobre as organizações que atuam no mesmo nicho de atividade, em atividades afins ou em atividades complementares (cap. 2, p. 119).

Informações gerenciais cruciais. São quatro: a) o custo evitável de *insumos e processos necessários exclusivamente* à disponibilização de um bem ou serviço; b) os custos de produção associados a cada um dos diversos métodos disponíveis para realizar cada um dos processos; c) a margem de realização de cada produto e a margem de realização do conjunto dos produtos de uma análise; e d) a margem de contribuição de uma síntese, informação que permite analisar a conveniência de terceirizar a síntese (cap. 3, p. 130).

Insumo. Termo que designa um objeto quando este se encontra numa condição inicial do processo, ou seja, na entrada ou em uma das entradas do processo (cap. 2, p. 58).

Inteligência organizacional. Capacidade coletiva disponível na organização para, de maneira proativa, identificar situações problemáticas, conceber iniciativas de aperfeiçoamento, implementá-las e operá-las, utilizando seus *recursos intelectuais* (Considerações iniciais, p. 18).

Linguagem específica. Conjunto de termos e expressões utilizados exclusivamente pela organização (cap. 2, p. 55).

Linguagem geral. Conjunto de termos e expressões que não são usados exclusivamente pela organização (cap. 2, p. 55).

Linguagem universal. Conjunto dos termos e expressões que devem ser *necessariamente* utilizados por todos os agentes das fases de concepção, implementação e operação de um sistema de produção, sem o que o sistema de informações gerenciais ficará impedido de realizar as operações lógicas indispensáveis à obtenção de informações gerenciais cruciais (cap. 3, p. 133).

Linha de produção. Sistema de produção que disponibiliza apenas um produto (cap. 2, p. 115).

Margem de contribuição de uma entrada. Diferença entre a) o somatório das receitas de realização dos produtos associados à entrada e b) a soma dos custos nos quais é exclusivamente necessário incorrer para disponibilizar tais produtos, ou seja, os custos dos processos *utilizados exclusivamente* e dos insumos *consumidos exclusivamente* para disponibilizar os produtos associados à entrada (cap. 4, p. 169).

Margem de realização de uma saída. Diferença entre a) a receita de realização do produto associado à saída e b) a soma dos custos nos quais é exclusivamente necessário incorrer para disponibilizar o produto através da saída, ou seja, os custos dos processos *utilizados exclusivamente* e dos insumos *consumidos exclusivamente* para disponibilizar o produto (cap. 4, p. 169).

Membros destacados da comunidade da inteligência organizacional. Os agentes responsáveis pelo aperfeiçoamento organizacional (cap. 1, p. 39).

Metaprocesso. Termo usado neste livro para designar qualquer uma das sete classes gerais de processos encontradas no mundo real (cap. 2, p. 90).

Metaprocessos binários. Aqueles que possuem apenas uma porta de entrada e uma porta de saída, isto é, a *translação* (T) e a *acumulação* (K) (cap. 2, p. 91).

Metaprocessos ternários. Aqueles que têm três portas (cap. 2, p. 91).

Metaprocessos ternários convergentes. Aqueles que utilizam duas portas de entrada e apenas uma porta de saída, ou seja, a *coleta* (C) e a *síntese* (S) (cap. 2, p. 91).

Metaprocessos ternários divergentes. Aqueles que utilizam uma única porta de entrada e duas portas de saída, ou seja, a *distribuição* (D) e a *análise* (A) (cap. 2, p. 91).

Método. Termo que, neste livro, é usado para designar cada uma das diferentes alternativas para realizar um determinado processo (cap. 2, p. 57).

Mudança de conjuntura. Qualquer alteração na combinação de métodos usados pela organização (cap. 2, p. 115).

Objeto em processo. Expressão utilizada, neste livro, para designar qualquer material, energia física ou mental, conhecimento, informação, idéia, combinação, conjunto ou complexo de coisas que esteja sofrendo evolução por meio de um processo, contínuo ou intermitente (cap. 2, p. 58).

Objeto lógico de decisão. Qualquer elemento constitutivo da organização para o qual exista pelo menos uma alternativa de escolha que justifique uma decisão (cap. 2, p. 119).

Operações lógicas essenciais (cap. 3, p. 127):

❏ para cada processo e cada método, a operação de comparação entre a) a *previsão* de investimentos feita na etapa de concepção e b) a apuração dos investimentos *efetivamente realizados* na etapa de implementação;

262 Três estratégias para turbinar a inteligência organizacional

❑ para cada processo e cada método, a operação de comparação entre a) a *previsão* de custos de operação feita na etapa de concepção e b) a apuração dos custos de operação *efetivamente realizados* na etapa de operação;

❑ para cada processo e cada método, a operação de soma do custo de oportunidade dos ativos desimobilizáveis (custo de capital de giro) e outros custos evitáveis de operação;

❑ a indução de novos conhecimentos sobre custos de produção, para cada um dos processos e cada um de seus métodos, por meio de registro e análise comparativa do que já ocorreu, na própria organização, em iniciativas anteriores.

Organização produtora. Qualquer *sistema de pessoas* que, além de *recursos financeiros* e *físicos*, utilizam uma *linguagem comum*, um acervo de *conhecimentos gerais e específicos* e um conjunto de *informações relevantes* para desenvolver e comunicar visões e estratégias, tudo com o objetivo de desempenhar as três seguintes funções básicas: a) recepção de insumos vindos do exterior — materiais, conhecimentos, energia, informações, idéias, capital ou qualquer outra coisa — disponibilizados por terceiros; b) execução de um arranjo predefinido de processos — cada qual atuando segundo um método previamente selecionado —, utilizando recursos próprios ou contratados externamente; c) disponibilização de produtos para atender a demanda externa de clientes, consumidores ou usuários, sob a forma de fornecimento de bens elaborados internamente ou fora dos limites da organização, ou de prestação de serviços executados com recursos próprios ou por terceiros (cap. 2, p. 77); qualquer *sistema de pessoas* que utilizam *recursos intelectuais, financeiros e materiais* para receber insumos, executar processos (operações ou atividades) e disponibilizar bens ou serviços, guiadas por suas visões e seus objetivos estratégicos (Considerações iniciais, p. 17).

Organograma. Uma representação, em linguagem gráfica ou estruturada, da estrutura administrativa (cap. 2, p. 79).

Postulado básico da metalinguagem para descrever sistemas de produção. Os processos utilizados na disponibilização de bens ou serviços podem ser enquadrados em sete classes gerais (cap. 2, p. 90).

Princípio de sustentação da identidade de uma unidade administrativa. Do ponto de vista da informação gerencial, só tem sentido conferir identidade própria a um segmento de uma organização para o qual será designado um gerente (cap. 2, p. 69).

Princípio de sustentação da identidade de uma unidade de processos. Do ponto de vista da informação gerencial, só tem sentido conferir identidade própria a um conjunto de operações ou atividades se existir pelo menos um método alternativo para realizar este mesmo conjunto de operações ou atividades (cap. 2, p. 69).

Processo. Termo genérico usado neste livro para designar qualquer arranjo de *operações* ou *atividades* — lógicas, biológicas, físicas ou químicas — que leve seu *objeto* a passar da condição ou posição, do instante ou estado inicial de um ou mais *insumos* até a condição ou posição, o instante ou estado final de um ou mais *produtos* (cap. 2, p. 57).

Processo de apoio. Qualquer arranjo de operações e atividades que produza bem ou serviço visando essencialmente atender a necessidade de cliente ou usuário interno à própria organização (cap. 2, p. 66).

Processo de disponibilização. Aquele que representa uma intermediação entre o produtor e o cliente (cap. 2, p. 69).

Processo de negócio. Nome genérico de qualquer combinação de operações ou atividades executadas por uma unidade de negócio com o objetivo primordial de disponibilizar pelo menos um produto para cliente externo (cap. 2, p. 70).

Processo de produção. Todo e qualquer conjunto de *operações* ou *atividades* que, por agregar valor à produção, é útil à organização e a seus clientes (cap. 2, p. 64).

Processo geral de aperfeiçoamento organizacional. Complexo de interações, iterações e desdobramentos de um conjunto de nove macroatividades: i) identificação de motivação para aperfeiçoar a organização; ii) concepção de alternativas de aperfeiçoamento; iii) avaliação de alternativas e escolha da alternativa mais conveniente; iv) comunicação dos impactos esperados da decisão tomada; v) gerenciamento da implementação da alternativa aprovada; vi) comunicação do andamento da implementação; vii) gerenciamento da solução operacional implantada; viii) comunicação dos resultados da operação; ix) indução de novos conhecimentos (cap. 1, p. 32).

Processo principal. Qualquer arranjo de operações e atividades que produza bens ou serviços visando essencialmente atender a necessidade de cliente ou usuário externo à organização (cap. 2, p. 64).

Processos críticos para o sucesso do negócio. Aqueles que contribuem para que uma unidade de negócio desenvolva suas operações e atividades de maneira eficiente e sustentada: CCL — contato inicial com cliente ou usuário dos produtos disponibilizados pela unidade de negócio; CCMPS — negociação para a internalização de insumos (contratação para compra de matéria-prima ou contratação de prestação de serviços de terceiros); LDO — liquidação de obrigações devidas ao fisco, a parceiros, fornecedores de matéria-prima e prestadores de serviço; (En) — efetiva internalização de insumos contratados (entrada de insumos); PP — processo principal; (Sd) — efetiva disponibilização de produtos a clientes ou usuários (saída de produtos); CVBPS — negociação para disponibilização de produtos (contratação de venda de bens ou contratação de prestação de serviços a terceiros); CDH – cobrança de direitos havidos junto ao fisco, a parceiros, clientes ou usuários; APV — atendimento após a disponibilização de bens ou serviços (atendimento pós-venda) (cap. 2, p. 71).

Produção. Ato ou efeito de criar bens ou executar serviços a que pelo menos um parceiro, cliente, consumidor ou usuário atribua valor (cap. 2, p. 58).

Produto. Termo que designa um objeto quando este se encontra numa condição final do processo, ou seja, na saída ou em uma das saídas do processo (cap. 2, p. 58).

Produtos. Bens ou serviços disponibilizados por uma organização produtora capazes de ser reconhecidos por terceiros como tendo valor (cap. 2, p. 61).

Quatro regras de ouro (cap. 4, p. 183):

Regra nº 1 – É possível somar as margens de realização dos produtos de uma análise e comparar essa soma com os *custos comuns* aos dois produtos, para avaliar a economicidade da análise. Mas é impossível ratear os *custos comuns* entre os produtos da análise.

Regra nº 2 – Pode-se estabelecer a margem de realização de qualquer produto de uma árvore de produção, mas é impossível determinar o custo de produção de qualquer produto da árvore.

Regra nº 3 – É possível calcular a margem de realização de uma síntese e, assim, avaliar sua economicidade. Mas é impossível ratear a margem de realização de qualquer síntese entre seus insumos.

Regra nº 4 – Pode-se conhecer o custo de internalização de qualquer insumo de uma linha de montagem ou de síntese, mas é impossível determinar a margem de contribuição de qualquer insumo da linha de montagem ou de síntese.

Reconfiguração do negócio. Alteração do elenco de insumos utilizados ou do elenco de produtos disponibilizados (cap. 2, p. 115).

Reconfiguração física. Alteração do elenco de entradas do sistema ou do elenco de saídas do sistema (cap. 2, p. 115).

Recurso intelectual essencial. A linguagem organizacional (cap. 1, p. 40).

Recursos intelectuais (Considerações iniciais, p. 17):

Recursos intelectuais básicos. O conhecimento e a informação (cap. 1, p. 39).

- as informações gerenciais relevantes, que servem de apoio à tomada de decisões adequadamente fundamentadas;
- os conhecimentos de interesse sobre as operações e atividades que a organização precisa realizar, indispensáveis para que se definam as informações relevantes para gerenciá-la;

- a linguagem organizacional, que reflete os conhecimentos dominados pela organização, suporta a geração de novos conhecimentos de interesse, permite definir as informações relevantes para a organização e dá suporte à comunicação organizacional.

Reestruturação. Alteração no arranjo dos processos (operações ou atividades) da organização (cap. 2, p. 114).

Reflexos negativos da inexistência de uma linguagem comum (cap. 3, p. 131):

- impossibilidade de estabelecer *feedback* da implementação para a concepção, por não permitir comparação entre os investimentos *efetivamente realizados* na etapa de implementação e os investimentos *previstos* na etapa de concepção;
- impedimento de estabelecer *feedback* da operação para a concepção, por não permitir comparação entre os custos de operação *efetivamente realizados* na etapa de operação e os custos de operação *previstos* na etapa de concepção;
- impossibilidade de somar, por processo e por método, os custos evitáveis de ativos desimobilizáveis com os outros custos evitáveis de operação.

Segmentação do público alvo (Considerações iniciais, p. 27). As idéias e propostas apresentadas neste livro para turbinar a inteligência organizacional interessam, direta ou indiretamente, a cinco grupos de pessoas:

Grupo I. Executivos, gerentes e demais agentes do processo de aperfeiçoamento que reconheçam o desenvolvimento da inteligência organizacional como uma estrada capaz de promover a aceleração do processo de aperfeiçoamento de empresas ou entidades de qualquer setor do mundo da produção, sejam elas públicas ou privadas.

Grupo II. Consultores, pesquisadores, professores e estudantes das áreas de administração, planejamento, projeto e operação de sistemas de produção, gerenciamento do conhecimento, reestruturação organizacional, sistematização da informação e teoria da organização que desejem eventualmente aproveitar e aprofundar algumas das questões introduzidas por este livro.

Grupo III. Fornecedores de materiais, prestadores de serviços, clientes, usuários de serviços e consumidores de bens que desejem compreender, em linhas gerais, como as organizações com as quais realizam transações executam suas operações e atividades, para facilitar o estabelecimento de relacionamentos mais estreitos com elas.

Grupo IV. Acionistas, parceiros, sindicalistas, membros da sociedade em geral, de comunidades regionais ou locais e todas as pessoas que se interessam pelo sucesso da organização e mostram simpatia, curiosidade ou preocupação em relação a ela.

Grupo V. Empresários, investidores, agentes financeiros, advogados, membros dos poderes Legislativo, Executivo e Judiciário, jornalistas, ambientalistas, membros de grupos de pressão e outros formadores da opinião pública que desejem se familiarizar com a linguagem do mundo da produção.

Serviços. Produtos intangíveis, que têm duração, mas não têm existência física (cap. 2, p. 61).

Serviços especificados antes da contratação. Aqueles cujas características gerais são determinadas antes do contato com o *usuário*, que não participa da especificação. Exemplos típicos: serviços de entretenimento, alguns serviços que envolvem especialidades médicas, a maioria dos serviços bancários etc. (cap. 2, p. 62).

Serviços especificados após a contratação. Aqueles cujas características gerais são determinadas depois do contato com o *cliente*, que participa da especificação. São exemplos: serviços de fabricação, de construção etc. (cap. 2, p. 62).

Síntese (S). Metaprocesso convergente, no qual as duas entradas conduzem insumos (i_1) e (i_2) que diferem entre si pelo menos em uma propriedade e a saída conduz um produto (p) que é, *conseqüentemente*, de uma terceira natureza. Portanto, na síntese, é aconselhável que os dois insumos tenham nomes diferentes entre si e que o produto receba um terceiro nome. O elemento ativo desse metaprocesso, designado sintetizador (S), é graficamente representado por um círculo branco, para a qual convergem os dois insumos. A síntese implica redução na variedade de objetos em processo. *Na síntese não faz sentido definir a operação de soma das vazões nas duas entradas, porque essas vazões referem-se a objetos distintos.* O conceito de síntese aqui desenvolvido deve ser entendido como qualquer junção, em um único objeto, de dois objetos distintos, materiais ou imateriais (cap. 2, p. 95).

Sintetizador elementar. Linha de produção que admite dois insumos e disponibiliza um único produto (cap. 4, p. 181).

Sistema avançado de informações gerenciais (cap. 4). Denominação reservada neste livro a qualquer sistema de informações que:

- ❑ reconheça a necessidade de identificar os metaprocessos ternários (coleta, distribuição, síntese e análise) presentes no sistema de produção que se deseja representar;
- ❑ atenda à demanda de novas informações gerenciais que são reclamadas, exigidas, pela presença dos metaprocessos de transformação (síntese e análise);
- ❑ faça provisão para utilizar âncoras especiais de informações gerenciais.

Sistema avançado de informações gerenciais (SIG-A). Aquele que utiliza bancos de dados relacionais, ou seja, arquiteturas especiais de informação, nas quais a coluna das chaves é uma âncora, universal, administrativa ou de negócio, e as demais colunas contêm elementos do campo das informações gerenciais relevantes (cap. 4, p. 210).

Sistema convencional de informações gerenciais. Designação dada neste livro a qualquer sistema de informações que não reconheça explicitamente as conseqüências da presença dos metaprocessos ternários nos sistemas de produção do mundo real (cap. 4, p. 165).

Teorema da Impossibilidade na análise. É impossível conhecer o custo de produção de qualquer produto de uma análise e, portanto, de uma árvore de produção elementar (cap. 4, p. 175-176).

Teorema da Impossibilidade na síntese. É impossível calcular a margem de contribuição de qualquer insumo de uma síntese (cap. 4, p. 182).

Teorema da Irrelevância na análise. É irrelevante conhecer o custo de produção de qualquer produto de uma árvore de produção elementar (para compará-lo com o valor de realização do produto) (cap. 4, p. 174).

Tipologia dos sistemas reais (cap. 4, p. 167):

❑ sistemas objeto-conservativos — aqueles em que o produto é igual ao insumo. Esses sistemas conservam o objeto em processo e, por isso, não possuem metaprocessos de transformação (síntese ou análise). Existem três espécies de sistemas neste gênero: a) sistema de armazenamento ou estocagem — aquele que só contém acumuladores e translatores; b) sistema de coleta — aquele que só contém coletores e translatores e, eventualmente, acumuladores; c) sistema de distribuição — aquele que só contém distribuidores e translatores e, eventualmente, acumuladores;

❑ sistemas objeto-transformacionais — aqueles em que está presente pelo menos um metaprocesso de transformação. Deste gênero existem três espécies: a) linha de montagem ou linha de síntese — aquela que contém sínteses, mas não contém análises; b) árvore de produção — aquela que contém pelo menos uma análise; c) sistema complexo — aquele que contém pelo menos uma síntese e uma análise;

❑ sistema de decisão — aquele que só contém metaprocessos de comparação.

Transformação. Nome genérico que se aplica neste livro à síntese e à análise. A síntese implica a *transformação* de dois insumos distintos em um único e novo produto. A análise implica a *transformação* de um único insumo em dois produtos novos e distintos (cap. 2, p. 97).

Translação (T). Metaprocesso que representa qualquer tipo de transporte ou movimentação de objetos que: a) provenham do exterior em direção a qualquer processador (insumos); b) transitem entre processadores (objetos em processo), e c) deixem os processadores em direção ao exterior (produtos). É lógico que, sem movimentação, a produção não se realizaria, o que evidencia a importância desse metaprocesso. A translação é um metaprocesso de duas portas no qual o objeto mantém todas as suas características e muda apenas de posição (x, y, z), desde a condição inicial (in) até a condição final (fi). Portanto, em uma translação, o objeto em processo deve manter seu nome da entrada até a saída. O translator, elemento ativo da translação, é graficamente representado por um arco ou segmento orientado (cap. 2, p. 93).

Unidade administrativa. Segmento de uma organização ao qual foi atribuído um nome, uma identidade (cap. 2, p. 69).

Unidade de negócio. Expressão empregada neste livro para designar qualquer unidade administrativa juridicamente constituída que presta contas ao fisco e aos acionistas (cap. 2, p. 70).

Unidade de processo. Conjunto de um ou mais processos (operações ou atividades) ao qual foi atribuído um nome, uma identidade (cap. 2, p. 69).

Valor agregado por um sistema de produção. Diferença entre a) a soma dos valores de realização do conjunto de suas saídas e b) a soma dos custos dos processos e dos insumos utilizados pelo sistema (cap. 4, p. 169).

Índice dos diálogos com Karol Reader

Uma interrupção inesperada   22
O pulo do gato   24
Uma curiosidade justificada   27

Uma gerência embananada   45
Uma verbalização do próprio Deus   46
Uma argumentação irrefutável   47
Uma ansiedade incontida   49

Uma sugestão insólita   53
Princípio da *matriochka*   54
Uma irritação pequena   56
Keeping in mind   57
Uma observação inteligente   59
Uma observação complementar   60
Uma "outra" categoria   61
Uma interrogação apressada   62
Um susto pequeno   63
Uma interpelação razoável   64
Um processo principal simples   65
Um negócio em expansão   66
Um depoimento insuspeito   68
Um ceticismo desconcertante   70
Uma sacada legal   72
Uma resposta rápida   75
Um exagero superlativo   76
Uma conjugação de idéias   78
Uma sucessão de conclusões   79
Uma pergunta indiscreta   80

Uma intervenção fora de escopo   82
Uma cooperação oportuna   83
Uma questão de troco   84
Uma pergunta sem resposta   85
Uma negativa sem mais nem menos!   86
Uma questão de *zoom*   87
Um ideal inatingível   89
Um furo evidente   90
Uma carapuça perfeita   90
Um conceito meio confuso   91
Um pedido de socorro   91
Um nó na cuca   93
Um pedido irrecusável   94
Uma marcação implacável   94
Uma necessidade incontornável   95
Uma provocação sem resposta   95
Uma prova concreta   96
Uma iniciativa de Beto   97
Um sujeito econômico   97
Uma coisa quase incrível   98
Uma ajuda mútua   98
Uma troca de figurinhas   99
Uma paciência de Jó   99
Uma troca de passes   103
Uma coisa esdrúxula   104
Uma reação incontida   105
Clique, Clique   105
Uma reflexão sobre energia   107
Uma designação desnecessária   109

Uma pequena confusão 110
Uma mudança de sistema 113
Um pedido desnecessário 116
Um valor muito estratégico 117
Uma metáfora impressionante 120
Uma cena surrealista 121

Uma torre de Babel 129
Um caso paradigmal 129
Uma grande torre 131
Uma curiosidade incontrolável 132
Uma prova de boa-vontade 133
Uma birra antiga 134
Uma guinada de estilo 134
Uma consulta em paralelo 137
Uma dica importante 139
Uma observação aguda 144
Uma verdade cristalina e
    panmidiática 145
Uma linguagem complicada 146
Um poliedro irregular, convexo,
    sensível! 146
Quanto vale uma oportunidade? 151
Uma generalização esquecida 157
Um pedido, quase uma súplica 162
Uma resposta lógica 174
Uma questão de impossibilidade 175
Uma estrutura para os preços 176

Uma reação psicológica 178
Uma pitada epistemológica 178
Uma tarefa para dois 178
Uma incredulidade normal 179
Uma alternativa mais interessante 180
Uma questão quase intrigante 181
Uma demonstração certificada 182
Custo, preço e valor dos bens e
    serviços 183
Uma diferença sutil 189
Uma cromatografia gasosa 190
Uma pergunta à boca pequena 191
Uma retirada estratégica 197
Uma questão de estímulo à produção 199
Uma lei universal 204
Uma arbitragem necessária 205
Uma fina sutileza 206
Uma minifilosofada 207
Uma profusão de interjeições 215
Uma avaliação abstrata 218
Uma consulta extremamente
    reservada 224
Uma solicitação indeclinável 225
Uma exemplificação metafórica 228
Um sistema de linguagem forte, para o negócio do petróleo 229
Linguagem — problema e diagnóstico 236

Esta obra foi impressa pela
Sermograf Artes Gráficas e Editora Ltda. em papel
offset Bahia Sul para a Editora FGV
em setembro de 2004.